# 帝国主義と国民統合

ヴォルフガング・J・モムゼン［編］
川鍋正敏・酒井昌美［訳］

未來社

Der moderne Imperialismus

Herausgegeben und eingeleitet
von
WOLFGANG J. MOMMSEN

# 帝国主義と国民統合❖目次

# 帝国主義と国民統合

# 序文

ヴォルフガング・J・モムゼン

過去百年間に、まず最初に急激に強まり続いてまた弱まる暴力を用いて遂行された、ヨーロッパの大工業国とアメリカの地球全体におよぶ帝国主義的膨張の過程は、基本的に現代世界の政治的・社会的諸構成《フォルマチオーネン》を特徴づけることとなった。この暴力的過程の残響は直接にわれわれの現代へまで響いている。今日の世界は、帝国主義の津波がその河川の暴力を形態のうえではまったく深く変えた河川の景観に似ている。近代帝国主義の間接の作用と残存物は、帝国主義的従属諸関係についてもはやどう見ても語りえないところでも、社会的・政治的現実を強く規定している。つまり、それらはわれわれに大きな政治的諸問題を突きつけている。いずれにせよ、帝国主義はまるでいつもその時々に異なった姿態で戻ってくるカメレオンのようである。こういう状況では、帝国主義に対する考え方やその社会的諸原因の評価について、今日も各人の意見が分れるということは驚くにあたらない。

帝国主義という言葉は、それが少なくとも本来の意味領域からひき離されて以来、つねにすでに闘争手段・扇動手段であった。本来の意味領域は、大きいけれどもしかしけっして必要ではない植民地帝国に対するローマの最高軍司令官《イムペラトール》のシーザー主義的支配形態について述べられていた。つねにすでに、帝国主義という概念は、本質的にマイナスのアクセントをもったのであった。帝国主義的政策の信奉者たちが、あからさまに帝国主義者と自称することをあえてやったのは、ただまれでしかなかった。彼らがそれに賛同したのは、たいていは、そこに歴史的な義務を認めると思ったからにすぎない。帝国主義の本来の古典的段階がわれわれには昔のことになった今日、帝国主義という言葉は、完全に、列強のイデオロギー闘争においてその時々の敵対者を悪者扱いにする手段となった。それどころかそれは第三世界の国々においては、国家理念に対してまったくの対立概念の役割を果たしている。この場合、それは、自らの国家形成と政治的・経済的偉大さへいたる国家の興隆にとって、邪魔になっていたような、または邪魔になっていると称する、あるいは実際に邪魔になっているようなすべての勢力や要因の結集の場となった。特別の激しさをもって、共産党の主張は、西側の政治を無差別に帝国主義的と呼んでいる。スターリン主義後の立論は、資本主義はあらゆる手段を尽くして生命を維持しようとする、だからそれは、内容豊富な、個々の場合に応じてきわめて変化する手段——それは、たとえたえず変化する戦術と方法をともなうにせよ、地球上の非特権的住民群と開発途上地域の搾取を維持するための直接的な暴力支配から、たんなる「経済的影響」やいわゆる「経済的援助」にまでおよぶ——を利用する、というテーゼになるのである。逆に、西側では、もとよりけっして東側ブロックの兵力によるチェコスロヴァキアの侵入後が最初ではないが、ロシア帝国主義という言葉が使われている。その結果、事態はどうしようもなく混乱しているように思われる。個々の政治的陣営がきわめて多種多様な表現法で語るので、偏見にとらわれない問題の解明はほとんどできないように見える。それに応じて、歴史家のヘイス・ハンコック、あるいは経済史家のアレクサンダー・ガーシェンクロンのような非常に著名な思想家たちは、帝国主義という概念を批判的な科学的分析には不適当であると見なしている。なぜなら、それは、一方では強くイデオロギー的な型にはまった考え方にとらわれすぎており、他方では具体的な歴史的諸現象からあまりにも遠く隔っているからである、と。われわれは、このような見解に従うべきではないと考える。というのは、帝国主義という概念は、現世代の自己理解においてあまりに大きな役割を演じているので、それを局外に置くことはできない、というただ単純な理由からである。

歴史学の本質的課題のひとつは、歴史的現実の厳しい事実につきまとっている、その時々の支配的なイデオロギーと政治的な用語規制を批判的に吟味することにある。歴史学は、それによって、批判的合理性のなかに自らを映しだしていく開かれている社会に寄与する。このことは、まさに近代帝国主義の問題についてもあてはまる。今日現存の政治的・経済的な所与の事実への帝国主義の多種多様な作用とともに、われわれの現代へ突出してきている帝国主義症候群の批判的分析によって、歴史的思考は、現存の諸関係であれ、主観的に待望する与件であれ、「魔術からの解放《エントツァウベルング》」に寄与しうるし、またそれとともに、今日の世界の諸問題の合理的な解決を容易にしうるのである。

以下の諸論稿は、一九七〇年三月三十一日のケルンにおけるドイツ歴史家第二八回大会で近代帝国主義における社会的・経済的・政治的諸要因についてのシンポジウムで行なわれた諸報告がもとになっている。それらは、その時々の具体的な歴史的な事例について、社会的構造における帝国主義的政策の定着化という問題を追究している。その目標は、近代帝国主義の独自性ならびに原因の厳密な規定のための根拠を得ることにある。ここでとられたやり方は、もとよりいくつかの観点で弁明の必要がある。意図的に視線は帝国主義の社会の内部の面へ向けられている。それに対し、帝国主義が、まず第一に襲われた者つまり植民地諸民族自身にとっては、どのような結果となったか、という問題は抜きにしている。この問題の意義は誰も疑いをさし挟まないのであるが。問題は原因の研究なのであるが、同時に、ほとんどすべての大工業諸国が過去百年間に行なってきたような外へ向かっての帝国主義的膨張が国内の政治的・社会的諸関係に、さまざまな仕方で、そしてしばしば困難な結果を招くような仕方で反作用しなかったかどうか、が問題である。帝国主義の外交史は、広い範囲にわたってよく研究されているのに、この点での研究はまだずいぶんいろいろのことがなされなければならない、とわれわれには思われる。

つぎのことについては皆が賛同している。すなわち、帝国主義の現在一般に行なわれているさまざまな説明のモデルについてのまったく抽象的な討論は、ほとんど成果は期待されないということ、ただ、歴史的資料についての具体的な分析にもとづいてのみ、そのような討論は学問上の実りへの展望をもって行われうるということである。帝国主義論は周知のように数えきれない。それらはきわめて異なった価値をもつ。それらについての討論は、歴史的な経験のストックそのものについての直接的教示を探らなくては、たいてい実りはない。概して、討論は反省には役に立たず、ただあらかじめ決めた立場の確認に役に立つにすぎない。

だから、ここでは別の道がとられたのであった。すなわち、帝国主義の個々の目立つ事例、すなわち、ドイツ、グレート・ブリテン、イタリア、合衆国、フランスの分析である。このケース・スタディーは、けっして歴史的諸現象の総体をカバーしようとしているわけではない。このことはここではおよそ目論まれてもいない。そうでなければ、日本帝国主義の例、つまり当時の開発途上国のうちで西欧の科学技術の徹底した模倣によって西欧世界の帝国主義的攻撃に対抗しえたほとんど唯一の帝国主義の国の例、あるいはロシア帝国主義の例、あるいは最後に英連邦《コモンウェルス》内の諸国の帝国主義の例のような重要な例が欠けているということになるであろう。だがそれにもかかわらず、われわれはここでは、第一次世界大戦前にすでに完全に発展した帝国主義の古典的な事例に直面しているのである――そして、さらに立ち入らなければならないであろう方法上の理由から、以下の諸論稿は特にこの時期に集中しているのである。ロシアの例が欠けているのは、ロシア帝国主義が二〇世紀初頭に入るまで本来的にはまだスタート段階――それは、合衆国がすでに一九世紀半ばになしとげてしまった段階にほぼ照応する――にあった限りは考えなくてよいからである。ヴィッテのロシアにとっては、純粋に権力政治的動機が関与していなかった限りでは、まず第一にロシア東部の巨大な土地の集中的な政治的・経済的把握が問題であった。彼の熱狂的な膨張するための努力――とくに極東における――にもかかわらず、ツァーのロシアは、経済的観点では、いわばヨーロッパ金融資本の植民地主義的な支店のようなものでさえあった。そしてその限りにおいては帝国主義の主体でもあり客体でもあった。

必要な注意を払ってではあるけれども、ここで扱われた諸事例は、少なくとも第一次世界大戦の終結にいたるまでの歴史的発展の期間中の近代帝国主義の本質について、対比的結論を下すことを可能とする。以下の諸研究において重点が一九一八年以前の時代におかれているのは、この時期が他と比べると最も精密に研究されているからである。したがってまた、強く逆流する傾向によって規定される後続の諸時期に対してよりも、より一般的な性質の叙述にとっての確かな根拠を得ることができるからである。もとより、そのことによって、帝国主義の構造の、われわれの現代にいたるまでのいっそうの発展に対する視線は断ち切られてはならない。あるいは、帝国主義を、われわれにとっては過去となっており、原則的にはすでに一九一八年にともかくにも決着しており、一九四五年に完結していた歴史的構成《フォルマチオン》とみなす弁護論的傾向を支持してはならない。

この点で誤解を起こさせないために、また読者に対して後続する個々の諸研究を世界史的関連において整序することを容易にするために、社会の内部の面をとくに考慮して近代帝国主義の発展の個々の諸段階を叙述し、かつ考察をわれわれの現代へまでいたらせている論稿が一番前に置かれている。

ここで、後続の諸論稿にすこし目をやることを許されたい。それらが置いている力点はたいへん異なっているし、また部分的にはたいへん違った結論に達している。それにもかかわらず、それらは本質的な根本問題について考えがいちじるしく一致している。それらすべては、産業社会が出現したことのうちに、近代帝国主義の成立にとってのひとつの決定的契機を見ている。しかしそれでもやはり、それらは、帝国主義を単純に産業資本主義の産物として説明する気はない。むしろ、帝国主義は、自らを形成しつつある産業社会の時代における政治的・社会的な変化諸過程の、結果であり、もしくは少なくともひとつの重要な随伴現象である。

ハンス－ウルリヒ・ヴェーラーは、帝国主義の経済面を最も強く強調している。彼の見解によれば、帝国主義は本質的に経済成長の攪乱や不均衡の結果である。しかし、ヴェーラーが述べている経済的諸原因の連鎖は、特に現存の社会的・政治的システムの維持についての諸支配層の利害関心を示唆する社会心理学的説明モデルに埋め込まれている。ヴェーラーによれば、不断の経済成長は、同時代人にとっては現存秩序の存続の条件と考えられたのであり、これが、ケースバイケースで、「非公式《インフォルメル》」であれ「公式《フォルメル》」であれ、帝国主義的支配の諸方法の利用をひき起こすことになった。(1) ヴェーラーはそれをアメリカのケースについても示している。断えざる膨張は、アメリカ国民には、あるいは少なくともその指導的諸階層にとっては「自明の運命《マニフェスト・デスティニー》」と考えられ、そしてそれゆえ合衆国の太平洋への進出は、より古い、アメリカ大陸に限られていた侵略政策の直接の継続と考えられた。そして単純に政治的動機からだけではなく、主に経済的動機から現われる。

それに対してツィーブラは、帝国主義を一義的に経済的に説明できることに対して控え目な態度をとっている。フランスの例は、少なくともどうしてもそれに適合しない。経済的契機は欠けてはいないが、それはフランス社会の周辺的なグループによって代表される。総じて、フランス帝国主義の社会経済的土台はきわめて弱体であることが明らかになっている。社会帝国主義的諸機能は植民地の拡張そのものに帰せられないで、むしろまったく圧倒的に植民地の諸価値にではなくて、ヨーロッパ諸国の――なによりまずロシアの――公債に向かった資本輸出に帰せられている。それにもかかわらず比較的狭い帝国主義的な諸グループがフランスの外交政策を膨張主義の軌道へ導くことができたとすれば、それはただナショナルな感情によってのみできたのであった。フランス国民が、収益があがるようにはまったく明らかに思われなかった海外への多大な軍事的・財政的資金の継続的な費消を不快感をもって見ていたにもかかわらず、また、急進主義者たちがその奥に、ライン川上流の「ヴォージュ山脈の割れ目」からフランス人の関心をそらすという目的をもつビスマルクの陰険な策謀を推察していたにもかかわらず、フランスに世界諸国家システムへの移行の時代にひとつの植民地帝国を構築させたのは、まさに国家権力の威信という範疇の思考であった。

ベーメ、ローエ、シーダーの諸論稿は、いっそう強く、政治と社会の体制の相互依存の問題について調べており、社会的緊張領域における帝国主義的政策の動因を探求している。

ヘルムート・ベーメは、支配を安定させる帝国主義の作用に力点を置いている。彼は、ビューロゥ時代の帝国主義的外交政策と、大工業と大農場主《アグラーリエル》の「結集」という国内政策とが直接に関連していることを証明しようと努めている。すなわち、両者は、ドイツ帝国の圧倒的に保守的な性格を維持し、そして代々続いてきている指導者層に対して国家における彼らの伝統的な優位性を確保するための手段である、とする。その限りにおいて、ベーメは、ハンス‐ウルリヒ・ヴェーラーがここで、また別のところで提示した解釈のような、社会帝国主義としての近代帝国主義という解釈にかなり近い。他方でベーメは、経済の所与の状態それ自体から帝国主義的傾向は導出されない、少なくとも一八九六年以来の好景気の時期のドイツではそうである、ということを特に強調している。

カール・ローエは、これに対して一八八〇年以来のイギリス帝国主義の発展において、過渡的社会の諸要因が大きく関与したことを特に強調している。同時に彼は、帝国主義的政策を宣伝することに結びつくことができた解放《エマンチパトーリッシュ》的な契機を指摘している。すなわち、イギリスのケースでは、帝国主義は少なくとももところどころで、「いっそうの効率《モア・エフィシャンシー》」というスローガンのもとで外交政策的任務の指導に関与することを要求した、勃興してきた中間層のイデオロギーとしての本領を発揮した、と。さらにローエは、八〇年代と九〇年代の帝国主義的運動は、ドイツの国家思想や社会思想の諸要素の侵入によって特徴づけられる、根本的に精神的な変貌過程に起因することを強調している。したがってローエには、社会帝国主義の範疇は、イギリスのケースには結局適用できないように考えられている。

ヴォルフガング・シーダーも、近代帝国主義を第一義的には、一九一四年以前の過去数十年の政治的・社会的な階層の変動過程に起因するとしている。イタリア帝国主義は、イタリアのブルジョア的国民国家の展開の危機と連関させて考察されなければならない。その場合、シーダーは、クリスピ時代の早期イタリア帝国主義――国内では保守的で体制を安定させる作用をもっているとはいえ、一義的に外交政策に動機づけられていて、受けつがれてきた権力政治の伝統のうちにあるといえる――とトリポリ戦争の熱狂的な帝国主義とを区別している。シーダーは、イタリア帝国主義のこの第二のはるかに攻撃的な変種が、イタリア社会に新たに登場した国家主義的グループと保守的グループとの同盟――これは、「改革《トランスフォルミスモ》」というジョリッティの政策へ向けられた、そして社会党員と始められていた合意を阻止しようとしたが――によって支えられていたことを明らかにしている。実際は、ジョリッティが自分の本来の意に反して一九一一年についに決めたトリポリ出兵は、イタリア社会民主党を、それがそこからまさに出て発展しはじめた原則的な野党の立場へとふたたび押し戻したのであった。そしてイタリア社会の社会政策的には反動的な諸傾向に、新たに、水車にたとえれば上掛け水を補給することとなった。イタリアのケースは、つぎのようなテーゼに対する特によい例をなしている。そのテーゼとは、近代帝国主義は、一九一四年以前にはヨーロッパのいたるところで

——もとより特有の歪みをともなってだが——生じたような段階的民主化の過程と密接に関連させて考察されなければならない、また、この発展に抵抗する諸勢力は同時に帝国主義的政策の最も重要な支持者であった、というものである。

しかし、上述したことは、それぞれの著者の論述を先取りしようとするものではない。それは、ただそれらの論述にある内的関連をはっきりさせようとするにすぎない。帝国主義とは何か、また、帝国主義は一定の社会的・政治的状況のなかで、どのようにして攻撃的な暴力を展開しえたのか、こういうことについて、この論文集にまとめられた諸論稿は、多少なりとも述べたいのである。それらは、現代世界にその痕跡をいたるところではっきりと刻み込んだ帝国主義時代の子孫であるわれわれの合理的な方向づけに貢献したいのである。また、今日、超大国によって支配されている世界で浮び上がってきたような新たな帝国主義の再生の可能性を顧慮してもそうしたいのである。帝国主義は歴史一般の基本現象である、と思われる。われわれは、個々の帝国主義には打ち勝ちうるかもしれないが、やはりこの世界にそもそも支配が存在する限り、権力行使の帝国主義的諸形態もまた存在するであろう。

ヴォルフガング・J・モムゼン

(1) ハンス＝ウルリヒ・ヴェーラーが、自著『ビスマルクと帝国主義』(ケルン、一九六九年)ではここでの討論において重要な役割を演じているドイツ帝国主義を説明するための新しいきっかけを与えたのに、本書では直接にドイツ帝国主義の問題に対して立場を明らかにしていないということは、確かにある程度の欠点である。とはいえ、彼の著書は、シンポジウムが企画されたその時点ではまだ出ていなかった。このさいともかく、その著書を、またさらにはハンス＝ウルリヒ・ヴェーラーが編集し、かつ序文を書いている新学術叢書のなかの論文集『帝国主義』(ケルン、一九七〇年)をとくと参照されたい。

# 社会内部の現象としての近代帝国主義
## ——世界史上での整序の試み

ヴォルフガング・J・モムゼン

われわれが、近代帝国主義の歴史的分野ないし時代的に妥当する範囲についてある程度確実なものとしてその境界を標示することのできる、一般的に保証される基準を見いだすのは非常に難かしい。結局のところ、この問題について合意できることは、すでに、一定の、たとえ必要不可欠ではないにしても明確に定式化した理論的な帝国主義のモデルを前提とするのである。もちろん、このことは、逆の観点からもいえる。帝国主義諸理論の幅広い多様性は、部分的には、個々の理論がそれらの論証の力点に応じて歴史的現実のその時々の異なった断面に関連づけられている、という事情の単純な結果として生じるのである(1)。

このような状況を承知してはいるけれども、近代帝国主義の歴史的構成に暫定的・仮説的な境界を設定する、という試みをしよう。この試みは、一方で、帝国主義的膨脹諸過程や支配諸構造の外部的な形態変化に、他方で、社会的でも経済的でもある性質のその時々に支配的な推進諸要因に、合わせたものである。近代帝国主義の発展のつぎのような諸時期が識別されうる。諸時期の厳密な限定についてはそれらはたがいに議論される余地があるが。

1　一七七六〜一八八二「自由貿易」と「非公式な帝国《インフォーマル・エムパイア》」の時代

2　一八八二〜一九一八　古典的帝国主義の時代
3　一九一九〜一九四五　隠蔽された帝国主義の時代
最後に
4　帝国主義以後の時代、これは、脱植民地化によって、旧帝国主義的諸関連の市場順応的あるいは外面中立的な従属諸関係への縮小化によって、特徴づけられる。

第一の時期には、世間一般に近代帝国主義のものとされている大部分のメルクマールはまだほとんど欠如している。それは、逆説的に、より古い植民地帝国の崩壊、とくに北アメリカにおけるイギリス植民地帝国の崩壊、さらにオランダやスペインの植民地帝国の崩壊とともに始まる。本国の経済への植民地的依存という、受けつがれてきた厳しい重商主義的束縛は廃止され、それまでの厳格な政治的従属はほとんどいたるところでいちじるしく弛められた。自由貿易が始まりつつある時代において、植民地は一般に時代に合わないと思われた。いや、それをしばしば費用がたくさんかかる「首にくくりつけられたひき臼《ミルストウンズ・ラウンド・ザ・ネック》」[2]と感じた。ブルジョア諸階層は、工業諸国の貿易にとって世界の諸市場へ自由な通行権がいたるところで与えられるならば、それで十分だと考えた。帝国主義は、それに対してまず第一に、より古い植民地的な構造が単純に存続していない限りでは、西欧工業諸国の技術的・経済的な優越性を活用した経済的膨張という形で現れた。新しい海外の領土の公式的《フォルメル》な獲得に関しては、大国の政府は一般にきわめて控え目な態度をとった。マンチェスター自由主義の支配的な学説が説いたような、国家の活動を最も広汎に制限するという原則だけで、すでにこの傾向が示されていた。政治家は一貫して民間会社に優先権をゆだねて、たいていただためらいがちに、かつ条件つきでだけ、国家の活動や事業を政治的・軍事的諸手段で保護する意志があることを表明した。とりわけ、近代帝国主義のこの時期には、ロビンソンとギャラハによって五〇年代に展開された「非公式な帝国《インフォーマル・エムパイア》」という概念、通常は経済的影響という方法に限られているが、しかしやむをえない場合には民間の植民者や植民会社に国家の権力手段で加勢する用意ができている支配の一形態という概念、がぴったりである。[3]もとより、ロビンソンとギャラハの理論は、この時期の列強が自国の植民者たちの権利ないし権利の主張を擁護するつもりがつねにはなかった限り、とりわけこうしたことが海外地域に直接的な支配を樹立せざるをえないという結果をともなう場合がなかった限り、それは必ずしもあたっているというわけではない。この点において、ひとつの例外をなすのは、外交上の圧力を使ってであれ、示威的な艦隊作戦によって――これは特に中国のケースで知られているが――であれ、「門戸開放の強要」政策だけである。とはいえ、同時代人にはそのようなことは帝国主義的な暴力の行使よりもむしろ文明に導く行動と思われたのであった。西欧文明に対する防壁を突破することは、進歩を信じていた時代にはあまりにも根拠のありすぎることのようにしか思われなかったのであった。たとえばオスマン帝国あるいはイスマイル副王治下のエジプトもそうであるが、低開発領域の諸政府からヨーロッパの諸銀行や民間の債権者たちに対してなされた債務支払義務厳守を、それら政府に強要する――債務が破産をもたらす支払条件で締結されてあったときでさえ[4]――ために、激しい政治的な圧力を加えることが稀とはいえない諸ケースは、同種のイデオロギー上の関連に入れられるべきである。同時代人は、このことも、第一義的には、国際法の遵守の問題と思い、帝国主義的優位の一形態とは思わなかった。

　新しい海外での国家の参加に対する反感の広がり――これは一八八二年まで、特にイギリスやフランスの帝国主義にとって、またハンス゠ウルリヒ・ヴェーラーが本書の論文で述べているようにほとんど例外なくアメリカ帝国主義にとってもあてはまるのであるが――にもかかわらず、アフリカ、アジア、太平洋における「領土獲得」過程は全期間中とどまることなく進行した。この過程は、個々の民間の植民者たちや植民会社によって促進された。さらに、騒乱・反乱もしくはその他の深刻な紛争が起こるやいなや、諸政府は――植民地の所有をさらに増やすことには、たいていいっそう懐疑的であったにもかかわらず――通例は同国民たちによって「獲得された」地域を、自国の保護下へ、いやそれどころかインドの場合のように直接に国家管理の下へ置くことを余儀なくされた。そういうわけで、「不穏な国境地帯《タビュラント・フロンティア》」という要因、勢力範囲に書きこまれていない境界が不断に脅やかされているという要因が、軍事的な介入にまでのみならず、その不可避的帰結として植民地領土[5]の絶えざる拡張にまでもなった。

　もとより、八〇年代に入るまで、ほとんどどこでも近代的意味での真の領土的支配にはならなかった。すなわち、たいてい、植民地は少数の、大部分は海岸地帯にある地点からただ広がって、政治的に把握されているにすぎず、他方、後背地は所有の確定しない地帯のままで、つまり整然とした行政や確固とした境界はまだ存在しなかった。

総括してつぎのように言えよう。この時期の帝国主義的膨脹は、はっきりした目的をもって進められたのでもなく、また経済上必要不可欠でもなかった。それは、ヨーロッパの満ちあふれる経済的・政治的活力の副産物であったが、しかしちょうどそのとき形成されつつあった産業システムに内在する傾向ということは難しいであろう。

このような状況は、近代帝国主義の第二段階に入ることによって少なからぬ程度変化した。いまやわれわれは、全社会的にアレンジされた帝国主義的膨脹に有利になるような経済的動機づけにぶつかる。一八七三年に始まる経済成長の減速期――これは、増大した企業間競争および利潤率の歴然たる低下と結びついて、結局はほとんどいたるところでかなり高い保護関税障壁を設定することになったが――において、社会のブルジョア階層は、海外での経済上の可能性に多大な注意を向けはじめた。形成途上にある産業体制の成長の危機、とりわけ一八八三〜一八八六年のリセッション(6)は、海外の新市場を呼び求めて、そのことから経済的諸問題の解決と一般大衆の社会的状態の向上を期待した、大衆向きの帝国主義の発展にとって有利な環境を作りだした。この新しい帝国主義は、ヨーロッパ列強の権力国家的伝統と緊密な共生関係を結んだ。帝国主義的膨脹に有利なように経済的論拠をもちだすことは、伝統的な意味における拡張的な権力政治に対して国民のなかに広汎な基盤を得るためには、もってこいの手段として現れた。八〇年代に帝国主義的政策に有利なぐあいに起こった民族主義的扇動は、支配するエリートたちに、そんなわけで、急速に転換しつつある社会のなかで彼らの権力の地位を当分の間安定化させることを可能にしたのであった。

新しい帝国主義は、同時に、これまでほとんど一般的に通用していた「旗は貿易のあとについて行く《ザ・フラッグ・フォローズ・ザ・トレイド》」という従来ほとんど基本的と見なされていた原則の逆転のための心理的・政治的前提を作りだした。諸政府はいまや、国家の政治的・軍事的権力諸手段を用いて処女地への自国経済の拡張の道を拓くように、また、これまでのようではなく必要な場合には民間会社に保護を与える(7)ように促がされた。経済界の指導者たちがまさに帝国主義的拡張のそのような政策をとりわけ声高に叫び求めたと思いこむのは誤りであろう。実状はむしろきわめて不統一である。「子孫のために杭で境界をつけることを要求する《ペギング・アウト・クレイムズ・フォー・ポステリティ》」(8)という新しい政策は、とりわけ自由貿易主義的な考え方をもっている経営者団体の内部でしばしば相当な抵抗にあった。なかんずく金融資本は、新しい帝国主義に信頼をおかず、自由貿易の古くからの諸形態に固執した。他方の側には、たとえば特に鉄鋼・機械製作工業部門、部分的には繊維工業部門のなかにも、非常に異なった程度ではあれ、新植民地の獲得から利益を得ることを望んだ多数の経営者グループが存在した。いまやいっそう広範囲の国民諸階層によって支持されるナショナリズムから、加速化された貿易へと駆りたてられた列強間の対抗関係は、具体的な場合にしばしば最後の衝突を惹起した。競争者たちに先んずるという願望が、通例まだある良心のとがめや疑念を追い払った。こうして、新しく獲得した領土は目下のところまだ相対的に無価値ではあるが将来は自国の経済に大きな可能性を開くであろうという希望を抱いて、人々はたえず新しい帝国主義的事業に身を投じた。

国家自身によって強行された帝国主義——これは地球上のまだ「自由にできる」領域のその時々にできるだけの最大部分を自国に確保しようとした——のこの新形態の形成は、段階的に行なわれた。古いスタイルの国際的な警察行動として始まって、ほとんど隠蔽されるところのない植民地支配として終った、一八八二〜一八八五年のエジプトにおけるイギリスの駐留は、われわれにはやはり、一九世紀の第二半期におけるヨーロッパと世界の帝国主義的傾向の質的変化にとってのひとつの特徴的なシグナルである、と思われる。たった一年前に、フランスはチュニジアに駐留した、そしてそのことによってイタリアの膨脹政策開始を誘発させたのであった。だが、一八八二年晩秋のビスマルクの積極的な海外植民地政策への移行は、エジプトでの出来事と直接に関連していた。

近代帝国主義の第二期に対し固有な意味で攻撃的な特性を与えたナショナリズムは、もとより全社会的にひき起こされた。海外における自国の勢力増大を求める声は、新中間諸層を広範囲に、なお伝統的な指導的エリートたちによって指導されている政治システムのなかへ忠実にはめこむことを可能にしなければならない、という統合イデオロギーとして規定されうる。換言すれば、帝国主義は、急速に変化しつつある社会的現実のなかで現存支配構造を鞏固にし保存するためのひとつの手段であった。たとえば、八〇年代、九〇年代のイギリス保守主義は、そのような手段を用いて新しい大衆基盤を作るために、目的意識的に「もっと大きな英国《グレイター・ブリティン》」という理念に賭けた。同じようなことはビューローとヴィルヘルムII世のドイツの世界政策についても言える。これは、皇帝の傷ついてしまった「人格的統治《ダス・ペルゼーンリッヒエ・レギメント》」に対してふたたび国民のなかにより広い基盤を見いだす目的のために演出された。[9] どちらの場合も、いわば、中間諸階層の政治的エネルギーを植民地である周辺部へ誘導するという政策が問題であった。このことは、植民地的膨脹はまず第一に商工業の中間層、またとくにインテリのためになることである、という当時広がった見解によって簡単に行なわれた。すでに、マックス・ヴェーバーは、この実情を指摘していた。

「……外へ向って成功した帝国主義的強圧政策はすべて、普通は少なくともまず、『国内において』も威信を、それとともに、諸階級・諸身分・諸政党——それらの指導下で成果が得られている——の強力な地位、影響力を強めた。[10]」

しかしやがて、矛先は逆にも向けられうるということ、換言すれば、首尾一貫した帝国主義政策の要求は古いおもに保守的な、あるいは保守化された指導的エリートたちを追いやるためにも同様に利用されうることが明らかとなった。グレートブリテンでは、帝国主義的統合主義者《ユニオニスト》が保守党の近代化を強要した。ドイツでは「自由主義的」帝国主義者がドイツ帝国のプロイセン的貴族支配をぶちこわそうと努めた。[11] その限りにおいては、近代帝国主義の社会反動的要素を実相の全部だと判断することは的はずれであろう。

他方、継続する帝国主義的権力政治の宣伝は、押しよせつつある社会主義運動に対抗するブルジョア的・保守的統一戦線を樹立し、保守的・ブルジョア的諸階層の諸特権を犠牲にして現存の政治的・社会的秩序への労働者階級の統合を阻止するためには、理想的な戦略と考えられた。帝国主義は、いわば、ヨーロッパ社会の急激な民主化過程に少なくとも部分的にブレーキをかけるために、きわめて効率のよいひとつの道具であった。これら三つの視点——その重要さの度合いは個々のケースではそのつどそれらに対し非常に異なっているが——を一般的説明モデルへもちこむと、近代帝国主義は、一九世紀と二〇世紀にヨーロッパのすべての工業国が通過したような段階的な民主化の急激な過程によって、惹起されたか、もしくは明らかにされた社会的緊張と衝突の産物であることがはっきりするであろう。[12]

ここで、少なくとも一九一八年以前のヨーロッパ帝国主義にそれ固有の性格を与えた、内政上の諸要因の症候群に言及する。これらがなければ、伝統的な外交上の動機、とりわけ戦略的・戦術的性質の考慮は、たとえばイギリスの場合のインド向け通行権の確保のような、大きな重要性を決して得ることはできなかったであろう。[13] 同じことは経済上の動機に対してもいえる。現存の社会的・政治的構造はただ不断の経済成長という条件下でのみ維持され、そして社会民主主義の危険は追い払われうるであろう、という広くいきわたった考えと結びついてのみ、海外に新市場や原料供給源を求める声は大きな力を得たのであった。

したがって、近代帝国主義の成立にとっての本来の諸原因、およびその時期の諸工業国の政治的・社会的構造における近代帝国主義の一時的な巨大な衝撃力にとっての本来の諸原因が、探求されるべきである、ということをわれわれは確かな認識として堅持してよいであろう。それによって同時に、今日もなお広くいきわたっているマルクス主義的帝国主義論の小ブルジョア的変種――それによれば、帝国主義はもっぱら金融資本家たち・工業家たちの小グループの策謀の不吉な産物であったとする――は片がつく。もとより、そのようなことがなかったわけではない。しかしやはり、そのような説明モデルは、ただ経済的事態だけで説得的にとり扱うには不適当である。企業家層であれ金融資本であれ、どのような具体的グループが一定の帝国主義的行動ないし目標設定の背後にいたのかを研究すれば、まったく統一的でない像が生じるであろう。帝国主義的政策に直接に関心をもっている経済諸セクターと並んで、別のそれから不利益しか考えられない諸セクターがいる。とりわけ、ヒルファーディングによって呼びだされた「金融資本」の姿勢はまったく異なっていた。資本主義的に組織された経済の所有者階級の経済的関心は、それ自体としては帝国主義的である必要はない。しかし、それは、一定の政治的もしくは社会的状況においては、直接に帝国主義的諸傾向の決定的な推進力になりうる。

ところで、これは「古典的帝国主義」の最終段階では、ますますそうなるのである。第一次世界大戦の直前とその期間中は、極端な帝国主義の陣営への経済の移転がとりわけよく見られるところである。戦争前の最後の数年間、国家間の対抗関係の増大は、ヨーロッパ列強の経済的諸関係にも手をつけずにはおかなかった。戦争勃発後から、大工業の経済的関心は急進的な帝国主義グループの諸目的と完全に一致した。しかしこの状況においても、受けつがれてきた社会的・政治的構造の維持への関心は、直接の経済的関心の促進への願望よりもはるかに強かった。前者は、ただ勝って戦争を終えるということだけでなく、敵に対し完全に大勝利するということを前提にしていた。この敵に——自国の大衆はただ巨大な内政上の譲歩という犠牲を払ってのみ巨額の戦費を戦後も負うことになるということをよく承知しているので——この巨額の戦費を負わせようとした。とりわけこのような理由から、第一次世界大戦は「古典的」帝国主義のクライマックスの段階となった。あらゆる障害はいまや除かれた。帝国主義はむき出しにその残忍な顔を見せた。

とりわけ直接に、かつ注目に価いする広がりをもって、ドイツ帝国の帝国主義的諸傾向は出現するにいたった。これまでたいていは、ただドイツ社会の周辺的グループの帝国主義的なあこがれの夢の対象であったものが、いまや、公認の政策の目標としてのイメージとなり、ベートマン・ホルヴェークの中欧計画——これは、結局はドイツ帝国によるヨーロッパ大陸全体の、一部分は直接の、一部分は間接の支配ということになった——は、ブルジョア的・保守的諸階層のほとんど際限のない併合熱に比べれば、まだ節度のあるプログラムと見なされてよい(14)。それから戦争が進むうち、この規模の戦争目的はすべての敵に対する完全な勝利なくしては達成されえないであろうことがしだいに明らかになったが、しかしこのような勝利自身がはるかに遠のいたとき、保守的・大ブルジョア的諸階層は、要求を引き下げるかわりに、総力の最高の結集によって敵にそれでもまだドイツの世界的強国としての意志を命じることができるということを期待して、できる限り徹底的な戦争遂行をあくまで主張した。ただ「勝利による講和」の場合にのみ、労働者層とブルジョア左派勢力が押しよせることをくい止めて、ドイツ帝国の受けつがれてきた政治的・社会的秩序を保持しうるであろうというなかば自覚的に反省した、なかば本能的な見解は、いまや、いちかばちかの勝負をその秩序にさせたのであった。指導者階層の低下した政治的威信をもう一度回復でき、加えて戦争の出費が敵へ転嫁されうるような完全な勝利が得られさえすれば、解放を迫りつつある広汎な大衆に本質的な譲歩をしないでこれまでの政治的・社会的システムを維持することを考えることができたのであった。

幸運な戦争の結末と政治的・社会的システムの再建とのあいだの関連は、オーストリア・ハンガリー帝国のケースでは、おそらくいっそうはっきりと現れた。それは、内部的にすでにひどく揺らいでいたドナウ君主制の指導者階層には十分に自覚されていた。事実、戦争に対する決断は、オーストリア・ハンガリー帝国はバルカンにおける主導権を奪い返し、できればさらにいっそう拡充しなければならない（南スラブ民族主義の攻撃を成功裡にブロックするためだけでなく、君主制の諸民族たちにいま一度ふたたび国家装置と国家の威信に対する尊敬の念を起こさせるためにも）という観点からなされたのであった。遅くとも一九一六年以来、オーストリア・ハンガリー帝国の高位貴族層の伝統的優位性ならびに国家と社会における主としてドイツ系の官僚制の優位は、まったく同じように最終的に危険にさらされた。そしてそれらとともに、その受けつがれてきた形態での君主制も危険にさらされた。

連合国列強の側では、事態は必ずしもそのように明白ではないが、確かにあからさまに民主主義と民族自決原則《ナチオナリテーツ・プリンチップ》の名において戦争が行なわれた。もとより、そのことは、列強が同じようにその帝国主義的欲求のとりことなることを妨げなかった。グレート・ブリテンは、ドイツの植民地領有を犠牲にして帝国《エムパイア》を完全なものに仕上げること、またオスマントルコ帝国の分割を追求した——ちなみに、特に母国自体よりも根本において帝国主義的であった白人の大きな海外自治領[15]の要請によって。英帝国を固めることは、母国の政治的・社会的システムの安定化の重要な要因と見なされてしかるべきであった。ロイド・ジョージが一九一七年以降実施した新式の国民投票による統治形式は、非常に目に見える国家的成果を必要とした。ドイツに対する「ノック・アウト」というロイド・ジョージの政策決定は、高度に内政によってひき起こされた。またドイツの植民地の重要な部分を英帝国の連合のなかへ組み入れようとする彼の努力も同様であった。事実上、従来の帝国主義とほんの少ししか違わないこうした努力を、この偉大なスイス・ヴァレー出身の人物は確かに国民に受けのよい民主的な衣装でおおうすべを心得えていた。もっといっそう、フランスのクレマンソーの政府は、急進民主主義的左派や社会主義左派の批判に対して、国民の全体利害の代弁者として姿を現すことができるために、国家的成功を必要としたのであった。ドイツ問題でのクレマンソーの強力な国民社会主義的目標設定は、もとより中欧同盟諸国に対する勝利後にやっとはっきりと姿を現わした。一九二三年のルール占領によってその目標設定は最大の到達範囲に達したのであった。

第一次世界大戦中、ツァーリズムの帝国主義的政策の輪郭は、他と比べて少なくともその内政的次元に関しては、はっきりしていない[16]。一九〇六年のエセ立憲君主制的憲法のせいでロシア帝国議会を完全に支配した、数からすれば少ない大ロシアの上層階級は、ドイツ帝国やオーストリア・ハンガリー帝国に対するロシアの武力の勝利のみがロシア社会内部における彼らの優越的地位を維持しうるであろうことを、さらに非ロシア諸民族に対する大ロシア主義の主導権を維持しうるであろうことをよく承知していて、好戦的な熱情の点ではツァーリズムの国家官僚たちをさらに相当上まわっていた。大ロシア帝国主義が、その後十月革命がそれを終らせるまで、帝政の崩壊より生きながらえたのは偶然ではなかった。

連合国陣営の列強すべてのうちで帝国主義的欲望が最も極端に現われたのは、もとよりイタリアであった。ただ性急なナショナリズム――そこでは、まさにすでにリビアの獲得をイタリアの使命と宣伝していたグループが重要な役割を演じていた――があおられただけで、イタリアは第一次世界大戦に巻き込まれたのであった。他と比べれば暴力的である帝国主義的要求――その承認をイタリアは交戦中の両グループを相互に争わせて漁夫の利を占めて連合国からやっととりつけた――の不履行が、戦争直後の時期におけるファシズムの興隆にとって本質的な政治的前提となることになったのは、特徴的である。ここでも、外への膨脹政策は、なによりまず労働者層の諸要求に対して向けられた国内の抑圧政策と関連しあうものであった。

他方では、第一次世界大戦中にすでに対立する展開が起きはじめた。それは一九一八年以後広範囲にわたって出現することになった。すなわち、あからさまだった帝国主義の従来の諸形態の解体である。合衆国は、連合国側の戦争目的協約を認めることを拒み、植民地帝国の拡張というこれまでの政策の続行に支持を与えなかった。だがレーニンは、一九一七年一〇月二六日付の「講和についての布告」で、全ヨーロッパ諸民族の帝国主義のくびきからの解放だけでなく、彼の民族自決原則を植民地民衆へも拡げることによって、植民地支配の従来のシステムの一掃をも布告した。彼は、若いソヴェト国家の第三世界の民衆との、帝国主義に対する彼らの解放闘争での連帯を強調した。

第一次世界大戦の結末は、比較的排他的なエリートたちによる政治的指導の受けつがれてきた諸形態を終らせただけでなく、帝国主義的支配の従来のやり方の変容を余儀なくさせもしたほどであった。民主主義の勝利と古い政治的エリートたち——彼らは一部は貴族階級の、一部は名望家市民という狭い層の出であったが——にかわる、国民投票による政治家の新しいタイプの交替とは、帝国主義の構造にとって、たいへんなことであった。少なくともその原則からすれば（民族）自決権にもとづいて組織された産業社会においては、古い意味で帝国主義的政策を押し進めることはできなかった。われわれは、一九一九〜一九四五年の期間には多くの場所で、受けつがれてきた植民地に対する立場へのしぶとい固執——特にそれが政治的もしくは経済的に大きな意義をもった限りでは——を確かに見ている。とはいえ、すでに一九一九年、植民地支配は今後はもはやこれまでの諸形態では行ないえないであろう、ということについて広汎に了解がなされていた。イタリアが一九一九年にイギリス政府に、一九一三年のドイツとイギリスのアンゴラ条約を雛型とする植民地獲得条約を締結したいと要請したとき、外務省《フォーリン・オフィス》は、帝国主義は「死んだ」、したがってそのような条約の締結は考えられない、と述べたのであった。[17]

しかし、列強は、隠蔽された諸形態でのこれまでの植民地帝国の存続、いや拡大を政治的に正当化するための手段と方途を見いだした。世界の白人国家は地球の開発途上国の民衆の信託統治国家《トロイヘンデル》として行動しなければならないという、特にオックスフォードで生まれたイデオロギーの影響下で、国際連盟の委任統治制度《マンダーツ・ジステム》が公然たる植民地支配に対するオルタナティブとして生じた。パリ講和会議が妥協として提出したのは、ドイツの植民地を第一次世界大戦の勝者の自由な処理にゆだねるということだけでなく、以前のオスマン帝国の大部分をヨーロッパに管理させるということをも許容した妥協にほかならなかった。

一般の考えるところでは、二〇年代では、植民地支配は原住民たちが解放に対する準備を段階的にととのえるという目的に奉仕しなければ正当化されえない、という意見が圧倒的に認められていた。だから、英帝国は英連邦に、フランス植民地帝国はフランス連合となった。たとえばイギリス労働党のような、これまでもっぱら帝国的支配の反対者であったようなグループでさえ、植民地と母国との間にある既存の経済的・文化的結びつきを断ち切って帝国的支配を唐突に終わらせることは被支配的植民地大衆自身のためにならないであろう、という立論を認めようとした。帝国主義は、しだいにそれが一世代前にもっていた人気を失っていき、たびたび、自分たちが自国民のためにも、その時々の植民地の大衆のためにも負担せざるをえない、面倒だが避けられない重荷と見なされた。

このように世論は帝国主義政策に反対していたのではあるが、帝国主義的支配の構造変革の過程はまったくのろのろとしか進まなかった。しかもそれは、なによりもまず第三世界の地域における大工業諸国民の強力な物質的・政治的利害関心の持続の結果なのである。ヨーロッパ民主主義の構造的危機——これは民主主義の側での、それ自体第一次世界大戦期の帝国主義が残した産物である国際上の貿易・金融諸関係の慢性的攪乱と関連していたが——は、その後この過程にいっそう強くブレーキをかけた。ヨーロッパの大部分の立憲君主制的民主主義を守勢に追い込んだファシズム的運動の興隆の流れのなかで、あちこちに異常に残忍なタイプの公然たる帝国主義が新たに爆発さえするにいたった。特に、エチオピアに新しい植民地帝国を築くというイタリアのファシズムの試みは、それに数えられなければならない。ヒトラーの広範囲におよぶ計画——その後第二次世界大戦の終結によって紙上のプランに終ったが——も、東方へ向う広範囲にわたるヨーロッパ広域圏の支配という点でも、かつてのドイツ植民地帝国の再建という点でも、この関連[18]に入れられるべきである。ファシズム的帝国主義は、一時的に極東において支配的地位を手に入れることができた日本帝国主義とまったく同様に、確かに、一九一四年以前の公然たる帝国主義のもはや時代錯誤の反映でしかなかった。このことは、ファシズム的運動がなによりもまず、まさにすでに第一次世界大戦前に、たとえ必ずしも実際の黒幕ではないとしても、帝国主義的世界政策の信奉者の主要部分を出した社会グループによって支持されていた限り驚くべきことではない。ファシズムはインターナショナリズムの増大する時代に「自律的な好戦的グループの無制限な統治」（ノルテ）という状態を維持しようと懸命であったが、同様に、彼らは、公然たる帝国主義的支配の方法が時代遅れになってしまった時点で、その方法へ戻ることが可能であるという幻想にもとづく信念をも抱いていたのであった。

しかし、もし、われわれが、「逆戻りの」もしくは――間接的な従属性の諸形態をより強く強調する限りでいうのだが――「隠蔽された帝国主義」のこの時期の傾向から、直接に、第三世界の地域の政治的実状を推論しようとするのは誤解を招きやすいであろう。確かに帝国主義の道徳的基礎は、特に帝国主義が公然たる政治的支配の諸形態で行なわれた限りではダメージを受けたが、それでも開発途上諸国の、ヨーロッパ大工業国や合衆国との政治的な、とりわけ経済的・金融的な結合はさしあたり変らずに持続して、社会的現実を広範囲に規定したのであった。その権利や特権が一般にいまだに古典的帝国主義の時代に由来する多数の経済団体と企業の形をとって、多かれ少なかれ非公式な無数のヴァリアントで帝国主義的従属性は維持されており、完全な解放の邪魔をしたのであった。

第二次世界大戦中に迫られて、連合国はその植民地領土の経済的資源にかなりの規模で手をつけざるをえないことがわかった。しかしこのことは、植民地の指導エリートたちにかなりの譲歩をしなければ、もはや進みようはなかった。その限りでは、第二次世界大戦は公然たる帝国的支配の解体への傾向を非常に加速した。この展開は、いまや完全に反植民地国家をもって任じ、その意味ではフランスやイギリスの時代遅れの植民地帝国を特に極東においてさらに続けて支持するつもりはなかった合衆国の政策によって、強められた。この「隠蔽された帝国主義」期の最後の余波とも言える、スエズ運河におけるイギリスの残り少ない陣地をナセルの押収から守ろうとした一九五六年のスエズ戦争が、ソヴィエトと共同する合衆国によって失敗させられたということは決して偶然ではない。もちろん、このことはむしろ、直接的支配の古くさくなった諸形態が、純粋に経済的で間接的には政治的・文化的でもある影響力の現代的諸形態によって、首尾一貫してとってかわられるという試みとして特徴づけられないのかどうか、問われなければならない。たとえば、ヴェトナムの今日の状況は、まさにそのように方法をとりかえる試みの失敗の結果と解釈されうる。

二〇年代以降に生じたような帝国的支配の伝統的諸形態の解体は、西欧諸国家の世界における、たしかに「立憲民主制」と資本主義システムの広範囲な復旧によって特徴づけられる、国内的展開の対外諸関係への投影と解釈されうる。民主主義社会においては、帝国主義的政策にとってはそれが、それ自体の素性をはっきりと明らかにする限り、もはや大衆的基盤を見いだすのは難かしい。ただ、市場の形式的ルールを利用し、またたいてい直接的な政治的強制なしでやってゆく非公式的《インフォルメル》支配だけが——国際的交易の資本主義的システムそれ自体は是認されて現れているから——、西欧の工業諸国にあってはなお十分に政治的に守ることのできるものである。

しかし、最後に述べた資本主義市場の諸法則に従った間接的な支配の諸形態も、最近あちらこちらで非難されてきている。そして、一九四五年以後、もちろん多くのところでまだ「隠蔽された帝国主義」の残り少ない陣地を見いだすとはいえ、おそらく「ポスト帝国主義」と呼ぶのが最もよい、質的に新しい歴史的構成について述べることの正当性が主張されている。五〇年代以降は、海外におけるヨーロッパ植民地支配の当然の帰結としての清算——ひとつにはその支配が第三世界の国々で達成されることがいよいよ少なくなったので、しかしなによりもまずそれが立憲民主制の政治的な自己認識と両立しないので——という事態になった。この観点からすれば、「脱植民地化」の時代について述べているのはかなり正当なのである。[19] もちろん、かつての植民地支配者《コロニアール・ヘレン》たちは、すべて、新しく成立した後継の国々との政治的・経済的諸関係を可能な限り保持しようとした。とはいえ、現在のポスト植民地主義的世界において、どんなに急速にこの残存している諸結合が意味を失ったか、ということは注目すべきである。

今日、「脱植民地化」の過程は、より古い帝国主義の構造のわずかの残存を度外視すれば、本質的には終わった。少なくとも理念からすれば、パートナーシップの原理が植民地的従属性にかわった。しかし、このことは事態の一面をとらえているにすぎない。それに対峙するものとして、第三世界の国々の経済的・技術的な展開状況は依然として工業諸国のそれにはるかに遅れているということ、そして後者はその市場戦略上の、また技術上の優位を相変らず自分たちの利益のために利用しうるということ、がある。この関連において、開発途上諸国の経済的搾取を、市場のルールを形式的に遵守しながら、また土着の指導者層の関与によって行なう「新帝国主義、帝国主義の最後の段階」は、公然たる植民地支配の諸形態よりもさらに一段とたちが悪い——なぜなら、このような諸条件のもとでは帝国主義の代理人の政治的制御《コントロルレ》はさらに一段と難かしいから[20]——というクワメ・ヌクルマのテーゼは注目するに値する。実際、われわれは、旧植民地諸国に対する形式的独立の承認によって西側の帝国主義の（負う）債務口座が本当にすっかり清算されるのかどうか、問わねばならないであろう。貧困者はますます貧困になるが、富者はますます富む、という非難はでっちあげではない。けれども、このような状態は、少なくとももどのような種類の政治的干渉に帰せられることよりむしろ、開発途上国に比べ依然として工業諸国に利益を得させる世界市場の諸条件に帰せられることを、われわれははっきり認識していなければならない。西側の諸国から来ている発展途上国への投資の構造も、「交易条件《タームズ・オブ・トレイド》」も、開発途上国の近代的工業国への転換を妨げている。しかし、このような関係に対して直接に責任があるものを見つけることはできない。開発途上諸国が工業諸国に本気で競争できないように配慮する「国際金融資本」のずっと続いている陰謀について述べるのは、たんなる無意味なおしゃべりである。西側の経済は、その間、きわめて強く相互に結合されたので、なんらかの推進のさいに発展途上諸国の経済的なスタートの諸条件は大工業諸国のそれよりも比較的に不利であると主張することはできないであろう。むしろ、このような状態をひき起こしているのは産業システムそれ自体の構造であり、その限りにおいて、新《ネオ》マルクス主義の帝国主義批判が資本主義システムの廃止を、第三世界に対する関係の満足のいく規制の前提と定めていることは驚くべきことではない[21]。

この点において、われわれはふたたび、帝国主義的な、あるいは——ここではこのようにいいたい——ポスト帝国主義的な（すなわち、先行した帝国主義的構成によって刻印され基礎づけられた）従属諸関係の社会内部的関連性の問題にぶつかるのである。西側工業諸国においても共産主義陣営においても、現代の本当の大問題は、ダイナミックで同時に攪乱もない経済成長に適した、実効力のある社会全体を管理できる制御メカニズムを見つけだすことにある。

今日の工業社会の複雑な構造は、この問題をスムーズに解決することを簡単には許さない。また、生産諸手段の形式的所有の問題がその場合副次的な役割を演じているように思われる。いちじるしい国家介入主義的部分をもった資本主義的交換経済の西側のシステムも、共産主義的世界の計画経済システムも、いままでこの方向で真に満足できる成果をもっていない。だが、そのような合理的な制御《シュトイエルング》メカニズムだけが、一方では工業諸国の、他方では第三世界の国々の、経済成長における不均衡を効果的に克服しうるであろう。

そのような諸事情にかんがみて、開発途上諸国に対する工業諸国の今日の諸関係を伝統的な帝国主義の諸カテゴリーによって述べようとするのは、適切とは思えない。経済的・社会的領域で、われわれは近い将来には、東側諸国でも西側諸国でも、また第三世界の諸国でも産業的経済システムに内在する諸傾向に支配される。この複雑になった巨大なメカニズムの合理的な制御という問題は、どこにおいても満足に解決されてはいない。またそれに関して、われわれは、そのメカニズムの誤りの原因として、一夜にして無にしてしまうことのできない歴史的遺産がかかわっているのだという弁明をせずに、そのつど帝国主義というプラカードをぺたぺた貼りつけるのでは問題は解決できないのである。

(1) それでレーニンの場合は、帝国主義の本来の時期は、まず二十世紀への転換によって開始される《資本主義の最高の段階としての帝国主義》、全集、ベルリン、第一巻七八〇ページに「ヨーロッパにとって、古い帝国主義の新しい帝国主義による最終的交替の時代は、かなり正確に確定される。すなわち、それは二十世紀の初頭である」とある。）他方、その敵対者であるシュムペーターは、その著名となった「帝国主義の社会学」（Archiv für Sozialwissenschaft und Sozialpolitik 1918/19 に所収。再版されて Aufsätze zur Soziologie, Tübingen 1953 に所収されている）で、この時期を世界史的視点から、まさに帝国主義衰退の時期と解釈していた。帝国主義の討論については、Dan van Schmidt と Wolfgang J. Mommsen ›Imperialismus‹ (Sowjetsystem und Demokratische Gesellschaft, Bd. 3 所収）を参照せよ。さらに、A. P. Thornton, Doctrines of Imperialism, New York 1965, Tom Kemp, Theories of Imperialism, London 1967；また Imperialismus, NWB Bd 27, Hg. vom Hans-Ulrich Wehler Köln 1969.

(2) この点で、C. A. Bodelsen (Studies in Midvictorian Imperialism, London 1961[2]) と R. L. Shuyler (›The Climax of Anti-Imperialism in England‹, Political Science Quarterly, Bd 36, 1921) の諸研究の成果は今日でもいぜんとして妥当性を有している。また Klaus E. Knorr, British Colonial Theories, 1570-1950, University of Toronto Press, 1963[3]. を参照せよ。ディスレリーに関する引用は、Shuyler の S. 546 にある。「これらのみじめな植民地は、すべてほんとうに数年のうちには独立するであろうし、われわれの首にくくりつけられたひき臼なのである」(一八五二年) と。

(3) John Gallagher Ronald Robinson, ›The Imperialism of Free Trade‹, The Economic History Review, Bd 6. 1953.

(4) それについては、David S. Landes, Bankers and Paschas, London 1958. の輝かしい研究と、W. J. Mommsen, Imperialismus in Ägypten, München 1961.

(5) S. J. Galbraith, ›The Turbulent Frontier' as a Factor in British Expansion‹, Comparative Studies in Society and History, Bd 2, 1960. またアフリカに関しては、R. Robinson, J. Gallagher と Alice Denny, Africa and the Victorians, The Official Mind of Imperialism, London 1961.

(6) イギリスのケースについては、W. J. Mommsen, ›Nationale und ökonomische Faktoren im britischen Imperialismus vor 1914‹, Historische Zeitschrift, Bd 206, 1968, S. 626ff. u. 642ff, 最近ハンス-ウルリヒ・ヴェーラーが、近代的帝国主義の、もちろん非常に多層的な、また必ずしも一義的ではない理論の基盤についてこの関連をとりあげた。われわれの考えるところでは、そのさいに、成長危機と帝国主義的諸傾向との間の結合は、社会心理的連結リング、つまり〈イデオロギー的コンセンサス〉という媒介的接続にもかかわらず、過度に行なわれすぎている (Bismarck und der Imperialismus, Köln 1968)。同様に、またことによるといっそうひんぱんに、ほとんど屈折することのない経済成長の時期においてこそ——たとえば一八九六年以降のドイツ帝国におけるように——帝国主義はあるのではないか？

(7) イギリスのケースについては、Mommsen, a. a. O., S. 622f を見よ。

(8) この非常に意味深い表現は、一八九三年三月一日の王立植民研究所における講演にさいして、ローズベリー卿によってなされた (R. Koebner und H. D. Schmidt, The Story and Significance of Imperialism, A Political Word, 1840-1960, Cambridge 1964) が、数週間後にはすでに帝国主義的日常闘争における彼のライバルであるジョゼフ・チェンバレンによって下院でとりあげられるところとなった (Joseph Chamberlain, Foreign and Colonial Speeches, London 1897, S. 114)。

(9) John C. G. Röhl, Deutschland ohne Bismarck, Die Regierungskrise im Zweiten Kaiserreich, 1890-1900, Tübingen 1969, insbesondere S. 229 を見よ。

（10） Wirtschaft und Gesellschaft, Tübingen 1956$^{5}$, S. 527.

（11） マックス・ヴェーバーやフリードリヒ・ナウマンのような人物を考えればよい。保守主義者の政党支配を可能にした外見的立憲主義の除去をめざす節度ある議会政治化の運動への彼らの参加は間違いはない。

（12） この視点からする帝国主義的諸現象の全体的解釈の試みとして、Wolfgang J. Mommsen, Das Zeitalter des Imperialismus, Fischer Weltgeschichte, Bd 28, Frankfurt 1968. を参照。

（13） これは、原則的に言って、もっぱら政治的‐戦略的考慮が《アフリカ奪い合い《スクラムブル・フォー・アフリカ》》の間にイギリス政策決定を行なったという、R・ロビンソン、J・ギャラハ、アリス・デニーの論証に反するものである。

（14） それで今は同様に、以前の諸解釈から離れる。Fritz Fischer, Der Krieg der Illusionen, Düsseldorf 1969, S. 760f.

（15） W. M. Roger Louis, Great Britain and Germany's Lost Colonies, Oxford 1967. を参照せよ。

（16） C. Jay Smith, A Study of Russian Foreign Policy during the First World War, New York 1956. 参照。

（17） W. M. Roger Louis, a. a. O., S. 152f. このイギリス外務省の見解によるとさらに「現在の変更をうけた世界の情勢下でこのような取決めはまったく考えられない」と。

（18） 国民社会主義的帝国主義の包括的叙述は、最近のものとして Klaus Hildebrandt, Vom Reich zum Weltreich. Hitler NSDAP und koloniale Frage 1919-1945, München 1969. がある。ヒルデブラントは示している。二〇年代の植民運動には、たとえこの運動にドイツのエリートのある重要な部分が属していたとしても、またはこの運動に実際に支援が与えられていたにせよ（重要性と意義については、ここでは確かに若干大きく見られている嫌いがあるが）、大衆的基盤は欠けていたが、国民社会主義のみが、いま一度このような基盤を与えることができたのである、と。

（19） Rudolf v. Albertini の基礎的な叙述である Dekolonisation, Die Diskussion über Verwaltung und Zukunft der Kolonien 1919 bis 1960. を見よ。彼が脱植民地化過程の開始を、植民地主義者たちのパースペクティヴから見て、すでに第一次大戦の終了時頃に見ているのは首肯できるところである。しかしヨーロッパ植民支配の性格は、少くとも直接当事者に関しては、戦間期には、すでに一九四五年以前に支配的諸現象としての脱植民地化について述べることができるほどには、根本的に変化をとげなかった。民主的産業社会の時代において植民地支配がもはや生じてはならないという確信は、列強の植民政策的実践を第二次世界大戦まで、ごく限定的に規定したにすぎなかった。帝国的支配の間接的なかなり弾力的な諸形態への移行は、まだ独立への準備の視点の下においてではなくて、いっそう、このような仕方でのみ現存の植民体制が将来も救済されるという考慮から、影響を受けていたのである。第二次大戦後になってはじめて、《信託統治《トラスティーシップ》》が終りを告げ、したがって独立準備のため諸植民地におけるすべての内政が実施されなければならないという考えが結局、率先して行なわれることとなった。

(20) Kname Nkruma, Neo-Colonialism the Last Stage of Capitalism, London 1965, S. XI.

(21) それで、例示すれば、Paul A. Baran, Politische Ökonomie des wirtschaftlichen Wachstums, Neuwied 1966. または、Franz Fanon, Die Verdammten dieser Erde. Frankfurt 1966.

# ドイツ帝国主義

## ——その社会的・経済的・政治的原因の評価に関する諸テーゼ

ヘルムート・ベーメ

### I

一九六〇年代初頭に、ドイツ戦争政策に関するフリッツ・フィッシャーの諸研究が現われてからは、ドイツ世界政策の成立・経過・結果について、ことにその評価について——つまり、プロイセン-ドイツ帝国の《特殊》産業経済的発展による非常に攻撃的な海外・大陸での膨張運動としてのその評価について、一部で激烈に行なわれた討論は、もはや打ち切られることはなかったのである。(1)

論争は、はじめは、公文書の正確な復元、一般にはなじみのうすい日記類の適切な解釈、といった細目にわたって熱心に行なわれ、ついで、政治-外交における決定過程の全体的倫理評価、行動経過とその動機づけの適切な復元に拡がり、最後に《帝国主義》としてのドイツ世界政策評価のさいの政治・経済関係に関する基本問題に終ることになるが、これら論戦が、ただたんに、古い戦争責任論議復活だけのものではなくて、これら論戦が、ドイツの歴史叙述《ヒストリオグラフィ》にも現在、確認できる《国家主義的《シターツナチオナール》・民族主義的《フォルクスナチオナール》歴史像のような、時流に投じた考察方法の……急速な解体》(R・

ウィトラム）の一部でもあったし、現在もそうであることを、[2]今日、認識させるものである。

例示すれば、第二の《ナショナルな破局》後のF・シュナーベルによるドイツ帝国創設者の批判的評価を引き金とするビスマルク論争[3]では、一九四五年後もいぜんとして、つぎのような歴史叙述の傾向、つまり、ゲルハルト・リッターが簡潔に述べたように、《ビスマルクの帝国創設を可能にした民族運動の昂揚で[4]》論拠づけられた歴史叙述の傾向が主張され、あらたに地歩を得ようとしたとき、——疑いもなくドイツにおける歴史叙述の《ポピュラリティ》の基礎となっていたこの《関与》と手を切ることなしに——フィッシャーの業績と、これら研究の刺戟をうけた討論が、以後特に、つぎのような試みの、つまり、《イデオロギー的な—建て増しされた》概念をドイツ帝国主義の全体把握の発見的《ホイリスティッシュ》なかつ構成的な手段とする試みの、薄弱さを強調することとなったのである。[5]

ドイツの独自的攻撃性に関する命題、第一次世界大戦勃発についてのその単独責任は、《上からの革命》の《独自的》プロイセン-ドイツ的伝統にもとづく、[6]まがうことなきドイツの膨張意志の力説と同様に、すでに広範囲にわたって議論しつくされたものと評価されていた対象の、再検討と研究作業の仕直しを必要とすることになった。同じように、ある歴史叙述は、つまり、産業的発展にもかかわらず、かつその発展によりひき起こされた社会的・政治的解放勢力の自由化にもかかわらず、政治的現状維持を保持せんとする動きのなかに帝国主義政治の核心を認識しようとする歴史叙述は、異なった帝国主義規定を強く主張し、一九一四年以前の（かつ、一九一四年以前だけにとどまらぬ）ドイツ政治に対し新たな論争を挑んだ。ところで、この《内政優位[7]》は、《大規模な産業上の好景気》による——特に《金融資本》の新投資領域獲得としての——《地球全領域にわたる強国の要求権》（F・フィッシャー）の告知であるドイツ世界政策の経済的根拠に関する重要な指摘に関連していたから、今世紀初頭にカール・マルクスとフリードリヒ・エンゲルスの継承として構想されたホブソン、ヒルファーディング、カウツキー、レーニン、ローザ・ルクセンブルグの経済学的帝国主義諸理論が、ドイツ世界政策の決定要因に関する激烈な新論争の中心に押し出されてきたのであった。[8]

それに加えて、形にはまった国家政治の歴史的-批判的分析の伝統的方法は、ドイツ世界政策の外交-政治における決定過程を独占資本的な大工業・大銀行の目的・利害と因果的に関連づける趨勢に直面して、論証《エルクレールングス・ウェルト》の点で限界のあることが明らかにされたので、かつ分析力の枯渇が《総計《アディチオン》》のなかで認識されたので、急速に、方法に対する要請が——ことに、社会科学理論の発展に援護されてであるが——生じてきた。この方法は、《一方の国家・権力政治と他方の産業システムとの間の動機連関・因果関係》を確証しえたのであるが、ことに、《国家と社会、政治と経済に対し同じように妥当する、近代の普遍的構造諸法則を打ち出す》(T・シーダー)[9]という目的をもって行なわれたものである。

今日知られる限りでは、この方向に、ハンス-ウルリヒ・ヴェーラーが、[10]意を決して、向かっていったのであった。大不況とビスマルク時代に関するハンス・ローゼンベルグの関心をそそる研究で提示された《モデル》[11]にニュアンスをつけ補充を加えて、ヴェーラーは——《政治経済学》のカテゴリーによって——膨張する産業経済の《内生的《エンドーゲン》》問題、百年にわたる経済成長の不均等性を、整序要因・構成要因として、政治的-社会的伝統の基礎としたのであった。それは、産業的・社会的近代化過程の社会組織的・政治的結果——しかもドイツに限定されないのであるが——について適切な判断をするためなのである。彼がローゼンベルグ同様、諸関連を唯一の因果関連のなかに押し込まずに、その諸関連を、《イデオロギー上のコンセンサス》のうちに根拠づけられたものとして、《媒介されたもの》として現出せしめようと試みていることは、もちろん、強調されてしかるべきである。そのようにして、たとえば、W・L・ランガー[12]、G・バラクロー[13]やTh・シーダー[14]の場合にもすでに言及された——ヴェーラー理論によってよばれた——《社会帝国主義》の命題に到達するためである。この社会帝国主義は、《ある点では、永続的技術革新の経済的成果とその社会的効果をなしとげる国民経済内部の社会政策的無能力》[15]から生ずるというのである。

これを土台として、いまや、帝国主義評価に関する驚くべき一致——D・シテークマン[16]、K・ウェルネッケ[17]、P・Ch・ウィット[18]の近作にも示されているように——が、生じているように思われる。率直なところ、このフリッツ・フィッシャーの共同研究者・弟子たちのいま挙げた諸論考は、綜合評価としては、資料を広く渉猟しかつ熱心に緻密に師の諸命題を補充するだけでなく、ヴェーラーが《社会帝国主義》と定義するこの帝国主義理解の再力説に寄与するところ——この場合、特に、シテークマンとウィットであるが——大なるものがある。
経済政策的には《プラグマティックな膨張政策》として、《実験的な反循環的景気政策《アンチ・チクリツシエ・コンユンクトウール・ポリテイーク》》として理解され、内政的には《階級分裂的国民国家における統合手段》として評価され、社会政策的には《伝統的な社会構造・権力構造擁護》として、最終的には包括的に《上からの革命》の連続線上での《誘導政策》として定義されると、これらの視点から、《帝国主義》概念は、広がり——もはや、一八九〇—一九一四年間にあてはまるだけでなくて、同じくビスマルクの《安全保障政策》最終期、帝国創設、それどころか、ビスマルクの政策一般にあてはまる広がり——を得ることになる。この政策は、終始一貫、《帝国主義》に分類されて、——工業化とそれにともなう議会主義的傾向・民主化的傾向の、変革的達成に反対する阻止遮断によって——《独裁政治》としての《ボナパルティズム的ビスマルク独裁》(H-U・ヴェーラー)(19)を維持する努力として評価されるのである。M・シテュルマーのボナパルティズムの問題点に関する最近作、V・ベルクハーンの《艦隊増強と権力構造》についての研究(20)、または農業関係団体に関するH・J・プーレの労作は(21)、《内政優位》のこの論証をふたたびとりあげて、《保守的官僚制・半絶対主義的指揮下の議会自律的軍事機構》の《至上使命》として、《旧プロイセン-農業指導層の因襲的な政治・社会・経済にわたる諸特権》(V・ベルクハーン)(22)の保障・定着化を評価している。

しかし確かに、これらの最近の研究で、評価に関して、かなり重要なアクセントの置き方の移動も認められる。ビスマルク《独裁政治》の機能性は、かなり鋭利に観察されているし、彼の努力の至上目標である伝統的な権力構造・社会ヒエラルヒーの保持が、彼に、ボナパルティズム的支配技術を(23)——この単独的決断権能の手段で、彼の《保守的ユートピア》の枠内で、政治的発展を定着させるために——選ばしめたことが明らかにされるのである。

ある程度割引して《クム・グラーノ・ザーリス》も、テーマ・帝国主義に関してすでに四十年前にE・ケーア(24)によって行なわれた《問題提起》の継続として最近なされている諸研究は、評価されうるところである。そのさい、これらの論考にとっては、もはや、経済史・社会史・国制史・一般政治史の枠組だけでなくて、歴史研究の関連範囲としての社会経済諸理論の特色ある論究と応用も、特徴的なところである。

この内政優位・経済発展優位のうちに帝国主義政治の特質を説くこれら諸研究と対照的に、ヴォルフガング・J・モムゼン[25]は、歴史研究の伝統にいっそう従いながら、権力政治に対する主因を《とにもかくにも》経済的動機に見ていない。彼にとり、帝国主義時代のヨーロッパ諸強国の共通の特徴とは、強国権力政治を行なおうとするナショナルな自負による衝動なのである。

《他の諸要因も……重要な役割を演じていること》を見のがさずに、モムゼンは、《一八八五—一九一八年の時期のヨーロッパ帝国主義を、何はさておき、まずナショナルな思考の極限形態》と解しているのである。それは、《市民解体》による、《自由主義》の統合力の喪失による、政治体制の不安定から生まれたものであり、かつ、保守勢力による《意気盛んなナショナルな権力政治》擁護によって、《広汎な大衆に与える保守勢力の影響力の消滅を阻止する》という希望を抱いて、《終始一貫、悲愴なナショナリズムに賭けようとする》（W・J・モムゼン）保守勢力の参加《アンガージュマン》から生まれたものである、と言う。モムゼンにとっては、それで——ハンス・ヘルツフェルトも、この運動を類似して規定しているが——《ヨーロッパ・ナショナリズム》が《帝国主義》に上昇したのである。この帝国主義とは、《新現象》を表現しており、《政治意識の政治的構造の根本変化》をもたらしたのであると言う[26]のである。

H‐U・ヴェーラーが植民地政策と帝国主義の、結局は《政策》と《経済》の区別のうちに、《原動力と進行形態について多くのことを与えるどころかむしろ誤まてる図式主義に道を開く[27]》《人為的分離》を見ているのに対して、W・J・モムゼンは、等価的に評価されている史的諸要因の、よく挙げられる例の相互依存から出発しようと試みており、帝国主義的思考方法を経済的状況から完全に導出できるものとしては把握しないように試みている。モムゼンは、その場合に、なんら帝国主義政治の経済的原動力を否定するものではないが、以下のことを非常に鋭く強調するのである。つまり、《経済的現実》というものが、《経済帝国主義諸理論》（同様に《帝国主義的思考の社会的変形》も）の《虚言をとがめるものであり》、かつ、これら諸理論の論証の価値は——つねに個別事例において証明されるから——歴史分析にとり限界のあるものであることを非常に強く強調するのである。すなわち、《ナショナルな調子の政治的期待・渇望と結びついてのみ——これがモムゼンの判断なのである——》……《経済的動機は、一次的なものも、導出されたものも……時代の帝国主義的熱情を高めたのであった》と言う。したがって、彼は、帝国主義政治の推進力を、《工業社会発展のなかで上層にのぼってきたこれら諸階層のナショナリズムのうちに見ているのであって、資本主義の海外市場一般に対する客観的とかいう欲求のうちに見ていないのである》[28]。《投資を求める資本の大きな蓄積は》、R・ルクセンブルグが明確に表現したように、恒常的に低落する利潤率のディレンマから逃れるために、海外資源を開発することを国家にさせるのでもないし、《まだ独占されていない非資本主義的世界環境の残余をめぐる》経済的競いあいが、帝国主義政治の政治的表現ではないのであって、そうではなくて、ナショナルな偉大さの条件として《同時代人たちは、おのれのナショナルな権力的地位を高めるために……おのれのヨーロッパでの大国的地位を世界強国的地位に押し上げようという公然たる目論見で、海外植民地帝国を目指したのである》[29]と言う。

したがって、モムゼンはそこで同様に、H-U・ヴェーラーによってさまざまな帝国主義の規定を考慮に入れて仕上げられた文献やすぐれた緻密さを、全面的に承認したうえで、《帝国主義》としてのビスマルク政治に関するヴェーラーの解釈を控え目に評価するのである。《もしも、操作された社会帝国主義が》――モムゼンは、ヴェーラーの所見を、アイロニカルでレトリカルな質問で、こう、概括するのである――《実際のところ、伝統的社会構造保持の闘争の場合、それほど効果的な武器を表現しているとすれば、なぜ、ビスマルクは、それでは、非常にわずかなエネルギーでこの事態に対処したのか？　が、問われるはずである》と。すると、ヴェーラーは、少なからず辛辣に彼独特の鋭く対照的な見解のなかで、《帝国主義政治の特徴としての極端なナショナリズム》というモムゼンの命題も徹頭徹尾、否定的に批判し、《要するに》、《社会経済的構造分析にもどることなしに》、帝国主義の定義は、《納得できる形では》[30]成功できるはずはないと、拒絶の返事をした。そこで、つぎのような根本問題――政治行動の経済的状況からの演繹ならびに政治・社会的伝統の経済的カテゴリーによる編成づけという根本問題――が提起されるのである。

## II

「歴史哲学講義」序論のなかで、ゲオルク・ヴィルヘルム・ヘーゲルは、《ドイツ人にあっては、考えと見方が非常にまちまちで》あり、各《歴史家はここでは頑固に、それぞれ自分の流儀を主張する》ことを強調している。[31]《専門の歴史家は》と彼は続ける、《彼らが哲学者たちに向かって非難している当のことを、すなわち歴史における先験的虚構ということを自らやっているからである》[32]と。まさに帝国主義政治の現象のような対象の場合には、いかなる先取りされた理論的構築も疑問なのである。なぜならば、歴史の内在力の力点移動の危険性をけっして完全には回避できないからである。だが、理論的に基礎づけられた研究の試み、史的唯物論的な研究の試みは、ハンス‐ウルリヒ・ヴェーラーの命題に対して、批判として最近ハンス・ヘルツフェルトが、簡潔に言いあらわしたように、《受け入れがたい》という素朴な主張についても、この反対主張の言う《巨大な歴史的諸要因の真に等価的な相互依存》(H・ヘルツフェルト)[33]が、同様に、証明される時にのみ、やっとどうにか説明されるであろう。この相互依存こそは、同じく先験的に決定されるのではなくて、社会的経済的変動と権力政治的決定過程——その条件とモチヴェーションはつねに新たに規定されうるのであるが——の、均等な、たえず重なって関連しあう分析を要求するものである。

まさに今日の帝国主義研究において考慮される諸視点の多様性こそが、かかる取扱いを強制するのである。なぜならば、モムゼンが正当にも《高度工業的・家父長制的‐封建的生産諸形態と社会諸階層との並存のなかに、すでに純粋に考えれば、第一級の危機要因》を見るとすると——この危機要因が、《支配の民主的形態への移行局面にあった政治システムの不安定性》を、《急激的工業化》により誘発された《社会構造内部の烈しい緊張》によって、さらに高めたのである[34]——、じつにつぎの事が、あらためて問われることになるからである。つまり、《同時に、あまりに多くのことを行なわなければ》ならなかった時代の指導的階層の過大な要求のなかにのみ、《極端なナショナリズム》としての世紀末の消耗的膨張政策は、その基礎をもつことができたのか、それとも——特に、ガーシェンクローン[35]が指摘したように——一国の《経済的後進性》は、すでに工業組織・経済成長・社会経済的変貌過程のあの典型的経過形態を、それとともに政治的発展を初発から規定しなかったのか、があらためて問われることになるからである。それゆえ、問題点とは、前工業的に定着している諸要因が、プロイセン－ドイツの政治と社会の不安定性と諸矛盾にとり、決定的重要性を有していなかったのかどうかということなのである。この不安定性と諸矛盾の解決は、――《第四身分《シュタント》》の政治要求を防ぎうるために、市民階級が農業指導階層・官僚指導階層と連携したあとで――工業化強行による構造変化を《官憲的やり方》で手に入れるために、帝国主義政治によって企てられた。

そうであるから、もっぱら政治行動を景気変動論に基礎をおく同時進行モデル《ジンクロニザチオンス・モデル》から導出することが、十分な論証力をもつのかどうかが、問題とされるのである。さらに問題なのは、この理論の情報内容・吟味・全般的適用が、（一般的帝国主義理論として西洋工業諸国の社会経済的・政治的展開を特徴づけうる）《統一的カテゴリー構成》に対する前提として、十分なものであるかどうかということなのである。

もとより、二、三のコメントで、これらの問題点の答えとしては十分とされざるをえない。というのは、細部にわたる分析に答えるのは、ここではあまり広汎におよびすぎるからである。

十九世紀後半のドイツ工業発展の景気変動的経過形態が判定されるとき、明白に三局面が区別される。1．一八七三年後の直接に経済的な不況《デプレシオン》の局面。2．九十年代初頭にいたる停滞《スタグナチオン》の局面。3．一九一三年までの回復後の急速な《帝国的》活況である。

1について。不況は、無条件に一八七九年まであてはまる。この不況は、プロイセン－ドイツの経済政策の相似的な変化・構造転換によって特色づけられている。すなわち、ビスマルクによって老練に取りしきられたボナパルティズム的支配技術による、旧プロイセン－農業指導層の伝統的政治・社会・経済特権保持という内政安定化によって特色づけられている。さらに、この不況局面は、二次的統合の大成功をおさめた政策によって特色づけられたのである。この政策の助けをかりて、ビスマルクは、前進する工業化にもかかわらず、かつその工業化のために、内政の変動を阻止することに成功したのであった。皇帝・軍隊・教会・官僚制・貴族・大ブルジョアの権力を借りて、自由主義の無力化・粉砕、上昇してきた産業ブルジョアの政治的野心の中立化、労働者層の孤立化は、功を奏したのであった。国内結集・文化闘争・軍隊政策・戦争ヒステリー・社会主義恐怖症・経済政策的刺戟による利益団体の満足感が、体制安定上の財産目録をなしていた。ビスマルクにより達成された一般保護関税《アルゲマイネ・シュッツォル》の目標である農業・工業の連帯により、大土地所有・将校団・政府官僚制・産業的金権政治の癒着《フェルシメルツング》により、プロイセン－ドイツ的伝統の官憲国家《オブリヒカイト・シタート》は、強力さを獲得することになった。つまり、いわば前工業的、身分制的－専制的原理にもとづき、この国家の新基礎として評価されなければならぬ強力さを獲得することになった(36)。

2について。近来の研究では第二ないし本来の帝国建設として特徴づけられる旧身分制的三つ組の保障後、一八七一年にヴェルサイユで《ドイツ国民に》与えられた帝国からの第四身分排除後、相対的経済安定の局面が、一八八〇ー九三年の間、続いたのである。この局面は、生産利潤中断や経済成長停滞によってでなくて、むしろ一八七三年前に強力な膨張により達成した生産量の拡大・維持によって、特徴づけられたのである。だが、そのさいに、この経済発展の局面はいっそう、停滞と短期間ぱっと燃えあがる恐慌《クリーゼ》によって規定されていた。そのさいに、この時期のヨーロッパの工業化の結果である世界市場における商品価格水準の顕著な下降は、活発な合理化を強要することになった。この合理化が相異なる経営規模の間で顕著な関係変化を、特に基礎産業分野でひき起こしたし、かつこの合理化は、この産業的発展の少数大銀行とのかみ合わせ関係を生み出すことになったのであるが、この関係が、いっそうの産業的膨張と帝国の工業的地位強化の根拠となったのである。たとえ全体的に見て投資率が後退したとしても、巨額資金の集中的使用は、まさにこの時期に達成された技術的・自然科学的知識の即時的経済利用を可能にしたし、それゆえ、大経営組織発生の基礎を創り出したのである。

それと鋭く対照的に、つぎに八十年代は、農業生産に対して、間断なく増大する価格悪化の光景を示した。たえず強化される保護関税政策を用いてのみ、したがって大農《グロース・アグリール》の一方的な経済的・社会的な支持によってのみ、その大農の経済的地位と、したがって政治的地位を、旧来の権力組織を通じて保持することがはかられた。すなわち、ドイツの工業・農業における経済的飛躍を従来規定していた趨勢は、二つにわれることになり、その後は、保守体制のディレンマは、工業化された農業国家のディレンマとして、はっきりと、プロイセン－ドイツのその後の道を特徴づけるようになったし、ビスマルクが一八七九年の彼の新たなる基礎にかけた希望が幻想であったことを明らかにしたのである。なぜならば、彼の政治の基盤としての《騎士領と溶鉱炉の同盟》を利用しようというビスマルクの企図は、ただたんに大農の消滅しかけている経済的実体のため打ち破られただけでなく、むしろ一八七九年に開始された国家を背負っている諸勢力の結集政策も、国民の分裂をひき起こしたということが、いまや示されたからである。もし、プロイセン－ドイツが、工業対農業、所有者対非所有者、政府対議会、皇帝対人民の敵対関係に落ち込もうとしないのならば――W・ザウアーが簡潔に言うように(37)、明らかに《政治的－平和的ないしは軍事的－戦争的解決》というオルタナティブのみが残されている敵対関係であるが――、この分裂は、はや八十年代に、《社会・経済上の均衡攪乱》の解決・克服を、必要としていたのである。それゆえに、ビスマルクのこれらの問題についての牽制《アブレンクング》＝誘導政策・遮断政策を、H・ローゼンベルグと彼のあとH－U・ヴェーラーが、断固《帝国主義》と見なしたし、《帝国主義》を、公然と危機イデオロギーと述べたのである。この危機イデオロギーが制御《ツェームング》政策としては結集政策であり、海外進出と結びついて工業的過剰生産のための販売市場となり、したがって同時に景気政策的調整として評価されるのである、と言う(38)。

3について。従来《世界政策の時代》とか《近代的帝国主義》の時代と同一視された景気変動的展開の第三局面を、いま考察すると、カプリヴィ時代の通商条約以降、ドイツ工業生産の非常に激しい拡張が認められるのは、確かなところである。同時期に、ドイツは、大陸で《一番多産》で、《一番人口の多い》、《一番豊かな国》(W・ラーテナウ)に発展したし、銑鉄生産のほぼ三九〇%ほどの増加と製鋼生産の一三三五%ほどの増大は、ドイツ生産躍進に対する一指標である。これに対応するものが、平行するスピーディーな集中運動、大銀行・大企業のいっそう緊密化する提携化、ドイツ国家行政のこれら利益団体に対する強力な肩入れであったのである。この点は、原料資源、販売市場の確保にもあてはまる。

ここから見るならば、ドイツ的発展の特質としての経済帝国主義理論の例の考え方は、一見、検証を得たようである。そこで、ドイツでは八十年代以降、強国と世界強国の将来の繁栄は、根本的には、他大陸における広がりと拡大に依存するものだという考え方が、いっそう強くなったのであった。ドイツの権力がその工業力によって保たれもし瓦解もするというドイツの教養市民層《ビルドゥングス・ビュルガートゥム》にあっては——そこで論理的帰結として——《人間のための土地、利子生み《チンストラーゲント》資本のための土地、利益を生む販売のための土地が保証されるような》政策が、適切なるものとして評価されたのである。その《標《しるし》》は、カール・ランプレヒトにとっては、《膨張、経済的性格の膨張であり、それから、その支持と拡張のためには政治的膨張》なのであった。《政治的権力衝動》に、《経済的権力衝動が……転換し、統一運動《アインハイツ・ベウェーグング》に》いまや《世界政策《ウェルトポリティーク》の時代》[39]が続くのであると言う。この見解で明白となる経済・政治の密接な連携についての確信が、さまざまに、証明されたと言う。一国における政治活動の過剰生産（あるいは過少消費）への依存は、じつに不安定成長のモデル——このモデルは、いわば、各政治秩序の前に位置してその展開を規定し特に整序づけるのであるが——も示している。確かに、帝国主義の現象形態は、準備期にあっても進出期・完成期にあっても、景気変動的展開に対応するにちがいないし、それゆえ、その傾向の景気変動的経過に類似する変化を示すにちがいないというこの帝国主義解釈は、難点を、つねに克服しなければならないであろう。というのは、帝国主義が、なかんずく経済政策的には景気変動的な調整方法手段であったという解釈に従うならば、統合強化《コンソリディールング》局面・新拡大《エクスパンジオン》局面において、政治活動の特別な諸変化が示されなければならないからである。だが実際のところ、帝国主義政策の、景気変動的経過との、このような密接な連繋は証明されないのであって、だからこそ、ドイツ帝国主義政策の広汎な諸条件・諸動機・諸傾向に対する論争点が、その正当性を奪回することになるのである。あらためてそこでは、外交政策的・権力政治的な諸要因と、内政的・景気政策的な諸要因を、その自立性ないし被制約性にもとづいて、経過の正確なコンテクストのなかで検討するという課題が提示されているのである。したがって、以下では、ドイツ帝国主義の問題に関する命題形成は、つぎのような具合に、つまり、精選された史的な発展関連にたち帰るような、かつこの関連が連続性と変化にもとづいて研究されるような具合に、達成されるべきなのである。

例としては、中部アフリカに対するドイツの諸関係が選ばれよう。(40) この諸関係は、経済的‐景気変動的な展開を説明することができるが、しかし同時に、ドイツ海外政策の政治的戦術にとってその展開の重要な問題解決の手がかりであるという観念を修正することができるのである。この諸関係も、大ざっぱに評価して、三つの局面にわけられる。つまり、1.《ビスマルクの門戸開放政策《オープン・ドーア・ポリシー》の局面》(それに平行するのは八十年代の停滞局面である)、2.ビューローの保持戦略《エルハルトウングス・シトラーテギー》の局面(それに照応するのが《ドイツ工業》の世界経済的進出である)、3.ベートマン・ホルヴェークの《交換外交《タウシュ・ディプロマティー》》(これはいちじるしいドイツの予備資金の枯渇をともなったのであった)。

直接的植民地支配に対比される間接的・非公式的《インフォルメル》な支配の表示としての《非公式的帝国《インフォーマル・エムパイア》》という概念で、つい最近、アフリカにおけるビスマルクの《門戸開放政策》(41)――《アフリカにおけるドイツのインド》――が、ドイツ海外活動の第一局面として、詳細に分析された。最初から中央アフリカをポテンシャルのある大市場として評価し、その拡張を目指した、とドイツの工業家たちは見なされた。かつドイツ植民地は、この途上の《兵站地として》評価された。それに加えて、南西アフリカ、東アフリカにおける活動、特にコンゴ会議間の活動を、ベルリンの反景気循環的経済政策のなかに組み入れることが試みられた。《前進と繁栄》が《あらゆる製造利点・あらゆる販売チャンスを利用しつくすこと》によって可能であるにすぎないことに《気づいた商人たち》の証言による、確かに印象的なさまざまな資料にもかかわらず、やはり、以下のことが確認されなくてはならない――つまり、ドイツの工業家たちにとり、したがって断固たる不況克服戦略の担い手であった人たちにとり、アフリカにおける現実的なチャンスというものはまったく《真暗闇のなかに》あったし、また彼らは関与しなかったし、むしろ、これを、確かに言葉を自在にあやつる膨張主義的ジャーナリズムにまかせたという事実が強く確認されなくてはならない。

事実また、以下の点も特徴的である。つまり、資料のそれぞれのニュアンスをもって自身の命題を支えるH‐U・ヴェーラーの(平常はよく表現されている)入念さとは対照的に、まさにこの、《販売の期待とアフリカ大市場》に関する重要な箇所には、海外・アフリカにおいて、《その苦境の状態》に対する救済手段を探していた産業活動の証拠というものがなんら存しないという点も特徴的である。少なくとも、ルール地方においては、アフリカは、《渇望するにたる販売領域ではない》し、長期的にもそうではないという意見の一致をみていた。エミール・キルヒドルフは、たとえば、ビスマルクの植民政策を、徹頭徹尾、内政の現状維持のために、経営内部の苦境・《教皇権至上《ウルトラ・モ》主義者《ンタン》の》人心攪乱からそらすための好都合な手段とみなしていた。すなわち、《鎮静》とナショナルな熱狂の大衆心理的手段として、つまり統合化イデオロギーとして、彼は、ビスマルクの政策を認めたのである。しかし、彼は、連帯的・保護主義的結集政策を、アフリカで販売されるとか言われている《一トンの石炭》についてさえも支持するつもりはなかった。《増大するナショナルな感情》に《民衆をつかむ新たなきづな》を与えた《植民運動》に、ドイツの工業家たちが同意を示せば示すほど、彼らは、アフリカでこの危険の政治的牽制＝誘導機能をともに負担するつもりは、ますますなかったのである。国内市場の確保、自身の資金投入による政治、ロシア市場を自身で開放するために乗り出すこと、対英貿易の増大——これが、彼らの《実際の目的》[42]であった。

　そういうわけであるから、H‐U・ヴェーラーにより提示された分析とは対照的に、以下のことが確認されることになる。つまり、今日にいたるまで、徹底的な調査追究の結果、政治的・イデオロギー的活動に比較しうるようなドイツ工業家の対中央アフリカ利益団体形成はなかったことになる。ドイツ商人の対アフリカ関心、宣教師の熱意、ジャーナリズムの活動、工業中央連盟系工業家の政治的動機からする意見の表明については、つぎの点を見あやまることはできない。すなわち、《非公式的帝国《インフォーマル・エムパイア》》の戦略も、《公式的帝国《フォーマル・エムパイア》》の戦略も、ドイツの工業家によって、危機イデオロギーの視点から受け入れられたのであって、反循環的調整方法としては受け入れられなかったのである。販売市場または資源基地としては、アフリカは、彼らにとり、なんら考慮されるところはなかったのである[43]。

　したがって、セシル・ローズのケープタウン‐カイロ戦略[44]に対立するものとして、ドイツの、ベルギー国王レオポルド二世との提携による中央アフリカ構想を実現するため、九十年代はじめに外務省によって開始された活動も、うわべだけで工業的関与によって保護されたものではなかったのである。

　B・v・ビューローによって、いまや、アフリカにおけるドイツ膨張政策にかなり大規模に関与する新時代が始まった。それにもかかわらず、しかし、ドイツの工業側からも金融業界からも、ビスマルクの下ですでに設定された

《自由貿易戦略》を乗り越えようという試みは行なわれなかったことが、確認されるのである。経済における景気上昇が、積極的な経済政策的アフリカ対策を考慮外においたし、カタンガにおける英国人、アメリカ人、ベルギー人の行動強化ですら、なんらの関与もひき起こすことはなかった。ただベルギーと英国の銀行との提携と、ベルギー国王の強い要請によって、ドイッチェ・バンクとディスコント・ゲゼルシャフトが、一九〇八年以来、試掘権に参加しはじめてはいたが、この権利を実現するにはいたっていなかった。南アメリカとトルコにおける活動は、いっそう、ドイツの予備資本《カピタル・レゼルヴェン》を呑み込んだ。ドイツの工業家たちは直接的関心を、従来どおり、ロシア、英国、アメリカに対してだけ、有していたのである。それゆえに、コンゴとカタンガに関して言えば、この景気上昇に見合うような経済上の企業家的関心はなかったのである[45]。

一九〇九年末以降の第三局面ではじめて、ベートマン・ホルヴェークが首相就任のさいに、彼の主要任務であった英国との調停構想に組み込まれて、中央アフリカ地域は、ドイツの政治的利害のなかであらためて考慮されることになった。もちろん、経済的根拠のある攻撃の方向の意味においてではない。

以前どおり、ドイツ重工業にとっては、アフリカは、《浮世離れの植民地帝国》と同義語なのであり、ロンドン大使館の、ドイツの政治目的としての対中央アフリカ宣伝は、《妄想以外の何ものでもない！》という答えをもって返されたのであった。同様に、英国との間で、トルコとアフリカで《大植民地帝国》をもたらすべく合意に達しようとするベートマンの企図から、グウインナーとデルブリュックは、《国内政治の状況を考慮に》入れてのみ、《分別のある考え方》を、かち取ることができた。彼らにとっては――一九一一年、一九一二年、一九一三年、一九一四年のドイツ工業中央連盟《ツェントラル・フェルバント・ドイッチエル・インドゥストリエルレル》議長とマチアス・エルツベルガーにとってと同様――《社会民主党の強大権力の粉砕》と例のビスマルク以降開始された二次的統合化政策の続行が、《ドイツ政治の主要課題》であった。そこで、帝国指導部の政治とは非常に対照的に、ドイツ大銀行と大工業は、コンゴまたは中央アフリカで、その生産物の販売市場と新市場を探しもとめるというあらゆる扇動に対して、用心深くふるまったのである。いや、それどころか、ドイツ諸銀行は、帝国指導部がまたも《アフリカから》しりぞき、その外交政策的利益遂行の不可能なことを承諾してはじめて、コンゴに関与したことが、確認されるのである。たとえ、特にロンドンのドイツ大使館によって非常に努力の払われた例の和解協定調印が迫っていたとしても、第一次世界大戦前に政治指導者たちに明白であったのは、彼らの政治は内政的・社会政策的状況に関して最強のイデオロギー的支配を得ていたにせよ、それは、経済的利害によってなされたのではないということであった。このことは、一九一三年の景気の落ち込みは確かに政治活動を強化したが、中部アフリカで――ベルギー人の申し入れにもかかわらず――カタンガ鉱山に参加する[46]必要を感じさせなかったというこの分析を、確認するにすぎないのである。

帝国の経済的発展とその中央アフリカ地帯開発努力も、概括すると明らかに、二論点が未解決なものとして、述べられなければならないであろう。ドイツ世界政策の定義ないしそのいっそう詳細な規定をもとめるいかなる論述も、この二論点を十分に計算に入れて、できるだけそれに対して答えを出すべきなのである。第一の事実は――認識できる限りでは――特に帝国主義的なドイツの政策の膨張領域とみなされる例の海外領域では、なんらの経済的膨張も、少なくともなんらの国内市場状況に影響を与えるような経済的膨張も、起こらなかったということである。それゆえに、重工業独占、それと結合する大銀行の直接的な植民政策的利害については、用心深く論じられているにすぎないのである。すなわち、そこで、ドイツ世界政策の表向きは決定的に見える基礎のひとつ、《実験的な反循環的景気政策》――この政策を用いて、《成長途上の干渉国家《インテルウエンチオンス・シタート》》は、《高度資本主義の膨張体制に対して》、特に《経済成長停滞の間は》、《ナショナルな限界をのりこえて市場拡大を確保しようと》努めるのである――は、中央アフリカの例に関して言えば、欠如しているということになるのである。

明らかにそれゆえ、ドイツ人の帝国主義政策は、たんに景気面での恐慌《デル・コンユンクトウレレン・クリーゼン》の結果としてだけ評価されるわけにはいかない。ところで、第二の事実は、一八九七―一九一四年に、経済的根拠のある海外膨張・大陸での膨張が確認されるということである。バルカン、トルコ、ロシア、特に南アメリカは、ドイツの活動の中心をなしたのである[47]。これは確かに、激しく《増大する経済的な需要と依存関係・成長する経済連関・近代的交通通信手段発展》（H・C・シュレーダー）の表現ではあったのである[48]。だがこの活動は、同様に、内部結集・海外進出という例の戦略にまったく基礎をおいていた。この戦略が、V・ベルクハーンによれば、《相互に権力を競いあう、二つの社会的グループ統合のため、接着剤の役割を演じた》[49]のである。この関与が、一方では、産業発展の景気上昇に平行してなしとげられ、他方では、帝国指導部の権力政治的目標設定に、しばしば真向から対立したことは、この関与にとり特に特徴的な点である。ここでは、バクダット鉄道建設の最終局面が指摘されるであろう。[50]

したがって、過少消費克服手段としての、かつ強化された新重商主義的アウタルキー思想の表現としての、銀行・化学工業・電機《エレクトロ》工業による海外膨張は、世界政策の外交の基礎としての経済理論で力説される経済膨張を支持することになるが、その反面、政治活動と経済活動の不十分な整合性は、以下の命題に、つまり、ドイツ帝国主義の本来の原因は世界市場を本国産業に役立てようとする必然性であるという命題に、またも、矛盾するのである。

さてそこで、ドイツの政治の基礎づけと意図を全体として考察するならば、この矛盾がどのように克服されうるか、ヒントが生じるかもしれない。なぜならば、ビスマルクの帝国建設政策・社会主義者対策・保護関税政策・植民政策は、結集政策として、たんなる経済膨張的根拠とはるかに異なる評価を受けるこの政治戦略的根拠を示しただけではないからである。またビスマルクの後継者であるカプリヴィ、ホーヘンローへ、ビューロー、ベートマンも、海外膨張政策と大陸での膨張政策がなぜ結局は彼らの政策の最大の手段となったかを、つねに何度となく力説したからである。つまり、《拡張要求》を、新植民販売領域においてよりも、むしろアメリカ、ロシア、英国において満たすとともに、社会民主党との対決地盤を形成することになっている大農・大工業間の利害調停をも果たすことが、結局彼らにとり、唯一の手段であるように思われたのである。結局のところ、膨張政策が、社会民主党に反対する闘争手段でもあり、かつ社会民主党に対するナショナルな貯水池でもあると言うのである。まさしく《社会反動的傾向と社会進歩的傾向》の結託（H・C・シュレーダー）こそが、抜本的改革なしにかつ内部の権力闘争なしに、帝制の優位は維持されるべきであるというこの政策の動機と最終目標をさし示している。このことは、しかし《社会改良・前工業的権力状況の解体・政治的前進戦略によって、政治全体が新たなる基礎におかれない限りは》（J・R・レール）[51]、政府が長期間にわたりつねに保守主義的＝自由主義的社会環境・農業＝工業的共同統治による支持に頼らざるをえなかったことを、意味していたのである。

この状況が、九十年代、ビスマルクの後継者であるカプリヴィに、たしかに以下のような政策をとらせた。つまり、ビスマルクとは対照的に、対角線的政策を用いて、かつ、カトリックと社会民主党を《産業政策》展開のなかにたんに戦術にとどまることなく包摂する政策を用いて、《ナショナルな基盤》を拡げようと試みる政策をとらせたのである。社会主義者鎮圧法と国家年金制度が、彼にとって、対立の唯一の解決策ではなかった。この対立に、ベートマン・ホルヴェークは、首相就任のさい、緊迫したなかで、直面した。彼もさらに基盤拡大を試みたのである。そして、対外政策活動は、何にもまして《労働運動を現存社会のなかに組み入れてしまう》試みとして評価されるという彼の指摘は、クーデター諸計画を時代遅れのものにしようとする《世界政策》をねらっていたのである。同じように、W・ラーテナウも、《国民国家のための労働者層獲得》のなかに、《民族共同体《フォルクス・ゲマインシャフト》》形成のなかに、世界政策的活動の前提と結果を見た。ベートマンとラーテナウの見解は、その場合、けっして、はなればなれのものではなかったのである。それで、結集政策と同化政策の関連、《世界強国政策と社会改良》の関連は、《この時代の相互に対立しあう基本諸勢力》(O・ヴェストファール)[52]の、《社会主義と帝国主義》のあの相互依存——この点、H・C・シュレーダーがすでに卓越したやり方で追究している——を示しているのである。

これらの諸関連に留意するならば、たんなる経済的根拠づけ、《営利活動領域の創造》(マックス・ウェーバー)をもってしては、ドイツ帝国主義に関する十分に適切にして効果的な説明は行なわれないことが、認識されるのである。

いま、総括して、ドイツ帝国主義討論のための命題形成の基本として、決定的諸要因を分析しようとすれば、以下の点が確認されるべきであろう。

1. 根本的に、進歩する技術的近代化が、ヨーロッパの政治的-社会的状況を変えたのである。そのさい、特に前工業的組織が、その政治機能のなかに保持されたままであったことは、もちろん、ドイツの場合、ずっと確認されるところである。ここから、例の危機状況が生まれてきたわけであるが、この克服のために、強国を目標とし世界強国を目標とすることによって工業化の諸結果を無力化しようとする政策が、世紀末にとられたのである。

2・《経済的後進性》が、社会的葛藤の烈しさと経済的発展の恒常性を規定するが、海外における経済膨張はしかし、この成長と危機の展開によって直接には影響を受けてはいない。海外活動を景気的調整手段として直接的に説明することは、この政策を担う統合化イデオロギーに海外活動の根拠をもとめることを見のがしてしまうのである。

3・結局のところ、ドイツの政治の基本状況は明らかに、産業革命と市民革命の独特な結果によって特色づけられているのである。すなわち、産業発展の強要による社会的変化を、終りなき葛藤の連鎖に増幅させた前提、つまり工業と農業の対立関係・身分制社会と所有者社会の対立関係により、特色づけられているのである。

したがって、たとえば対外関係は、モムゼンも簡潔に表現しているように、もはや《自足的に完結した体系》としてのみ取り扱われうるのでなく、そのつどの内部状況の函数として扱われなければならない。

まず、史料を、可能とされる社会的な危機構成要素の分類的概要《クラシフィカチオーンス・シェーマ》に、命題別に整理することは、社会的統合の未解決な課題との関連で、ドイツ帝国主義を把握する中心的諸カテゴリーの形成にいたるかもしれないのである。

《旧社会秩序の安定性というものが、経済的‐社会的構造の完全なる変化にもかかわらず》(S・ノイマン)[53]、ドイツの発展にとって典型的なのであるから、世界強国政策とその推進力の分析のためのもっぱら経済成長へ向かう理論は、景気変動的経過へのあまりにも強い還元を意味している。ドイツの指導的工業強国への上昇にもかかわらず、その政治的風景は、プロイセン貴族主義的官僚主義により、権威的‐温情主義的《パテルナリスティッシュ》理想像により、封建化された市民層により、特徴づけられつづけた。皇帝の地位、プロイセンの三級選挙法、干渉国家的活動、その教養市民層の文化ロマン主義は、R・レプジウスが表現したように[54]、不均等にいくらかずつ前進する民主化過程・工業化過程と、旧支配システム保持傾向との激突から生じた、政治‐社会的な社会秩序の最終的状態を、非常に明白に象徴しているのである。

社会的分化、物質的不平等、政治的・社会的参加、法的平等は、これらの政治‐経済的解釈の場合に——T・マーシャル[55]とS・M・リプセット[56]が、これらについて提示したところであるが——経済発展と政治活動を、社会的諸カテゴリーによって相関関係化するのに役立つところがあるかもしれない。このようなやり方で、たぶん、帝国建設前にすでにはっきりと現れていた社会構造によって作り出されたドイツ的発展の、政治的原型が確定されうるかもしれないのである。特に、前工業的価値観念との政治を規定する層の結びつきは、牽制＝誘導戦略としてのドイツ帝国主義の解釈を指示する。この解釈は、民族問題が帝国建設により社会的統合形成の機能を喪失してしまった後で、――社会問題を解決するかわりに――社会問題を膨張的な権力政治の成果によって《克服する》という継続的な試みなのである。

十九世紀最後の十年に（六十年代以降、すでに始まっているが）、科学技術的変化によってひき起こされた状況保持《シタートウス・ベワールング》と推進的な力《デュナミーク》との相互衝突は、未解決な統合化諸過程の一時的な山積――この山積が、社会的不安定さになったし、ドイツ帝国内で政治・経済権力を支配する階級の反対活動を強要したのだが――を生み出したことは、明白であるように思われる。というのは、達成されたナショナルな統一にもかかわらず、新政治秩序への住民の統合化は成功しなかったし、そこで社会的不安定さが増大したからである。同時に、工業化にもかかわらず、社会的平等が達成されるどころか、まさに、工業的発展の第二局面は、政治的機構の正統性が政治的平等の組織のなかに根拠づけられていなかったことを、実演して見せたのである。それどころか、新建設された帝国の政治的機構も、平等の外見の下、権力的処理《マハト・フェルフューグング》への関与は、官憲的な意味で《み恵み深き》特権として、許されるように組織されていたのである。

それで、ナショナルなアイデンティティとその機構化は、既述のように、五十年代・六十年代にプロイセン政治のなかで、同様に八十年代・九十年代特に一九〇九―一九一四年にとっても、一つの機能――それは、帝国建設前、それどころか、ビスマルク政治開始前に展開せしめられた秩序構想から理解されうるだけのものであるが――を保持している。このような考え方にもとづいて、以下のような諸命題が、簡潔に表明されることになるが、そのさいに、経済成長過程に対する形式的諸定理の有意性は、控え目に評価されるわけである。純粋な経済帝国主義理論がうまく説明《フェルザーゲン》できないことに直面して、いっそう適切な解釈を試みるため、社会変動の諸カテゴリー《カテゴリエン・ゾチアーレン・ワンデルス》が、かなり大きく、取りあげられることになったのである。疑いもなく、はじめてのひとつの試みにすぎない。この諸命題の簡潔な表明は、——特に強調しておきたいが——帝国主義時代の社会的・経済的・政治的要因に関する広汎な討論の基礎として評価されるにすぎないものなのである。

## III

1．ドイツ帝国主義の形成《アウスフォルムング》は、社会的・経済的・政治的要因にもとづいて考察すれば、十九世紀末に開始された海外・大陸での膨張政策およびそれを弁護するイデオロギーへの、時期的な限定のなかでのみ理解されうるものではない。この政策の問題性と原因は、一方では、十九世紀を全体として特質づけている《大衆的諸勢力《マッセントゥームリヒェル・クレフテ》》要求貫徹の意味での）産業革命・市民革命運動のうちに根ざしているのである。この双方は、同時に、社会変動の触媒として理解されなければならないところのものである。

しかし他方では、この変動の速度・経過・特性は、同じように、前工業的支配エリートの利害・見地・行動様式によって、刻印されたのである。工業化により生ずる社会的葛藤の解決も難しさも、前工業的伝統、《経済的後進性》という関係により、かつ、政治的・社会的権力の遂行されない再分配《ウム・フエルタイルング》により、規定されたのである。

ドイツの発展は、それゆえ、ドイツ領域諸国家《テリトリアール・シターテン》内の上からの改革のせいで——R・シターデルマンによって提示された——《前の発展《フォール・エントヴィックルング》》によって、その特徴を保持している。啓蒙的官憲国家の伝統とドイツ市民層の革命前の路線の諸伝統は、ちょうど《ノーマルな革命的な思春期危機《プベルテーツ・クリーゼ》の欠如》のように、ドイツの発展を規定したし、工業化が、不屈とも言える封建的社会秩序をともなう保守国家にもち込んだ、巨大な緊張関係の原因であったのである。

ビスマルクの効果的な上からの改革政策は、帝国建設の後までも彼の構想であったし、一八七九年以後は結集政策・海外政策として、牽制＝誘導・負担軽減の機能——この機能は以前は、民族問題と相関関係にあった——をもっていたのである。

2．この諸伝統も考えに入れて、ドイツ帝国主義は、《社会主義の》見取り図とは対立して、迅速な工業化により急速に変動する社会の社会《ゾチアール》関係的な変化を、根本的改革である所有・分配状況の変革で解決するのではなく、強国と世界強国プランへの牽制＝誘導によって——このようにして、改革ぬきの内政的現状を保持するために——麻痺させようとする国家指導部とその担当のグループの利害関係の試みとして、理解されうるのである。工業化にもかかわらず、前工業的権力支配のブロック——土地所有、軍隊、教会、官僚制——に対して、できる限り制御されることのない《ウン・コントロリールト》、どんな場合にも決定的な影響を、国家内に保持するということが、この意識的に演出された試みなのである。

そこで、一八九三年以来、つぎのような対立が、つまり、工業成長と農業国家的復古政策との間の、政府と議会との間の、農場主・大ブルジョア・教養市民層と工業労働者階級との間の対立が、ますます尖鋭的形態で顕在化したとき、攻撃的な権力政策・膨張政策のなかに、国家内部で政治‐社会的現状を接合させる唯一の可能性が見られた。調和的‐保守的ユートピアと結びついて、ドイツ帝国主義政策は、ショーヴィニズムをまとい直接の経済的拡張利害の支持を受けぬ牽制＝誘導戦略——この戦略は、すでに一八九五年にマックス・ウェーバーにより《時代遅れ》と認識された社会制度・国家制度を保持しようというのであるが——で、九十年代中葉以降顕著となる工業社会の要請に対応したのである。

3．一八七九年以来、工業と農業が、あらゆる手段を用いて政治的現状を維持しようとした政治の主要な担い手であった。だが同時に、一八七六年以降、停滞しいっそう悪化をたどる農業の価格状況・生産状況と、すでに八十年代以降、世界の独占資本主義の一番近代的で能率的な組織形態に突き進んだ工業の急激な発展との間の、緊迫状態が、間断なく増大した。それで、このことが、危機要因——これは、前進する工業化と平行して、ドイツの政治にとり、いっそう有毒なものとなったのであるが——を形成したのである。というのは、後の《創造者たちのカルテル《カルテル・デル・シャフフェンデン・ヘンデ》》のような政策の前提は、きわめてパラドキシカルであったからである。官僚的・農業的指導層の優性《ドミナンツ》を、議会主義化・制限的民主制の要求に対しても保持するためには、人口増加・社会経済的構造変化に直面して、一方では、科学技術的変化を常時強行せざるをえなかった。他方、この過程の促進は、徹底的改革に、つまり旧秩序の終了にいたる傾向を、またも強めたのである。

　まさに、成長強化的な第三の工業化局面は、《ただたんにドイツ経済における集積・集中傾向と、権力や労働闘争の組織にあって経済諸団体の権力を強化しただけではなくて、干渉国家的傾向をも強めたのである。……以前よりもいっそう……国家的行動領域と社会経済的行動領域がかみ合うこととなり、……（そして）そこで政治権力構造が重要性を獲得したが、その構造は、その展開のさいに、経済的近代化と歩調を合わせなくなっていたのである》（J・コッカ）[57]。この発展の経過は、一八九五年以降の政治的‐社会的不安定性が、たんにプロパガンダ的・心理的に克服されたにすぎないということであって、一九一四年が示したように、この政策にある持続的成果が与えられたというようなことではなかったのである。

　4．そうであるから、ドイツ帝国主義は、産業資本主義の帰結《フォルゲ》として評価されることは確かである。つまり、このドイツ帝国主義自体は、直接的に単純な因果関係《モノカウザール》にもとづいて経済的に解釈されるならば、適切に分析され理解されることはありえないのである。海外のドイツ企業の周知の赤字と、同様に世界の非工業化地域で一九〇四年以後にいっそう顕著になるドイツの経済指導の不活発性は、それに反対を語ってる。ドイツのアフリカ政策の例示が、ここでもう一度、留意されよう。同じようなわけで、九十年代中葉、ミケルによりまたも採用された結集政策——それと、ティルピッツの《艦隊政策》とビューローの《世界政策》が結合したが——は、いかなる本質的に経済膨張について構想された政策をも、表現してはいない。結集政策の核心は、ミケルの言葉に従えば、《民族《ナチオン》の感情を、対外問題ととり組むことにより、鼓舞し、かつ共通の基盤にもたらす》という意図であった。

まさに、《対外問題》への牽制＝誘導こそが、内政・経済政策領域における国政参画《シターツ・トラーゲント》の諸政党の対立克服を助けるであろうというのである。カプリヴィの通商条約政策の諸影響——特に輸出産業・重工業志向グループ内の諸工業家の分裂、一八九三年以降の農工同盟の分裂、好景気状況下の《国家秩序・社会秩序の危険切迫》（ミケル）——が克服されるというのである。したがって、海外膨張がこの政策の目的ではなく、《全市民社会のカルテル《カルテル・デル・ゲザムテン・ビュルゲルリツヒエン・ゲゼルシャフト》》の創造のためであった。そのようなわけで、《対策は、所有する（構想としては「生産する」）諸階級の好意を受けるにちがいないことを確かめずには、政治的には、いかなる対策もとらぬ》（J・ミケル）(58) という実践的規準が、この政策にとり拘束力のあるものとなったのである。

《輸出志向的世界市場政策の優位》に対して、ミケルは、一貫して、《国内市場の優位》を対抗させた。しかも、大工業家と農業主の理念的競合としてである（D・シテークマン）(59)。《いかなる闘争・意見の衝突の場合も、諸利害の大局的共通性が……あらゆる面（生産的諸身分における民族的《ナチオナール》労働の擁護、健全なる中産層の強化、あらゆる革命の容赦なき鎮圧）から顧慮される》べきなのである（ミケル）(60)。これが、《プロレタリアートに対し鉾先を向ける》農業‐工業的《共同統治《コンドミニウム》》（E・ケーア）の樹立を主要課題と見なして、この目的を、世界政策をかかげて外見的にリベラルな結集政策の道を通じて達成しようとのぞんだ、政治の実践的規準であったのである。

ドイツ世界政策が、けっして《国民経済的‐民族的な必要性の表現》（H・オンケン）のみでなく国内政策から誕生したことを、ティルピッツが艦隊政策に与えた《意義》が、同様に示している。彼にとり、艦隊政策とは、《広汎な住民諸階層を、政治党派的束縛から引きはなす》という試みであったのである。この政策を、同時に、《教養のある、ないし無教養な社会民主党員に対する強力な緩和剤》と解していた。まさに、《艦隊思想の注入》（V・ベルクハーン）こそが、海外政策に、その新たな攻撃的規模《ディメンジオン》を与えることになったのである。

この二次的統合の第三構成要素としての世界政策を、それで結局、ビューロは、《助けあい、和解しあい、なだめあい、結集し、統一する》(61)という最良の可能性と言いなおしているのである。

一八九五／一九〇〇年の時期のこの政策の分析、つまり、皇帝による世界政策の局面開始の分析は、つぎのことをはっきりと明白にしている。つまり、この政策は、なんら——そして、これが決定的なのであるが——経済的諸問題を、政治‐経済的改革という意味で、解決しようとする試みを表現していないのである。むしろこの政策は、K・D・ブラッヒャー(62)によって簡潔に言いまとめられたところによると、《政治的に同時に経済的に根拠づけられた操作状況のなかで、……強力な心理的プロパガンダを用いて、国家内部の社会的な解放勢力・運動勢力を、外部的膨張・民族《ナチオナル》イデオロギー的威信感情強化の方向へ牽制＝誘導する》という試みであったのである。この政策の主要目標は、疑いもなく、社会的経済的諸要求の、感情的に昂揚せしめられた代償的満足であるが、設定された経済膨張にもとづく海外政策の遂行ではなかった。しかし、このことを考慮するならば、経済的集積運動・人口増加・生産比率上昇・ユニヴァーサル銀行網拡張という全現象が、帝国主義に対してはもはや直接的・因果的な関係をもたないことが重要になってくる。世界政策が、その攻撃性を、ただ過剰蓄積という経済的根底からだけもつようになるということは、問題なく論外なのである。

5．しかし、ドイツ帝国主義が、根本的に景気変動的根拠から導出されないならば、この視点から得られたあらゆる派生的諸綱目も、値うちを失う。もしも、ドイツ帝国主義が一八九〇年以前に始まるとすれば、それゆえに、ビスマルク政治が、コンセンサス形成として、かつ経済的膨張によって危機を克服しようという《社会帝国主義》として説明されるのであれば、対外政策とは景気変動的観点からすれば景気上昇の結果として理解されねばならぬのであるから、九十年代の対外政策は、違った相貌を示すにちがいないのである。

事実としては、しかしながら、この理論に対応する転機は確認されえない。統合化政策——ミケルの結集政策であれ、ティルピッツの艦隊政策であれ、ビューローの威信政策であれ——の諸概念に示唆されているようなモチーフによって、九十年代の政策は首肯されるのである。そのさいに、景気変動論的考察に頼らなくていいのである。たびたび上に述べた本質的な政策的意図は、第一に、ドイツ膨張政策の比較的不変な性格を明らかにしており、第二に、この膨張政策を、ビスマルクによりひき継がれたプロイセン‐ドイツ国家内部体制保持のための主要課題という直接的連続性のなかに組み込んでいるのである。

純経済-景気変動論と同様に、W・モムゼンが提起した命題——《近代資本主義は、ナショナルな対抗の拷問台《シトレック・ベット》の上ではじめて帝国主義的相貌を展開させ》たという命題も、もちろん、疑問の残るところである。

6・はっきりしているのは、ドイツ帝国主義の躍進・公的な確立の時期に、たえずナショナルな感情が賭けに利用されたことであり、ナショナルな利害が正当なる弁明としてもち出されたことである。だがこの帝国主義的ナショナリズムも、なかんずく——そして、これがわれわれにとり、もっとも重要であると思われるのだが——きびしく実行された工業促進政策を用いて社会的和解を開始するカプリヴィの試行に対する防衛イデオロギー・防衛政策として理解されうる。ビスマルク帝国主義以来、体制安定手段の適用されるあらゆる継続的連関においては、たとえ短かったにせよ《カプリヴィ間奏曲》なしに、ドイツ帝国主義の独自な特性は把握されないのである。カプリヴィの諸原則と彼の協力者であるゲーリングとフーバーの諸原則は、つまりまったくはっきりとプロイセン-ドイツ社会の根本秩序を疑問視したのである。カプリヴィとその側近たちにとって（同様に、部分的には《新路線》の閣僚たちにとっても）、農業を志向する指導者層は、皇帝権力の《もっとも信頼するに足りる家来》としては——ビスマルクはこの層を、一八七九年にはまだ、そういうものとみなしていた——もはや、あてはまらなかったのである。カプリヴィにとっては、《革命は、農業的基盤では不可能ではなく、現下にあっては、社会民主主義的基盤よりも危険なもの》と思われた。彼にとって、《わが小貴族の最良のもの、その国家に対する志操堅固さは、つきくずされたのである》。というのは、小貴族は《その志操堅固さを、その収入の如何によって決め》はじめており、しかもその《王権への忠誠《ロイヤリスムス》》に《国家が小貴族に対して実行できないようなことを為せ、というような》条件をつけているからである。カプリヴィの政策、つまり、《国家にとって、その階級のためにいぜん犠牲を払う甲斐はあるのか?》という疑問（彼はそれに対して、自身ノーと答えている）をはっきりさせているカプリヴィの政策は、したがって、激烈な農業側の反対をまきおこすことになった。それでまさに、カプリヴィ内閣時代の諸団体《フェルバンド》新設立に表現されている社会政策的分極化こそが、何よりもまず、農業国家的な構成要素はドイツ世界政策にとって決定的意義があるということの明白な兆候《ヒンワイス》なのである。

艦隊政策、軍事政策《ヘーレス・ポリティーク》、通商政策、結集政策は、農業国家的な利害・権力維持との結合なしには、把握されえない。《工業経済的変化という細菌によって》冒された《社会秩序を検疫する》（ティルピッツ）ということが、この政策の目標であったのである。

それだから、カプリヴィの政策は、ビスマルクの結集政策をミケルのそれから区分する。じつにカプリヴィ時代がはじめて、後者の苛烈さと攻撃性をわからせることになるのである。前者は、内部改革を権威主義的に実行しようとした、コンセンサス形成のボナパルティズム的実験として評価されうるし、後者は、国家的構築物を倒壊させることなしには、いかなる改革もはかることのできなかった独裁君主制《ツエーザリスムス》の補充イデオロギーとしてのみ、理解されうる。結集政策・同化政策として、世界強国政策《マハトポリティーク》による《社会改革》として計画された帝国主義は、したがって、非本来的性格の政策でしかなかったのかもしれなかったのである。ミケル、ティルピッツ、ビューローとそれに続く皇帝の諸政府が、――プロイセン－ドイツ国家秩序を維持するため――《ナショナルな政治と超ナショナルな《ユーバ・ナチオナール》経済》（H・C・シュレーダー）を支配権で無理じいにまとめ上げようとする試行は、つねに新たなクライマックス、攻撃、恫喝、敗北にいたるだけであった。というのは、一八九三年以降、帝国主義政策が、全経済的利害によってけっして遂行されえなかったことは、プロパガンダとしての国家干渉主義政策にとり、かつプロレタリアートに対する農業－封建的結集運動政策にとり、たしかに最大の特徴を示すものであったからである。工業経済的な膨張利害と農業経済的な保護的利害との、輸出要求と関税保護性向との止揚されぬ矛盾は、つまり、もしも、一方の利益をはかる貿易政策的・経済政策的決定が、他方の競争的性向にとり不利となりうるような結論を招いたならば、即座に、ナショナルな基盤の破砕を明白なものたらしめたのである。それゆえに、そのレトリック的要求に矛盾するドイツの帝国主義的政策は、けっして、内容的に一義的でかつ事物的に首尾一貫した路線に従うことはできなかったのである。したがって、《わが卓越せる帝国陛下にあらせられては、御予定の成功と利益をけっしてお得られにならない》という恐れがあった。この成功と利益を、皇帝は、ドイツの政治的秩序維持に関するホルシュタインの判断に従って、無条件に必要としていたし、その担当者たちの説明によれば、この成功と利益をもって、この保守的帝国の内外の安定化という本来的目標が達成されるはずであったのであるが。

もしも、ドイツ帝国主義が、以下のような試行として、つまり、操作された世界強国への自負によって工業化にもかかわらずその社会的現状を保とうとする（おもに、農業的‐封建的利害に奉仕する）試行として理解されるならば、九十年代中葉にはっきり現われてくるプロイセンとドイツ間の関係をめぐる諸問題は、この世界政策の適格性《クワリフイチールング》にとり兆候的なものであると認められるのである。

同時にしかしながら、一八九三年以降開始される第二の工業化躍進局面のプレッシャー・グループの動きは、結集政策のこの試行も世界政策としてなんらのディレンマの解決をもたらしえなかったことを、示しているのである。このグループのアジテーションの帝国レベルへの移動、国政参画の利害に密着しすぎる組織政党《オルドヌングス・パルタイエン》の養成、利害関係団体の展開、《超党派的》アジテーション団体の建設、ナショナルな権力政治のため社会民主党に反対する連帯的保護主義への結集、最後に急進化《ラディカリジールング》、つまり、《創造者たちのカルテル》形成、国政参画諸勢力の全ドイツ《アル・ドイッチエン》連盟、国防協会《ヴェール・フエライン》等との提携、これらすべてが、一九一四年の恐るべき大詰の前提となったのである。

すべてこれらのドイツ世界政策の、暗示にすぎぬ諸要因は、以下のことを示している。つまり、ナショナルな思想の極限形態として理解される帝国主義は、原因としては、《工業社会展開のなかで上層へと運ばれていった》（モムゼン）諸階層のナショナリズムを、まず第一のものとして有していたのではないこと、そうではなくて今まで何も煩わされることなく国家権力を所有していた階層の防衛をもとめていたこと、を示しているのである。ユンカー的‐ブルジョア的帝国主義の《特有な》結合が、（正真の防衛イデオロギーとして操作されて、システムの急速な没落に導くことになった）世界政策をドイツにもち込むこととなるのである。

7．諸イデオロギーが、社会的緊張と工業的発展の映像を表現するとすれば、ドイツ帝国主義は、総括すると、おそらくはつぎのように特徴づけられる。つまり、ドイツ帝国主義とは、以下のような試行、つまり産業革命とともに始められた工業成長により特徴づけられた基本的変化の展開を、操作的なナショナルな牽制＝誘導戦略を用いて、政治的にくい止めるという試みであったのである。さらには、英国・西ヨーロッパに比べて工業発展の打開の遅滞と平行して、国民国家的展開においても阻まれていたドイツにあっては、ナショナルな統一は、以下のようなぐあいに、すなわち、ハンス・ヘルツフェルトの言うように、すでに十九世紀のナショナルな理念のなかに含まれていた権力政治的衝動の昂揚と過度の興奮状態に急激に達するというぐあいに、実現されたのである。しかしその場合、権力国家的膨張イデオロギーの担い手は、英国経済に対し九十年代にドイツ経済に凱歌をあげさせることになった第二工業成長局面の、間接的な関与者にすぎなかったか、あるいはそれどころか直接的な《被害者》でさえもあったか、ということが、特に確認されなければならないのである。

(1) ここに提出された諸命題は、一九七〇年ケルンにおけるドイツ歴史家会議《ヒストリカー・ターク》にさいしパネルディスカッションのために作成されたものである。報告講演とは意識的に対照的に、ここでは、討論を準備し実り豊かにするという鋭利な表現の仕方が選択された。そのうえ、講演には非常にわずかな時間しか認められなかった。それゆえ、私は、ただ躊躇しながらこの考え方というものを印刷に委ねざるをえなかったのだが、この考え方をうまく取り扱っていない言い方があるということ、また、うまく取り扱った言い方はないにちがいないことを、意識している。しかし、ケルンで刺戟的な討論——少なくとも、私が判断できた限りは、そうなのだが——の動機となった諸命題を、学術論文に書き直そうともしなかった。むしろ、文献との論争だけが補足されたし、あまりに説得不足の表現はねりなおされることになった。ここで私は、D・ブルックナー氏にその批判的論評について感謝しなくてはならない。

(2) Wittram, R., Anspruch und Fragwürdigkeit der Geschichte, Göttingen 1969, S. 22.

(3) Schnabel, F., ›Das Problem Bismarck‹, in: Hochland, 42, 1949/50, S. 1ff.; vgl. B. Kautsky, ›Bismarck und die deutsche Gegenwart‹, in: Monat, 19, S. 49-61; A. Dorpalen, ›The German Historians and Bismarck‹, in: Review of politics, 15, S. 53-67; Ritter, G., ›Das Bismarck-Problem‹, in: Merkur, 4, 1950, S. 657-676; ders., Europa und die deutsche Frage, München 1948; ders., ›Bismarck und die Rheinpolitik Napoleons III.‹ in: Rheinische Vierteljahresblätter, 15/16, 1950/51: ders., Großdeutsch und

kleindeutsch im 19. Jahrhundert, in: Festschrift für S. A. Kaehler, Düsseldorf 1950, S. 177ff.

(4) Ritter, G., ›Wissenschaftliche Historie Einst und Jetzt‹, in: HZ, 202, 1966, S. 575.

(5) Wittram, R., ebd.; Iggers, G. G., The German Conception of History. The National Tradition of Historical Thought from Herder to the Present, Middletown 1969; jetzt deutsch: Deutsche Geschichtswissenschaft, München 1971; 歴史方法についての議論を刺戟する新たな著書として, vgl. auch Albert, H. (Hg.), Theorie und Realität, Tübingen 1964; Popper, K. R., The Poverty of Historicism, London 1963$^{2}$; Habermas, J., Erkenntnis und Interesse, Frankfurt/M. 1968; Kon, J. S., Geschichtsphilosophie des 20. Jahrhunderts, 2 Bde, Berlin 1966.

(6) Fischer, F., Griff nach der Weltmacht. Die Kriegszielpolitik des kaiserlichen Deutschland 1914/1918, Düsseldorf 1964$^{3}$, S. 15ff., S. 36ff.

(7) Kehr, E., ›Der Primat der Innenpolitik‹, Gesammelte Aufsätze zur preußisch-deutschen Sozialgeschichte im 19. und 20. Jahrhundert, hg. Hans-Ulrich Wehler, Berlin 1970$^{2}$.

(8) Hobson, J. A., Imperialism, London 1954; deutsch: Imperialismus, Köln 1968; Hilferding, R., Das Finanzkapital, Frankfurt 1968; Kautsky, K., ›Bismarck und der Imperialismus‹, in: Die Neue Zeit, 34, 1915; Luxemburg, R., Die Akkumulation des Kapitals, Frankfurt 1966; Hobsbawm, E., ›Die Imperialismusdebatte in der Geschichtsschreibung‹, in: Sozialistische Politik, 1, 1969, S. 16-25.

(9) Conze, W., Die Strukturgeschichte des technisch-industriellen Zeitalters, Köln 1957; Pitz, E., ›Geschichtliche Strukturen‹, in: HZ, 198, 1964, S. 265-305; Schieder, Th., Geschichte als Wissenschaft, München 1965; Brunner, O., Neue Wege der Verfassungs- und Sozialgeschichte, Göttingen 1968$^{2}$.

(10) Wehler, H.-U., Bismarck und der Imperialismus, Köln/Berlin 1969; ders. (Hg.), Imperialismus, Köln 1969; ders., Krisenherde des Kaiserreiches von 1871-1918. Studien zur Sozial—und Verfassungsgeschichte, Köln 1969; ders. (Hg.), Moderne deutsche Sozialgeschichte, Köln 1968$^{2}$; ders., Sozialdemokratie und Nationalstaat, Würzburg 1962; ders., ›Theorieprobleme der modernen deutschen Wirtschaftsgeschichte (1800 bis 1945). Prolegomena zu einer kritischen Bestandsaufnahme der Forschung und Diskussion seit 1945.‹, in: Festschrift H. Rosenberg, Berlin 1969; ders., ›Die Polenpolitik im Deutschen Kaiserreich 1871-1918‹, in: Festschrift Th. Schieder, München 1968, S. 297-316; ders. (Hg.), E. Kehr, Der Primat der Innenpolitik, Berlin 1970$^{2}$.

(11) Rosenberg, H., Große Depression und Bismarckzeit. Wirtschaftsablauf, Gesellschaft und Politik in Mitteleuropa, Berlin 1967;

ders., >The Economic Impact of Imperial Germany. Agricultural Policy<, in: The Journal of Economic History, Supplement (1943); ders., Die Nationalpolitische Publizistik Deutschlands vom Eintritt der Neuen Ära in Preußen bis zum Ausbruch des Deutschen Krieges, 2 Bde, München 1935; ders., Rudolf Haym und die Anfänge des Klassischen Liberalismus, München 1933; ders., Die Weltwirtschaftskrise von 1857-1859, Stuttgart 1934; ders., Probleme der deutschen Sozialgeschichte, Frankfurt/M. 1969.

(12) Langer, W., The Diplomacy of Imperialism 1890-1902, New York 1960$^{2}$, S. 95f.; ders., European Alliances and Alignments, 1871-90, New York 1962$^{2}$.

(13) Barraclough, G., >Das europäische Gleichgewicht und der neue Imperialismus<, in: Propyläen Weltgeschichte, 8, Berlin 1960, S. 737f.

(14) Schieder, Th., >Europa im Zeitalter der Nationalstaaten und europäischen Weltpolitik bis zum Ersten Weltkrieg<, in: ders. Hg. Handbuch der Europäischen Geschichte, VI, Stuttgart 1968, S. 5f.

(15) Wehler, Imperialismus, S. 13f.

(16) Stegmann, D., Die Erben Bismarcks. Parteien und Verbände in der Spätphase des Wilhelminischen Deutschlands. Sammlungspolitik 1893 bis 1918, Köln/Berlin 1970.

(17) Wernecke, K., Der Wille zur Weltgeltung. Außenpolitik und Öffentlichkeit im Kaiserreich am Vorabend des Ersten Weltkrieges, Düsseldorf 1970$^{2}$.

(18) Witt, P.-Chr., Die Finanzpolitik des Deutschen Reiches von 1903-1913. Eine Studie zur Innenpolitik des Wilhelminischen Deutschland, Lübeck 1970.

(19) Vgl. Anm. 10 und 11.

(20) Stürmer, M. (Hg.), Das kaiserliche Deutschland, Düsseldort 1970, hierzu bes. S. 143ff.

(21) Puhle, H.-J., Agrarische Interessenpolitik und preußischer Konservatismus im Wilhelminischen Reich, Hannover 1966.

(22) Das Kaiserliche Deutschland, a. a. O., S. 378.

(23) Wehler, Bismarck, S. 455; Gollwitzer, H., >Der Cäsarismus Napoleons III. im Widerhall der öffentlichen Meinung Deutschlands<, in: HZ, 173, 1952, S. 65ff.; Engelberg, E., >Zur Entstehung und historischen Stellung des preußisch-deutschen Bonapartismus<, in: Festschrift A. Meusel, Berlin 1956, S. 236-251, Stürmer, M., >Staatsstreichgedanken im Bismarckreich<, in: HZ, 209, 1969, S. 566-615.

(24) Kehr, E., Schlachtflottenbau und Parteipolitik, 1894-1901. Versuch eines Querschnitts durch die innenpolitischen, sozialen und ideologischen Voraussetzungen des deutschen Imperialismus, Repr. New York 1965.

(25) Mommsen, W. J., Das Zeitalter des Imperialismus, Frankfurt/M. 1969.

(26) Ebd., S. 16, 18f., und vornehmlich Teil A.

(27) Wehler, Bismarck, S. 485.

(28) Mommsen, a. a. O., S. 19.

(29) Luxemburg, R., Die Akkumulation des Kapitals, Leipzig 1921, S. 423f.

(30) Wehler, Imperialismus, a. a. O., S. 13f.

(31) Hegel, G. W. F., Vorlesung über die Philosophie der Geschichte, Werke IX, S. 7.

(32) Ebd., S. 14.

(33) Herzfeld, H., ›Besprechung des Buches von H.-U. Wehler‹, in: HZ, 210, 1969, S. 727.

(34) Mommsen, a. a. O., S. 100.

(35) Gerschenkron, A., Economic Backwardness in Historical Perspective, New York $1965^2$.

(36) Rosenberg, Große Depression, a. a. O., S. 169ff., 176f., 181ff., 187ff.; Wehler, Bismarck, S. 61ff.; Böhme, H., Deutschlands Weg zur Großmacht, Düsseldorf 1966, S. 530ff., 550 passim.

(37) Sauer, W., ›Das Problem des deutschen Nationalstaates‹, in: Moderne deutsche Sozialgescichte, S. 407-437.

(38) Hoffmann, W. G., Das Wachstum der deutschen Wirtschaft seit der Mitte des 19. Jahrhunderts, Berlin/Heidelberg/New York 1965, S. 313 Tab. 58, S. 143 Tab. 41, S. 44 Tab. 10, S. 546 Tab. 133; Böhme, a. a. O., S. 183ff.

(39) Lamprecht, K., Deutsche Geschichte, 2. Erg.-Bd., 2. Hälfte, Berlin 1902/04, S. 11ff.

(40) Anstey, R., Britain and the Congo in the Nineteenth Century, Oxford 1962; Cairns, H. A., Prelude to Imperialism: British Reactions to Central African Society, London 1965; Cairncross, A. K., Home and Foreign Investment, 1870-1913, Cambridge 1953; Cookey, S. J., Great Britain and the Congo Question, 1892-1913, London 1964; Drechsler, H., Südwestafrika unter deutscher Kolonialherrschaft, Berlin 1966; Frankenfeld, A., Die koloniale Frage im deutsch-französischen Verhältnis 1890-1904, Hamburg 1944; Gallagher, J., Robinson, R. E., ›The Imperialism of Free Trade‹, in: Economic History Review, 2. Ser. Nr. 6, 1953, S. 1-13; Robinson/Gallagher/Denny, Africa and the Victorians, London 1967; Gifford, P./Louis, W. R./Smith, A., Britain and Germany in

Africa, Imperial Rivalry and Colonial Rule, New Haven and London 1967 ; Hallgarten, G. W. F., Imperialismus vor 1914, 2 Bde, München 1963$^2$ ; Henderson, W. O., Studies in German Colonial History, London 1962 ; Jantzen, G., Ostafrika in der deutsch-englischen Politik 1884-1890, Hamburg 1934 ; Keith, A. B., The Belgian Congo and the Berlin Act, Oxford 1919 ; Müller, F. F., Deutschland, Zanzibar, Ostafrika 1884-1890, Berlin 1959 ; Willequet, J., Le Congo Belge et La Weltpolitik (1894-1914), Brüssel 1962 ; Aydelotte, W. O., Bismarck and British Colonial Policy : the Problem of South West Africa, 1883 to 85, Philadelphia 1937.

(41) Wehler, Bismarck, S. 373ff.; Gifford/Louis/Smith, a. a. O., S. 3ff., S. 47.

(42) Archiv GBAG pers. Papiere E. Kirdorf ; DZA I RK 560 Aufzeichnung über Kolonialbestrebung mit großen Korrekturen Bismarcks ; DZA I RK 556 Herbert v. Bismarck an RA Dr. Eckels, Göttingen, 13. 7. 1884 ; DZA I RK 557 Bemerkungen Bismarcks zu Anfrage im RT über den Ergänzungsetat des AA 1885/86.

(43) DZA II Rep 90a B III 2c Nr. 3 Bd 4 ; DZA RK 556 7. 10. 84 v. Bismarck an Bötticher. Vornehmlich DZA I R Kol. 359, 360, 382, 384 DZA I RK 90/45 und 46 ; Archiv Friedrichsruhe, 24. 8. 86 Rottenburg an Herbert v. Bismarck ebd., Herbert v. Bismarck an Otto v. Bismarck 14. 2. 82 ; Ceulemans, P., La question arabe et le Congo 1883-1892, Brüssel 1959 ; Slade, R., King Leopold's Congo, London 1962.

(44) DZA II Rep 120 C XIII, 2 Nr. 1 a Vol 3 12. 2. 87. Handelsmin. Konzept Mosler an alle Handelskammern ; DZ I R K 558 17. 9. 1887 Schwarzkoppen an Rottenburg Württemb. Staatsarchiv Ludwigsburg E 222 Fach 181, 875 Aufzeichnung 6. 4. 1891 ; Archiv Friedrichsruhe Nachlaß Herbert v. Bismarck 3. 9. 1889 Mitteilung Viermann ; AA Bonn Deutschland 128 Nr. 1 Secr. Bd 12 29. 2. 96 Aufzeichnung Lichnowsky ; Staatsarchiv Dresden Gesandschaft Berlin Nr. 244 5. 11. 1890 Hohenthal an Fabrice.

(45) Willeguet, a. a. O., S. 181ff.; Gifford/Louis/Smith, a. a. O., S. 255ff.

(46) AA Bonn Ostafrika Gen. 14 Bd 11 16. 5. 1911 Brüssel an AA betr. Konzession Katangaminen ; ebd. Portugiesische Besitzungen in Afrika, Nr. 6, Bd 3, 29. 2. 1913 Langwerth an Rosen ; am 11. 11. 1914 Rosen an AA, am 20. 1. 14 Schubert an Stumm ; am 21. 1. 1914 Warburg an Langwerth ; am 18. 1. 1914 Rosen an Bethmann Hollweg ; ebd. Bd 5, 3. 4. 1914 Zimmermann an R Kol und Deutsche Bank ; ebd. Bd 7, 13. 6. 1914 Horstmann an Bethmann Hollweg ; ebd. Belgische Kongokolonie Nr. 1, Bd 45 Below an Bethmann Hollweg ; Portugiesische Besitzungen 2 Secr. Bd 2, 7. 9. 1913 Reichsschatzamt an AA, 4. 10. 1913 RK an R Schatzamt und 19. 11. 1913 AA an Rosen ; ebd. Belgisch Kongo 3, Bd 8, 29. 9. 1913 Hatzfeld an Bethmann Hollweg ; vgl. auch Kreuzzeitung, 23. 8. 1913, NZ, 24. 8. 1913 ; Köln. Volkszeitung, 26. 8. 1913, Berliner Neueste Nachrichten, 29. 8. 1913, Kölnische Zeitung, 5. 9. 1913,

Artikel zu Mittelafrika ; DZA I Nachlaß Solf Nr. 40, 23. 4. 1914 Kühlmann an Solf ; DZA I R K 922 22. 4. 1913, Solf an Bethmann Hollweg ; Fischer, F., Krieg der Illusionen. Die deutsche Politik von 1911 bis 1914, Düsseldorf 1969, S. 451ff.; Willequet, a. a. O., S. 394ff., 444ff.

(47) Vgl. die allgemeine Imperialismusliteratur.

(48) Schröder, H.-C., Sozialismus und Imperialismus, Hannover 1968, S. 8.

(49) Das kaiserliche Deutschland, a. a. O., S. 379.

(50) Fischer, a. a. O., S. 644ff.; Rathmann, L., Stoßrichtung Nahost 1914-18, Berlin 1963, S. 48ff.; Poidevin, R., Les relations économiques et financières entre la France et l'Allemagne de 1898 à 1914, Paris 1969 ; Zorn, W., 〉Wirtschaft und Politik im deutschen Imperialismus〈, in : Festschrift Lütge, Stuttgart 1966, S. 346ff.

(51) Das kaiserliche Deutschland, a. a. O., S. 305.

(52) Westphal, O., Weltgeschichte der Neuzeit, 1750-1950, Stuttgart 1953.

(53) Neumann, S., Die Parteien der Weimarer Republik, Stuttgart 1970², S. 24.

(54) Lepsius, M. R., 〉Parteiensystem und Sozialstruktur. Zum Problem der Demokratisierung der deutschen Gesellschaft〈, in : Festschrift Lütge, a. a. O., S. 371ff.

(55) Marshall, T. H., Class, Citizenship and Social Development, New York 1965, S. 76ff.

(56) Lipset, S. M., 〉Political Cleavages〈 in 》Developed《 and 》Energing《 Polities, in : E. Allardt und Y. Littemen (Hg.), Cleavages, Ideologies and Party Systems, Transactions of the Westermarck Society, Vol. X, Helsinki 1964, S. 24f.

(57) Das kaiserliche Deutschland, a. a. O., S. 265f.

(58) Vgl. Böhme, Großmacht, a. a. O., S. 316 ; DZA I Staatsministerialsitzung 29. 7. 1897.

(59) Stegmann, a. a. O., S. 59ff.

(60) Ebd. S. 66.

(61) Bundesarchiv Koblenz, Nachlaß Eulenburg.

(62) Bracher, K. D., Deutschland Zwischen Demokratie und Diktatur, München 1964, S. 359.

# 一九一四年以前の近代イギリス帝国主義の原因と条件

カール・ローエ

一八七〇・八〇年代以降に始まる《新帝国主義》――一九一四年までの時期が、以下省察の本来の対象とさるべきであるが――のどんな分析も、つぎのような事実、すなわち工業国イギリスがすでに公式的《フォルメル》なまた非公式的《インフォルメル》な支配諸関係を包括する帝国《エムパイア》をもち、長期にわたって継続的な膨張過程にあったという事実から出発しなければならない(1)。この主張の根底には、自明ではない、したがって明らかにされなければならない一連の仮定がある。《帝国主義の古典的時代》の膨張は、確かにその先駆者たちから一線を画されてはいるが、帝国主義概念によって、また一方で彼らに結びつけられるのである。同時に、帝国主義概念は、近代工業社会の諸現象との関連によって、その歴史的次元をもつのである。そのような定義は、ある程度まで、恣意的なものである。その定義にプラスの材料となることは、第一に、近代工業社会は、植民地膨張のための質的な新しい条件と動機を当然ともなうという事実であり(2)、つぎには膨張は、もしもそれが新社会構成と結びつく予言や約束《フェルハイスング・ウント・フェルシュプレッヒュング》と対照されるならば、従来とは異なったイデオロギー上の文脈から生じているという考察である。

問題となるのは、非公式的《インフォルメル》な帝国主義的支配という、つまり《非公式的帝国《インフォーマル・エムパイア》》という概念なのである。まぎれもなく、この概念には、ある種の意味の明確さの喪失が結びついており、《手つかずの研究分野《ニーマンツラント》》に到達する危険がある(3)。だが逆の場合も、危険は少なからず大きいのである。公式的《フォルメル》な支配に限定された帝国主義概念は、まさにイギリスの場合には、本質的な帝国主義的権力諸関係を見のがしてしまい、そのうえ、領土的な地域支配にいたることになる動機を辛うじてとり扱うにすぎない状態になる。それゆえに、非公式的《インフォルメル》な支配の概念を堅持することが有意義であるように思われる。

帝国主義は、つねに支配を意味するということ、つまり、他国社会の永続的支配を意味するということを前提するならば、ある《非公式的帝国《インフォーマル・エムパイア》》は、(帝国主義の与え手《ゲーバー》が領土的な支配なしに《一定の内容の命令に対して》帝国主義の受けとり手《エムプフェンガー》を《服従させる》という機会をもつ場合だけ)、存在しうるのであって、この機会が、何にもとづくのか、どんな手段でとらえられるのか、また、どんな目標がその場合に第一に追究されるのかは、どうでもいいことである(4)。そのさい、本国《メトロポール》(中心)権力《マハト》は徹頭徹尾、己れにとり重要な他国社会の部分システムの有効的管理で満足しているのであって、この点が保障されている限り、それ以上のあらゆる干渉をさし控えてかまわないのである。ある《経済的帝国《エコノミック・エムパイア》》は、そんなわけで、政治的要因がなんら現われない場合にも、存在しうるであろう。もちろん、《経済的帝国《エコノミック・エムパイア》》は、任意の経済依存《アブヘンギヒカイト》以上のものを意味している。それは、中心権力が他国社会の経済を自己の事実上ないし推定上の利害に合わせて調整することができるときにだけ、かつ自己の経済に補完的に組み込まれた衛星経済としてとり扱うことができるときにだけ、存在するのである。帝国主義の与え手と帝国主義の受けとり手における経済的・非経済的与件の複合に依存するこの種の関係は、あくまで二つの工業化社会間では完全に生じうるが、経済交換に入っている一つの工業社会と一つの工業的低開発社会の間では、必ずしも生じなければならないものではない。確かに、かかる支配関係は、最後にあげた諸条件が存するときにのみ(5)、まちがいなく、領土的な領域支配なしに、また政治権力の介入ないし威赫なしに、整備されて長期的に維持されうるのである。

このような概念から出発すると、(6)以下のことが明らかとなるであろう。つまり、アメリカ南部をモデルとしてアメリカ中西部を従属的な衛星経済に変えようとするイギリスの試みに対して、いち早くもその政治的強力さを基礎として成果ある抵抗を示した例であるアメリカ合衆国は、まったく自明なことであるが――たとえ一九〇〇年頃に、依然イギリス連合王国の最大の債務国であったとしても――英国の《非公式的帝国《インフォーマル・エムパイア》》の一構成部分でなかったことが(7)明らかとなるであろう。同様に、一八七〇年以前のイギリス連合王国が、その《公式的帝国《フォーマル・エムパイア》》の境界をはるかにこえた《経済的帝国《エコノミック・エムパイア》》を有していたことは、明白であろう。経済的に利害関係の非常に深い領域の少なからぬ部分が《非公式的帝国《インフォーマル・エムパイア》》に属していたのであって、この帝国は、経済的理性の観念からすると、終始、帝国主義的支配の一番努力のしがいのある形態であった。(8)

この帝国《エムパイア》建設・保持の背後にあった原則と合理的計算を、ロビンソン＝ギャラハーは、――《支配せず、貿易せよ》(《trade, not rule》)という伝統的解釈を断固わきに押しやって――《可能とあらば非公式な管理で貿易せよ。必要とあらば支配で貿易せよ》(《trade with informal control if possible; trade with rule if necessary》)という公式にしあげた。(9) 換言するとつぎのようになる。膨張がもたらす種々さまざまな支配形態、外交的圧力が適用される仕方、また適用されるかどうかという疑問は、経済的合理性を志向する政策――その背後に、主として、膨張的工業社会の経済的な欲求と利害がある(10)――の、そのつどの状況に適する方法の一つとして、一番よく理解されうる、ということなのである。

この評価の大きな功績のうちの一つは、疑いなく、工業国たる英国の膨張の連続性が、明白にされる一方、同時に精力的にあたかも自由貿易と自由放任主義《レッセ・フェール》が政治機関を多かれ少なかれ仕事のないものとするかのような観念の除去にとり組んでいるという点なのである。つまり、自由主義の《消極的国家《デル・ネガティーフェ・シタート》》というステレオタイプに対し、フランツ・ノイマンはすでに、彼の異議を表明していたのであった。(11) もちろん、《後期ヴィクトリア期の人々にあっては、目新らしいことなし《ニヒツ・ノイエス》》のモットーの下、上述の連続性が強調されすぎていないかどうか、したがって後期的な帝国主義との相異が許容できないほどに、相対化されるのかどうかが、問題とされるところである。これらの命題は、したがってまた、反論なしで通るものではない。(12) まず第一に、戦略的利害関心が直接に、多くの領土の保持および獲得に対して責任を負わされていることが、指摘されうるのである。この点は、なるほど、上述の命題に対立しないし、ロビンソン＝ギャラハーによっても反論されるものではないが、しかしこれらの事象が、中心部《ツェントラーレ》から、というよりもむしろ、《連続的領域《コンティニュアス・エーリア》》理論の意味で、既存の諸植民地――これらは事実少なくとも一部は工業以前の過去の相続物であった(13)――のいわば《自然的な》拡大志向・統合《アロンディールング》化志向から、生じせしめられるとするならば、やはり力点は変えられているのである。

さらにまた別の反論は、膨張過程にまき込まれた政治権力、その行使の背後にある諸原則のあり方、範囲に関する評価を問題にするときに、あらわれてくるのである。ブライトとコブデンは、彼らの階級の権威あるスポークスマンであったとしても、そのきびしい平和主義によって、確かに典型的ではないのである。つまり彼らすら、その結果をまったく肯定したのにその方法を否認せざるをえぬというディレンマに少なからず陥ったのである。(14) 中期ヴィクトリアの人々は、イギリスの貿易拡大のための個々の領土併合・政治権力行使に、原則上反対なのではないが、その適用は、比較的きびしく決められた枠をこえないのである。この時代の英国の公認の政策は、本質的には実際、《世界貿易に対等の条件で市場を開放し、市場を開放させておく》(to open the markets on equal terms to the world trade and to keep the markets open) ということだけに限られていたのであり、《外国の内政への不干渉》という主義をたんにスローガンとして捧げまわっていただけではなかったのである。(15)

政治権力行使のさいの体制内に備えられたかかる自己制限は、細い区分化《ディフェレンチールング》のためには、指摘されなければならないであろう。その場合、この体制が市場開放のためとあらば戦争すらも除外しなかったことも、もちろん忘れてはならないし、また、英国工業経済の優位と同時にその牽引力、およびこの膨張過程における大政策《グローセポリティーク》という意味での外交政策が演じた比較的小さな寄与が、政治的要因をよりいっそう後手におくようにできた点も忘れてはならない。《自由貿易の反帝国主義《アンタイ・イムペリアリズム・オブ・フリートレイド》》(16)という命題を再設定するような論議は、そういうわけで、もちろん適当でない。このような見解の擁護者たちは、少なからず無意識的にせよ、中期ヴィクトリアの《当然の自明性》と、《自由貿易《フリー・トレイド》》と結びついた中期ヴィクトリア的進歩概念とによる犠牲者なのであり、彼らがまったく見のがしているのは、《経済的《エコノミック・》帝国《エムパイア》》が、一定の条件の下では、――相変らず可能とされ、かつ保証された――《自由貿易》戦争[17]の、たぶんけっして意識的に意図はされなかったがしかし必然的な結果であったという事実なのである。

こういう連続的視点なしには、一八七〇年以後に現われる諸形態・諸技術の多くが原理的には新しいものではない[18]という知識なしには、さらに、すでに一八七〇年以前にも非経済的な価値・利害関心が帝国主義的過程に流れ込んでいるという事実を考慮することなしには、一八七〇／一八八〇年以後の展開は充分に理解されるものではないのである。だが典型的な過程のそのような頻発により、加うるに、一連の新しい調査結果が生じているので、《新帝国主義》について述べることは必要と思われる。一九一四年までの時代を展望すれば、新現象は、以下のように要約される。1・帝国という事実と膨張の経過が、いっそう意識的に、かつ強く、貴重なものとして考慮される。2・帝国主義運動が成立し、帝国主義イデオロギーが展開する。その場合、母国と白人居住植民地間の結合の保持をはかる帝国運動《エムパイア・ベヴェーグング》および帝国主義イデオロギーと、よりいっそう、世界の非ヨーロッパ人居住部分に対する支配に集中した帝国主義とは、区別されなければならないであろう。双方は、完全に相等しいものではないが、分離されるものではない。3・領土的膨張は、少なくとも一時の間は――特にアフリカ分割の場合――強く前面に出てくる。4・《政府関与》は、以前とは比べようもないほど大きく、新帝国主義が領土の国家的併合という境目より下にとどまるところでも、そうなのである。《非公式《インフォーマル》的な帝国主義》もまた、性格変化を受ける[19]。

この新局面の非常に際だった特徴は、イデオロギー的構造変化をのぞけば、その膨張過程が、以前と比べればより活動的かつ創造的な役割を演じなければならない政治システムを、いっそう強く求めるということなのである。このことは、以前と対比して《政治的考慮に対する経済的考慮の従属《サボディネーション》[20]》を、もちろん意味するものではない。その可能性はもちろんあるし、先験的に除外されうるわけではない。正確には、これは、つぎのように説明されるべきである。新帝国主義の場合、同一の目標設定下における変化した外界諸条件への対応のみが問題なのか、それとも、例の生じた条件つきの新利害関心の優先が、帝国主義過程に流入するのか、それによってその過程に独自の特色を与えるのか？　これらの疑問に答えるためには、さまざまにゆるやかに組み立てられた仮説が、この新現実と比較されるべきなのである。その場合、どのような現実内容がその仮説を用いてとらえられうるのかが、検討されるべきなのである。

第一の仮説は――これについては、英国の歴史家たちの研究諸成果を引きついで始められるべきであるが(21)――、外因理論として、かつ伝統的なナショナルな利害の擁護理論として特徴づけられるものである。(22)この理論の核心は、つぎのように述べられるとき、すなわち、英国の《社会内的《イントラ・ソサイアトル》》諸構造は、一八七〇／一八八〇年以後、本質的には不変のままなのであって、とにもかくにも、英帝国主義の形態変化の背後にある本来的原因ではないという想定にこの仮説はもとづいている、と述べられるとき、一番よくとらえられるのである。外因的諸要因は、もちろん無条件に、外交政策的諸要因と等置されるものではない。一つには、植民世界内部の与件や変化によってひき起こされる《行為による強制的要求《ハンドルングス・ツヴァンゲ》》(23)が問題になりうるのである。その場合に考えられのは、白人居住植民地側からの衝撃であるかもしれないし、公式的管理なしには権益確保を許さぬ(24)熱帯アフリカ内の特殊諸条件であるかもしれない、また、ロビンソン＝ギャラハーがエジプトの例で示したように、(25)ヨーロッパの侵透により社会秩序がゆるがされてしまったような国々における反ヨーロッパ的反応の興味ある諸現象であるかもしれない。それに続く連鎖諸要因は、純外交政策的な性質のものであるかもしれないが、これについては、特にフィールドハウスが、新帝国主義を第一に変貌せる国際システムの反映として理解するときに指摘しているところである。(26)原因に関する第三の複合体《コンプレックス》は――レイモン・アロンの概念を引きつぐと(27)――《国境を越えた社会《ディ・トランスナチオナーレ・ゲゼルシャフト》》の領域にはいることになろう。それには、世界経済システム内部の諸変化も属するのであるという。その諸変化は、なるほど、《外部》から、その時々の国民国家システムに入り込んではくるが、しかし、まさに他の国民国家的統一体によって創造されたわけではないのである。しかしながら、かかる《国境を越えた諸要因》が、ひとえに、とまでいかないにせよ相当程度まで、外交政策的諸要因をあらわすことを考えれば——というのは、英国は、他の政治単位によるこのような《国境を越えた》諸現象への反応に、非常に強く応じなければならないので——、加うるに、既述の《植民地的》諸要因が、ますます強く外交政策的次元を有することを考慮に入れるならば、要約的には、はじめ略述した理論が、根本のところは外交政策的性格のものであると言いうるであろう。

そのさい、主として敵対的な他の諸列強の存在や行動を——たとえ第三国に対する行為にかかわる問題だとしても——顧慮して遂行される、《ナショナルな利害》の確保に奉仕するすべての行為は、《外交政策的》と言うべきなのである。このような《ナショナルな利害》が本質的にはその時々の社会構造に依存しているということは、この《ナショナルな利害》のなかに経済的利害も含まれている事実と同様、自明である。それゆえに、帝国の保全がいくらか経済的利害とかかわっている——とりわけインドがそうなのであって、その影が多くの行為につきまとっている——ことに、誰もまじめに反論しようとはしないであろう。[28] このような《外因的‐外交政策的な》解釈を、経済的・社会的帝国主義諸理論から区別するものは、それゆえ、経済的・社会的関連の欠如ではないのである。一般的相違は、第一に、以下の点に見られるべきなのである。つまり、既述の諸理論とは対照的に、一八七〇／一八八〇年以後の状況のなかには、英帝国主義の形態変化を説明できるような本質的に新しい経済的諸契機は、何も現われていないと明確に主張される点に見られるのである。

いかなる事象と行動様式が、そのような評価から、意義あるものとして理解されるだろうか？　現在の研究成果は、エジプト、北‐東アフリカにおける、また南アフリカにおける英国の政策は、何はともあれまず、そこから理解されなければならないことを、ほとんど疑う余地のないものにしている。帝国の保全と帝国連絡路線の保全が実際に、アフリカ分割をめぐる競争へのスタートのさいの、英国政治家たちの政治的計算が通分される最大公分母なのである。彼らに支配的である動機は、《新アフリカ帝国の建設ではなく、インドの旧帝国の防衛》(not to build a new African empire, but to protect the old empire in India)[29] であった。

白人居住植民地向けになされた帝国イデオロギー・帝国運動・帝国政治を包括的に分析しようとするときも同様に、

目的にかなったやり方で、所有保全と外交政策を優先しなければならないであろう。もちろん、その場合――この二つは絶対的に分離されるものではないが――帝国のための保障よりも、しばしば長期展望をともなう帝国による英国の世界での権力の座の保障と保全のほうが問題なのである。[30] ここではそのうえ、これと同様の考えが非ヨーロッパの住民の諸地域やアイルランド――それに対しては、自治《ホーム・ルール》が拒絶されるだけでなくて、強く外交政策的不安から拒絶されるのであるが――とはまったく違う結論に導くことになる。[31] この考えが、あるケースでは、領土支配の拡大を動機づけるが、他のケースでは、帝国の連邦《コモンウエルス》への変化のさい、強力な原動力として働くのである。[32] 帝国改革と外交政策のこの相互依存は、同様に外交政策的動機による帝国主義的社会改革構想――その背後には、世界政策的主張のためには、英国社会のいっそう効率的な構築が必要であるというボーア戦争によって強められた信念がある――のなかに、その対応を見いだすのである。[33]

帝国運動は、その植民地に対する衝動は全然別として、[34] もちろん外交政策からだけでは説明されるものではない。しばしば述べられた《感情的要因《センチメンタル・ファクター》》は、英連邦《グレーター・ブリテイン》の団結が外交政策的展望とまったく無関係にも肯定されるし、また貴重なものと考えられることを、示しているのである。もちろん、あらゆるナショナリズム同様、《大愛国主義《ラージャー・パトリオティズム》》は当初から強力な外交政策的次元を有するということが、即座に補足されなければならない。そのイデオロギー的創唱者の一人、J・R・シーリー（Seeley）は、たまたま同時に、しかもその既存の伝統と対立しており、外交政策優先の非常に際だった主張者の一人なのである。[35]

政治的な行動と思考を規定する基本的立場としての外交政策優先は、その優先によって特色づけられた態度が、同様に、外因的にひき起されていることを意味しないのである。外交政策優先は、外的衝撃と同程度に社会内的《ビンネン・ゲゼルシャフトリヒ》過程に関連するという推定は自然である。この点でわれわれは上に定式化された理論――この理論はその独自の出発点を、もしかすると、あまりにも自明なものと考え、かつそれによって新帝国主義の重要な原動力を隠蔽しているが――の限界につきあたるのである。この理論の到達範囲を批判的に再考するならば、さらなる疑念が現われてくる。エジプト、北‐東アフリカ、南アフリカは、なるほど、新帝国主義の非常に重要な領域ではあるが、それらがすべてではない。つぎのような論争点、つまり、西アフリカにおける活動も、中国・南アメリカにおける特有な変貌をとげた非公式的帝国主義も、この理論を用いて一番良く説明できるのか、という論争点が浮び上ってくる。この経過がことごとく強力に外交政策的な次元を有することは、まったく見のがしえないところである。だが、新たな経済的な利害や圧力が、この政策の背後にある本当の原動力なのではあるまいか？　経済的説明は――それが、むしろ海外販売市場をめぐる戦い、またはホブソンに従って収益ある海外投資への衝動を対象としているとしても――一八八〇年以後の英国の、変貌し、また変貌しつつある経済状況のなかに、一連の結合点を見いだすのである。

英国産業にとっての新状況は、要するに、以下のように特徴づけられる。すなわち、その間に生じたさまざまな他の国々の産業革命の勃発は、世界市場にあって英国が以前よりずっと保有していた独占的地位の崩壊へと導いた。同時にこの競争者たちは、ますます、その国内諸市場を保護関税によって守ろうと試みたのである。これらすべては、いわゆる大不況の局面に入り込む、いくつかの多少なりとも困難な経済的リセッションと重なりあっているのである。要約すると、英国産業に対するこれらのエレメントは、まちがいなく英国産業が対応しなければならない新状況である。[36] その場合、英国の産業上の競争者たちが探し求める特定の逃げ道は、彼らにとって閉ざされているか、それとも歩まれない、とまだ考えられなければならない。主たる競争者のアメリカ合衆国とドイツを意味する《組織資本主義》に関しては、語られることはないか、ほとんど語られることはない。保護関税の試みは、なるほどくり返し、さまざまな分野で現われ、最後にはチェンバレンの関税改革運動《タリフ・リフォーム・ムーヴメント》に流れ込むことになる。だが依然として、自由貿易イデオロギーおよび自由貿易と結びつく利害関係の勢力は非常に強いので、あらゆるこの種の努力は失敗するのである。

まさに、この勢力がこのような構造的・経済政策的変更にはいたらなかったので、――これは、もちろん逆の場合も妥当する――経済的苦境のときにすでに伝統的方法で歩んできた逃げ道が非常に重要になる。すなわち、海外市場をいっそう開発し、新販売市場を探し求めることである。(37) 実際、海外向け輸出きり換えは少なくとも一時的にはあり、(38) 実際、海外に苦境解決を求める声や騒々しく高まってくる要求にも欠けるところはないのである。(39) したがって、これらの事象を――たとえずっと以前から、新たな熱帯植民地にはさしたる経済的意義はなかったと言われているとしても――新帝国主義と連関づける結合点にはこと欠かないのである。

本来の古典的な経済帝国主義理論は、つねになによりも、他の現象、つまり収益ある海外投資衝動と結びついている。一般的事態は、十九世紀最後の三分の一世紀の、工業生産から離れて金融・仲継貿易に向かった、英国経済の間違いようのない重点推移、また投資先を模索する資本の過剰供給と海外地域向けの猛烈な資本輸出(40)である。この一般的事態は、比較的明らかなところであるが、細部についての問題は複雑をきわめ、要約して説明できないので、かなり一般的な評価でこと足りるものとせざるをえない。(41) この資本輸出が、ホブソンの意見とは違って――E・プライザーの術語によれば――たぶんに《援助的《ズステンタチーフ》》なものと見なされ、《拡張的《アムプリフイケイティーフ》》なものとは見なされていないこと、そして全経済的には肯定的な作用を有していたこと(42)は、むしろモラリストのホブソンに対する一つの打撃ではあるが、彼の理論の基礎を奪うものではない。それに反して、資本の流れは、おもにアメリカ合衆国と南アメリカへ向かって伝統的帝国諸領域のなかへ流れ、ただ非常に少部分だけが新領域に流れていったという反論、かつ彼の典型的な例示について、資本の利害が政治的行動における最終決定的要因でなかったことが十分に確証されているという反論(43)は、非常に重要である。しかし、それで、新帝国主義とのさまざまな関連は否認されることになるだろうか？

これらの新しい傾向・事態・要求・圧力が、新帝国主義政策の経過を、規定したのかどうか、どの程度規定したのか、という大まかな評価にたどりつくためには、政治・経済の関係に対する二つの根本的な前置きが不可避である。つまり、社会的慣習、自由貿易の伝統、私経済的または部門別的な経済的利害の代理人を務めることに対する政治指導者層の根深い嫌悪感が、経済的利害グループの行ないうる直接的影響力を――大量の資本を動かす人たちを古い、嫌味なほど愛想よい意味の《りっぱな商人《レスペクタブル・トレイズマン》》という用語ではもはや社会的には言いあらわすことはできない、と認められているときですら――明白に制限しているのである。経済的利害グループによる比較的に小さな政策決定は、もちろん、経済的な要因と考慮による小さな政策決定と同意義ではない。英国の政治指導者層は、彼らが拡大化する経済社会の役者であったこと、《経済的利害《エコノミック・インタレスツ》》が重要このうえない《公共的利害《パブリック・インタレスツ》》に属していたことを、つねに意識していた。(44) まさにそれゆえにこそ、新たな経済状況が政策のなかに何の反響も見いださなかったとしたら、驚くべきことであったであろう。

おそらく、この前置きに照すと、事態はつぎのように要約できるだろうが、その場合このことは状況の複雑さにかんがみて、いささか危険な試みであることを意識しなければならない。すなわち、1．一八八〇年代の新たな状況は、公的機関に対して、経済的諸課題をもっと真剣に考えるようにと迫っていて、そして英国の商業利害が保証されるべき政策的支持の仕方と規模に関する新判断を生み出すのである。(45) 2．新たな経済的実状は、確かに公的な政治と公衆において――たとえ、帝国の実際の経済機能が少なからず見くびられているとしても――既存の帝国がまたふたたび力強く視野に入ってくることに寄与する。(46) 3．新併合と新勢力範囲の一部分――たとえば西アフリカの場合――は、直接的には経済的考慮に帰せられるのであり、帝国の保全と帝国連絡路線の保障という定式では説明されないのである。もちろん、この定式が主として、ありうる将来の市場から排除されるという危惧を背後にした政治家たちの、《先を見越しての併合《アンティシペイトリー・アネクセーション》》として、対外経済政策として見なされなければならないということは、ここでもあてはまるところである。(47) 4．経済的グループの利害――そのことごとくが《新》経済状態のせいというわけではないが――は、ほぼすべての帝国主義的な個々の行為においてかかわりあっているのである。エジプトのケースにおけるように、何よりも事実スエズ運河が問題である場合にも関係しているのである。この経済的グループの利害から、影響は発生し、影響は多くの通路を通りぬけていき、また通例その実際上の作用については非常に評価しにくいものなのである。だが、あえてなんらかの一般化で甘んじるとすれば、この経済的グループの利害は、いろいろな他の理由から、なかでも経済的理由、というより経済政策的理由からなされた決断の、むしろ受益者であると言うことができよう。

受ける一般的印象は、新たな経済的状況全体の方が、政治にとって、経済的利害の具体的に決定できる圧力よりも、いっそう重要であるということである。しかし、この叙述も、なお少なからぬ変更を必要とする。英国の政策が、そんなにも新たな経済状況に反応しているということは、純粋に経済的な与件から十分に説明されるものではない。それは、たんに、激化した経済的競争状況に対する反応というものではない、そうではなくて相当な程度、他の国々が、どのようにその課題の解決を試みようとしているかという仕方に対する急激な反応なのである。簡単に言うと、これらの国々のおおよその意図に対する、かつ、そこから生ずる危惧に対する反応なのである。どのような経済的解釈も、この異常なまでに重要な対外連関を見のがすわけにはいかないのである。その限りで、《不承不承の帝国主義者たち《リラクタント・イムペリアリスツ》》という命題は[48]――この命題は、じつに多くの行動的な政治家の自己告白によって支持されているところである――十分にその根拠がある。

問題点は、だが、そのさいにもっぱら、《社会外的《エクストラ・ソシエテイル》》環境を指摘することで十分であるのかどうかなのである。もしもつぎのことが、つまり、近代的諸条件下の経済的困難は――たとえそれぞれのシステムによって非常に相異のあるものであるとしても――必然的と言っていいほどに社会政策的に重大であることが考慮されるならば、さらに、新帝国主義の英国が民主主義に対して部分譲歩をするかあるいはまさにした、しかも一八八〇年以降の社会＝急進運動の再浮上を経験していることが考慮されるならば、社会帝国主義に対する疑念は当然である。この疑念は、同時期に、ミドル・クラスのますます大きな部分がウィリアム・グラッドストーンの党に対して――まだ一八七〇年頃にはその党は、ミドル・クラスの政治的、イデオロギー的念願の表現であるように思われていたが[50]――背を向けて、J・S・ミルがまだ少し前には《くだらぬ政党《ザット・ステユーピッド・パーティ》》と片づけていた[49]保守党の傘下に馳せ参じたことを見れば、濃厚となるのである。社会帝国主義的とは、そのさい、ある帝国主義的政策を指していわれているが、その政策はおもに経済的利害の直接的追求から生ずるものでもなければ、優先的に外交政策的な誘因と目的設定から導き出されるものでもないのであって、まず第一には内部からの脅威を受けている支配秩序と社会秩序を維持するという努力《ベシトレーベン》から強いられているのである[51]。社会帝国主義は、それゆえ、疑似外交政策なのであり、外交政策の衣裳をまとった社会政策なのである。

このような仮説は、どのような説明的価値を有するだろうか？　まず、この帝国主義が、社会的エネルギーを外部にそらせて、新しい民主主義に、現存の社会的な支配諸関係や勢力諸関係を侵させないようにするために役立つということ、またこの帝国主義がそれゆえに少なくとも中期的に見るとシステム安定的に作用したということは、原則的に言って疑問の余地のありえないところである。新帝国主義にそのような能力を与えたのは、もちろん、その物質的な確約ないし成果というよりも、むしろ、新帝国主義と結合した現状の約束《シュタートゥス・フェルハイスング》であった。(52)自分なりの仕方で、この帝国主義は、ある複雑な課題を《解決した》のである。つまり、他のいろいろなグループの従来からの状態を損うことなしに、いくつかのグループの状態を上昇させることを解決したのである。(53)帝国主義による本国《メトロポール》労働者階級の《腐敗》は、それが存在する限りは、《経済的腐敗よりもいっそう倫理的なもの《モア・ア・モラル・ザン・アン・イコノミック・コラプション》》なのである。(54)

客観的作用は、もちろん、――ひそかに《聖職者の偽善》計画に固執するイデオロギー批判がよく考えたりするような――主観的意図と同じではない。じつは、社会帝国主義の仮説は、以下のことを言おうとしているのである。つまり、帝国主義は、上述の動機のなかに主要な原動力をもっており、この意味において、登場する帝国主義的政治家たちと彼らに結びつく諸グループによって動かされていた、ということを言おうとしているのである。このような仮説に例証として用いることのできる指摘は、もちろん、英国でも見落すわけにはいかない。セシル・ローズは、なるほど、中心的な主要証人として少しくどすぎるほど引きあいにだされているが、ディスレリー、それよりもっとチェムバレンが、こうした考え方になんと言っても、手がかりを与えるものである。(55)彼らは手がかりを与えるが、それ以上のものではない。帝国主義的政策の背後に、かつこれら政治家たちの、さらに帝国主義のイデオロギーの背後に、総体として存在する主要な諸原動力は、けっして社会帝国主義という定式に還元されるものではない。上に定式化された意味での社会帝国主義論の仮説は、少なくとも英国のケースについては、比較的基礎が薄弱なのである。

バジョットの君主制解釈に対するクロスマンの批判は、君主制から利益を得ている諸階層は冷静に計算できる操縦者《マニピュレーター》ではなくて、むしろいつでも《組織的ペテン《オーガナイズド・ディセプション》》の最初の犠牲者たちに属していたから、(56)君主制は《組織的ペテン》であるにすぎなかった、と彼がその考えに従って述べるときに、あるさらに進んだ指摘をしているわけである。帝国主義の解釈にうつしてみれば、帝国主義は、その担い手が実際に《ナショナルなものの優先》から行動したのであって、《社会的なものの優先》から行動したのではないから特に社会帝国主義的作用をもつことができた、ということなのである。登場する帝国主義的政治家やイデオローグの主観的意図に注意すれば、彼らにとっては、実際、《世界における英国の地位》が問題なのであって、解放を要求する大衆に対する階級的立場の保持が主たる問題ではない、ということが全体的印象として明らかになるといえよう。

確かに、この確認では満足できないであろう。というのは、帝国主義は、明白な社会的不安なしにも(57)、原則としては社会防衛的態度と平行して現われるという事実、《威信の習慣《ハビット・オブ・オーソリティ》》(58)は、帝国主義の社会政策的相関概念であるという事実、帝国主義は、民主主義と交錯して効率のために社会構造の徹底的変更が要求されるところでも、あるいはところでこそ(59)存立するという事実は、結局、避けて通れないからである。ここに、一つの関連が存在するのであるが、それは、一次元的に内政の優位からだけで説明されうるものではないのである。むしろ、内政と外交政策が、国家に組織された社会というものの二つの相異なる相《アスペクト》にすぎないということから出発しなければならないであろう。この二つは、政治システムおよびそれを可能にしている社会システムとの、自己保持に対する一義的な利害によって関係づけられているのであるが。外的脅威と、国際世界内部での地位の低下は、(とりわけ、もしも社会の経済的かつ全般的繁栄がそのまま直接この《世界における地位》に結びついていると見なされるならば)、必然的に、内部社会的《インナー・ゲゼルシャフトリヒ》システムに影響することになる。帝国主義は、この意味においてつねに社会政策《ゲゼルシャフツ・ポリティーク》なのであるが、それは、それぞれの外交政策が社会政策であると(60)いうような意味においてなのである。

たぶん、この観点から、英帝国主義における内政と外交政策の若干の典型的相関関係、相互依存が、いっそう容易に理解されるのである。帝国主義的立場が、民主主義に関する恐怖感と連関して現われるとき、帝国主義を単純に従属変数と見なしたりすることに気をつけなければならない。民主主義に関する恐怖感は、この民主主義がたぶん行ないそうな外交政策に関する不安からも与えられていることはめずらしくはない。もちろん、他方また孤立的に考えられてはならないこのメカニズムは、おそらくつぎの定式にまとめられる。つまり、民主主義の側からの、危険にさらされている帝国という危機に対する、および世界において危機に瀕している地位に対する不安感、という公式にまとめられるのである。第二次グラッドストーン内閣の間に、《品位あり富裕な階級《レスペクタブル・アンド・ウエルシー・クラシズ》》の大部分をますます襲うことになった(61)、つのっていった不快感は、グラッドストーンの内政と外交政策に向けられたのであった。その場合に《ナショナルな》契機と《外交政策的な》契機を、自立的な——社会的に相関関係にあるけれども——重要度として問題としないとすると、解釈の誤まりになるであろう。これらの契機なしには、アイルランド問題に関する論争を把握できないし、総体としての新帝国主義を把握することもできないのである(62)。

あまりに厳格に完成された社会帝国主義論の仮説は、そのほかの欠点をもっている。つまり、《階級対大衆《クラシズ・ヴァーサス・マッシズ》》現象に固着するために、帝国主義のほかの社会的に重要な諸関連、諸階級《クラシズ》内部・諸階級間の変動や動向を、いとも簡単に視野から見失ってしまう、という欠点をもっているのである。帝国主義の社会防衛的姿勢に関する原則上異論のないこの命題は、一定の修正を必要とする。というのは、それには、《保守的であればあるほど、ますます帝国主義的である》という観念が、あまりにも強く結合しているからである。一九一四年までの新帝国主義の全期間を見わたせば、終り頃には、保守的機構、伝統的指導階層は、この時代の冒頭に期待されえたよりも確固として安定しているものとなったことは、間違いなくはっきりとしている。しかしながら、ある異なった社会的結果がいっそう重大なものとして出現しているのである。ジョン・スチュアート・ミルが一八五二年に《政治、または議会両院と無関係である(63)》ということによって定義した例の《ミドル・クラス》は、その間に、最終的に規定された政治システムにおいて、その確固たる位置を見つけることになった。東印度会社支配下のインドは《ミドル・クラス》の息子たちにとっては《あの国務へいたる唯一の道《ジ・オンリー・アヴェニュー》(64)》であると記して、ハリアット・マルチノーが特色づけた旧来の状態は、公務・軍隊の改革と議会改革の結果として、いちじるしい変化を遂げた。国家と政治は、まったく普通に、直接の該当者の範囲をこえて、《ミドル・クラスの利害》になったのである。急進的な植民地批判が、つねに狙っていたかなり具体的な《既得利権《ウエステイッド・インタレスツ》》という意味での帝国主義との連携は、――ことに、このような利害の社会的重要性がじつにいちじるしく増大したので――明白なことである。

しかし、このような論証はあまりに簡単に結論している。さらにこれ以上の調査結果が考慮に入れられなければならない。新帝国主義は、まったく強く英国社会内部の《文化的な》[65]変化過程と結びついており、それ自体、例のしばしば認められた《社会的価値の深い変形《トランスフォーメーション》》の要素なのである。[66] もしもそこで、それにとって典型的な《社会的文化《ソチアーレ・クルトウール》》を、それにとって典型的な態度や好みや信条を、社会のひとつのグループに優先的に組み込もうとするならば、そのために伝統的な中期ヴィクトリアの《産業的ミドル・クラス》――その価値規準に帝国主義ははっきりとたえず反対している――は、まず考慮されるところはないのである。主たる関連グループは、伝統的貴族層でもない、そうではなくて、――伝統的エリートのスタイルとメンタリティに対して疑いなく存在する関連を強調すると――《ミドル・クラス貴族層》なのである。[67] というのは、たとえ多くの態度や把握のしかたが、古い政治的エリートの伝統的な偏見と好みに沿うとしても、典型的にブルジョア的な社会観との彼らの密接な結びつきは、やはりつぎのことを――この文化症候群は、新しい行政的、政治的、知的新エリートの野心、欲求、利害にますますうってつけであるということを、示しているからである。さらに、十九世紀中、貴族層の内部でアメリカ合衆国と白人植民地に対してはどのような立場が有力であったかを考慮するならば、[68]《人種的愛国主義《レイス・パトリオテイズム》》、《大愛国主義《ラージヤー・パトリオテイズム》》、新ナショナリズム《ノイエル・ナチオナリスムス》のような現象は、彼らにあっては優先的なものとしては定着するものではないことは、まったく明白となる。まず第一にそのことと、新エリートの身分的利害は結びついているが、その場合、身分的利害は、一定の諸条件の下では純粋に《文化内的に《イントラ・クルトウレル》》にも実現されると考えられるのである。英連邦《グレイター・ブリテイン》は英本国《グレイト・ブリテイン》と若干異なる社会的性格を有している。[69]

もしも、新エリートの《既得利権》や身分的利害そのもののなかに、新帝国主義の決定的原動力を見ようとしたりすれば、それどころか、このようなエリートの意識的な社会政策《ゲゼルシヤフツ・ポリティーク》と《文化政策》が重要であるという命題――その背後にはつぎのような算段がある。つまり待避する意味で、新活動分野を見いだそうとし、同時に英連邦の道を通じて英本国内の構造を自身の利害状況に合わせて長期的に変えようとする算段があるが——を立てようとしたりすれば、それは、完全な混乱ではないにせよ、確かに、事実を切り縮めているにちがいないのである。それ自体として考えれば、このような調査結果は、それにもとづいて包括的説明をしあげるためには、十分に生産的なものではない。この調査結果は、以下のようないっそう広く構成された仮説のなかに、もち込まれなければならない。その仮説とはすなわち、英国の社会的・文化的諸過程、それと連繫した政治的諸変化は、新帝国主義がその中期ヴィクトリア的先行者よりもずっと大きく、《ナショナルな》、《対外政策的な》、かつ——けっして同等ではないが——非経済的な、考慮と動機に余地を与える、ということによってかなり評価されてしかるべき原因である、ということである。対外政策の優先は、それゆえ、たんに外部から課せられただけではなくて、同時に内部社会的に条件づけられ、ひき起こされ、可能にされた姿勢なのである。

この仮説はただ簡略にスケッチされうるにすぎない。まず最初に、政治・社会の変化したないしは変化中の関係から、政治システムの相対的に大きな自立性から、出発すべきである。新帝国主義は、政治システムの上をかなり強く動くだけではないのである。つまり、新帝国主義は、高度に、政治システムの一つの政策《アイネ・ポリティーク》なのである。そうであるので、そこに統合化された価値や信念——それらは中期ヴィクトリア的《ミドル・クラッセス》の意味で経済的な合理性概念にはけっして還元されることのない——も、かなり強力に、帝国主義的過程に流れ込んでいきうるのである。この相対的自立化を客観的に可能ならしめる一因は、強化された外圧なのであり、そこから生ずる帝国主義と——政治システムに対して高い要求を抱いている——大政策《グローセ・ポリティーク》との密接な結合なのであり、それと同様に関連するつぎの事実、すなわち、経済的諸問題がますます強く直接に政治的な次元をもつことになるという事実なのである。それが、じかに政治の経済——経済的利害グループの意味で理解される——へのいっそうの依存に結果しないということは、その根拠が、とりわけ自由貿易《フリー・トレイド》の持続に、つまり明白に経済的強要に対する遮断として作用する自由貿易の持続に、あるからである。第二の本質的原因は、政治システムの強化された社会的重要性にある。それは、純粋に量的な増大のためだけではなくて、新諸階層がいまや政治システムに対して、直接的利害関心を有するからである。

第二の視点は、政治システム内部の変貌に向けられなければならない。伝統にもとづく指導的エリートが、依然としてかなりの程度、新帝国主義時代の政治を規定していることは、疑いのないところである。しかし、社会的連続性が、必ずしも、主体的構造の連続性をも意味するものではない。ソールズベリーのような非常に保守的で伝統的立場にある人物でさえも、ときおり、《新精神》らしきものを表明しているのである。(70)保守的エリートと並んで、その間に、ますます、しかも決定的に重要なポストに――チェンバレンとミルナーを想起せよ――ナショナリスティックにほかならぬものと特徴づけられる新エリートが見られるようになる。ナショナリズムは、なるほど、抑制なき膨張のための《反経済的》政策ないし準備をなんら意味するものではないし、ラブシェールが言うような《盗む愉悦のために盗む《スティーリング・フォア・ザ・プレジャー・オブ・スティーリング》》ことをなんら意味するものではないが、(71)しかし、威信や名誉や威力のような要因に対して非常に感じやすい体質、世界における英国の利害を極端に解釈する傾向、帝国主義的取り引きに対するちょっとシニカルな距離感――まだ保守的エリートの方が見せていた――の欠落を、意味するものなのである。

これらすべてのことは、何が新帝国主義を内部社会的に可能にしたかを説明するためには、もちろん十分ではない。政治的諸過程は、《文化的に》いちじるしく変貌した、ないし変貌中の風景を背景にして、はじめて理解されるところのものなのである。これらの変貌は、ある新ナショナリズムの現象が指定されるにすぎないならば、まず十分には把えられはしない。ナショナリズム自体が、《反唯物論《アンタイ・マテイリアリズム》》、《反利己主義《アンタイ・セルフイシニズム》》、《義務《デューティ》》、《忠誠《ロイヤルティ》》、《集産主義《コレクテイヴイズム》》、《目的欠如《ラック・オブ・パーパス》》といった刺戟的言葉にあらわされる他の《文化的な》諸事象とともに結びついてのみ理解されうるのであり、またその社会的性格と社会的機能において認識されうるのである。これらの現象は、新ナショナリズムと、直接的な作用関連にある。つまり、一方では、これらの現象から、ナショナリズム昂揚を目指す明白に決定的な特徴が由来するからであり、他方では、これらの現象は、既存のイデオロギー的制動メカニズムを除去するか弱めるかするからである。さらにこれらの現象は、新帝国主義にとって、ナショナリズムによる媒介なしにも、重要なものである。例をあげれば、中期ヴィクトリア時代にはるかに一経済理論以上のものであった古典派《政治経済学》が、異端者たちと自己の陣営内でかかわりあわねばならないだけでなく、さらには――はるかに重要性と特徴を示すことだが――全文化システムのなかで守勢に追いやられることになり、主要なイデオロギー的意味づけの中心的なポストとしてのその座を失う(72)ということは、かなり重要な意味をもつのである。

この《文化的な》諸現象の背後にある社会史的諸過程と《利害の所在》を、もしも規定しようと試みるときには、とくに新ナショナリズムのそれを規定しようと試みるときには――このナショナリズムは、本来現象としては根本においては確かに真新らしいものではないが(クリム戦役中のショーヴィニスティックな感情の爆発を考えるだけでよい(73))、それでも、《大愛国主義《ラージアー・パトリオティズム》》に対する持続性・強度・伸長を見ると、新たな質をあらわしている――、つぎの観点は、見逃されてはならないのである。つまり、新ナショナリズムは、まず第一に、きわめて一般的な意味で、《ミドル・クラッセス》の身分イデオロギーとして解釈されなければならない(74)という観点である。かなり具体的に、この新ナショナリズムのうちに、物質的利益を実現しようとは思わず、むしろよりいっそう政治支配に対する直接参加として、《社会的承認《ソーシャル・アクセプタンス》》を求めている、裕福になった階層の野心が、反映しているのである。それとならんで(重なりあっているが、完全に一致しているわけではない)、例の《忘れられた《フォーゴットン》ミドル・クラス(75)》の、つまり、この世紀中葉以降、その特質と特殊的利害状況をますます意識し、かつ一八四一年より一八八一年の期間にその数を三倍に増加させた《忘れられたミドル・クラス》の利害がある。非商業的中産階級《ミッテル・クラッセン》である。

したがって、ナショナリズム概念の社会的質は、《既成秩序《エスタブリシュト・オーダー》》の社会的質と完全には一致しないのである(76)。その背後にある諸事態――その本来の政治組織的な表現が新たに形成された保守党となる――は、たやすく結びつくことができる、ないし実際広く結びつくけれども。ディスレリー以来、《国民的連帯・国民的自負へのアッピール《アッピール・トゥ・ナショナル・ソリダリティ・アンド・ナショナル・プライド》》は、保守派の《商売道具《ストックーインートレイド》(77)》となり、ナショナリズムは、さらに、民主主義の現象と対決する社会の統合イデオロギーとなるのである(78)。

どこに、右にごく簡単にスケッチした諸事態の意義があるのだろうか、とりわけ、どこに、新帝国主義の説明にとって新ナショナリズムの意義があるのだろうか？　その意義は、とにかく、確かにナショナリズムはひとつになってその代表者たちが決定的に重要な地位に前進するという点にある。それは、政治家が、ナショナリズムをあおるマスコミの圧力の下でどちらかと言えば実行したくなかった行動を強いられるという点に、ほとんど、あるいは少しもあるのではない。その本来の意義は、ナショナリズムが、保守的‐伝統的な、あるいは、近代的‐ナショナリスティックな、エリートによる政治を可能にする――それゆえ政治はナショナリズムなしには動かされえないだろう――という点にあるのである。ナショナリズムは、政治システムがいっそう行動範囲を獲得するための、対外政策が特に前面に立つ事ができるための、非経済的な動機と目的が以前の場合にそうであったよりもいっそう激しく帝国主義的過程に入り込むことができるための、必要な条件なのである。

　そこで、筋道は考察の出発点、新帝国主義の諸原因と諸条件の問題に、もどるのである。たぶん事態は、簡潔に以下のごとく叙述される。つまり、どの解釈も、もし、英国はすでに帝国と無比の経済的・政治的地位を世界にあって有しており、かつ防衛しなければならない、ということを考えに入れないならば、この解釈は、冒頭から誤まった観点に陥入る。この地位を危険にさらすと思われる、そして、それゆえに《行為による強制的要求《ハンドルングス・ツワング》》を起こさせる、外因的な諸要因と諸変化がある。これは、いわば英国の岸辺に打ち寄せてきた諸要因が、その本来の原因を、《国境を越えた社会《トランス・ナショナル》》内部の経過のなかに、ないしは、他列強の社会的諸関係のなかにもっていることをけっして排除するものではない。もちろん、このような外因的な説明は、ますます不十分となる。その説明は、外部からのそのような衝撃がヴィクトリア中期に比べると変化しかつ変化しつつある英国に当っているという確認によって補完されなければならない。この諸変化は、単純に、変貌した《社会外的《エクストラ・ソシエテイル》》環境の、ないし大不況《グレート・デプレシヨン》の結果ではなくて、本質的には長期にわたり造成された社会的・文化的諸過程の成果なのである。外的諸要因――変貌した社会的・政治的構造を反映している――と《主体的構造》の相互作用から、はじめて新帝国主義の特性が理解されるのである。多くの――すべてではない――《必然性》は、一定の解釈方法と価値順位《ウエルト・プレフエレンツエン》に照しての《必然性》であるにすぎない。この《主体的構造》なしには、以前の帝国主義に対して性格的に変化した動機と原動力の混合関係は理解されないし、さらに、多くのまったく経済的と考えられた行動と考え方は理解されないのである。すでに出発点の状況によって与えられている経済的諸要因の大きな意義は、もしも、ただ具体的な経済的利害グループの圧力だけが指摘されるならば、それどころか、《正体不明の男たち《フェイスレス・メン》》を探す活発な遊びがあまり広汎に行なわれるならば、もちろん誤まって判断されるし、根本で、過小評価されることになる。経済的契機は、高度に政治的に統合され、それとともに同時に政治的に変形されている。このことは、一八七〇／一八八〇年以後の変化した状態にともなって現われてくる《新》経済的諸要因にも妥当するのである。

　社会帝国主義仮説の意味での社会的諸要因の重要さと意義は、まったく同じように、規定されることができるであろう。われわれは、この仮説を、おそらく他の国々で必要である以上に用心深く扱わなければならないのである。たとえ、民主主義に対する部分譲歩と結びついた新しい内部社会的諸事態が一定の推測を容易に起させるとしても、単純なメカニズムによっては、つまり既成の地位の国内での脅威からの逃げ道としての帝国主義では、割合少ししか説明されえないということがやはり明らかになるのである。これらの契機は、隠されて、また媒介されて、活動しはじめる。一部は、ナショナリズムを経由するし、一部はいわば外交政策という迂路を通ってなのである。あらゆる有力な英国の政治家たちは、どのような政治的立場かにかかわりなく、確かにいつでも、以下の点では一致していた。つまり、経済的膨張は――ここから帝国主義的支配諸関係が、多くの場所でいずれにせよ結果として現われてくるのだが――、社会的理由からも少なくとも望ましい、という点では一致していたのである。この意味で、政治的ネーションへの新諸階層の包含は、外部から危機にさらされた《世界における地位《ポジション・イン・ザ・ワールド》》を全力をふるって防禦しようとする努力のさい、疑いなく増幅器として効果のあるものなのである。

　英国を例示とする省察から得られると考えられる一般的視座は、以下のようなものである。つまり、帝国主義は、なるほど一般に――古典的な経済的帝国主義諸理論がそうしているよりもはるかに包括的に――主として経済的原動力から、膨張する工業社会の諸現象に結びつけられるべきであるが、しかし、それでもって一般的枠組みを考慮しても、《古典的時代》の帝国主義の特質と性格は、直線的に十分には解明されえない、という視座なのである。ここでは、前工業的モデルを考慮することなしには、本質的に工業社会自体を生み出した非経済的素因《ディスポジチオン》を強く考慮することなしには、満足のいく解釈はけっして可能ではないのである。同様に、同じような関連に属するものとして、《新》イギリス帝国主義がその課題と野望を合理的にはっきりと表明するために、とにかくかなりの程度でドイツ国家思想と社会思想を利用しうる、という精神史的には比較的少し説明しうるにすぎない興味ある現象がある。《ドイツ理念》の受容——この理念はもちろん、理念というものの他文化への伝搬の場合にいつでもそうであるように、独特に変形されるのであるが——は、変貌した《諸関係》、変貌した利害状況と欲求の背景の前で、理解できるにすぎない。換言すれば、精神史的データと影響は、両国で、あらゆる重要な相違にもかかわらず、構造的類似性を示す社会史的な事態と過程を反映しているのである。

（1）特に、R. Robinson/J. Gallagher, ›The Imperialism of Free Trade‹, Economic History Review, 6, 1953, S. 1ff. 無尽蔵とも言っていい文献に直面して註の部分をあまり氾濫させないために、つねに、特に重要なかなり新しい文献だけを参照するよう言及される。かつ限定された選択でしかない。もっと直接テーマに属する文献の大部分は、さらに、W. J. Mommsen, Nationale und ökonomische Faktoren im britischen Imperialismus vor 1914, HZ 206, 1968, S. 618-664.——文献指示と同様、本文中の叙述も、しばしば示唆のみで満足しなければならない。著者としては、近いうちに包括的な叙述を発表できることを期待している。

（2）この点は、Robinson/Gallagher, a. a. O. の想定も、暗示するところである。また、H-U. Wehler, Bismarck und der Imperialismus, Köln-Berlin, S. 25f. passim を参照。ders. (Hg.), Imperialismus, Köln-Berlin 1970, S. 12 (Einleitung).

（3）So W. L. Langer, ›A Critique of Imperialism‹, Foreign Affairs, 14, 1935, S. 107. また、Mommsen, のポレミークも参照。Mommsen, Nationale und ökonomische Faktoren, S. 622, Anm. 17.

（4）個々の定式化については、M. Weber, Wirtschaft und Gesellschaft, Tübingen 1965, S. 28 を参照のこと。

（5）《非公式な帝国《インフォーマル・エムパイア》》と《経済的帝国《エコノミック・エムパイア》》という概念を確かに十分に駆使してはいない。この当然、不十分で荒けずりな説明は、理解を容易にする目的にだけ用いられていることは言うまでもない。

（6）《経済的帝国《エコノミック・エムパイア》》という、ここで基礎に置かれた概念は、Robinson/Gallagher, Imperialism, bes. S. 6f., 13と、D. S. Landes,

›Some Thoughts on the Nature of Economic Imperialism‹, Journal of Economic History, 21, 1961, S. 496; dt. in: Wehler (Hg.), Imperialismus, S. 66ff. の概念形成と相通じるところはあるが、同一のものではない。この概念は、ロビンソン／ギャラハーの場合は、考えられるよりも《はるかに客観的に》把握されている。この概念は、ランデスのものとしての搾取よりも、いっそうかつ同時に多く支配にしたがって決められており、市場外部にある強制に限定されていない。もちろん明らかに、ランデスと一致して、帝国主義の経済的意義と、帝国主義の——起源と性格に関する——特例たる経済的帝国主義とは、区別される。

(7) この点は、さらに、ロビンソン／ギャラハーの概念形成の首尾一貫した適用によっても生じるので、モムゼンが、その Nationale und ökonomische Faktoren, S. 622, Anm. 17 で信ずるものとは異なる。

(8) そのように、D. S. Landes, The Unbound Prometheus. Technological Change and Industrial Development in Western Europe. from, 1750 to the Present, Cambridge 1969, S. 239; dt. Köln 1970 も同様である。《非公式な帝国《インフォーマル・エムパイア》》についての〈ケース・スタディ〉としては、H. S. Ferns, Britain and Argentina in the Nineteenth Century, Oxford 1960. 全般的には、E. J. Hobsbawm, Industry and Empire. An Economic History of Britain since 1750, London 1968; dt. Frankfurt 1969 を参照。

(9) Robinson/Gallagher, Imperialism, S. 13.

(10) この植民地過程・膨張過程と結びついた社会的考え方——特にチャーティスト運動の背景——については、なかんずく、B. Semmel, ›The Philosophical Radicals and Colonization‹, Journal of Economic History, 21, 1961, S. 513-525, dt. in: Wehler (Hg.), Imperialismus, S. 170-182. を参照せよ。残念ながら筆者の手元には、長期間予告され、その間に出版されたセンメルの著書（提出された問題群を詳細にとり扱っているのであろうが）は、まだない——ある意味では、ほとんどすべてのヴィクトリア初期・中期の人々は、経済膨張さらに移住植民地は一般的な社会的理由からも望ましかったと確信していた。それについては、一般的なものとして、D. C. M. Platt, Finance, Trade, and Politics in British Foreign Policy 1815-1914, Oxford 1968, S. 335, passim. を参照せよ。この点 Wehler (Hg.), Imperialismus, S. 23 (Einleitung) が行なったように、簡単に言いうるかどうかは、決定しないでおきたい。

(11) F. Neumann, ›Ökonomie und Politik im Zwanzigsten Jahrhundert‹, in: ders., Demokratischer und Autoritärer Staat. Studien zur politischen Theorie, Frankfurt-Wien, S. 1967, S. 248ff. を参照せよ。

(12) 特に、O. Macdonagh, ›The Antimperialism of Free Trade‹, Economic History Review, 14, 1962, S. 489-501; D. C. M. Platt, ›The Imperialism of Free Trade: Some Reservations‹, Economic History Review, 21, 1968, S. 297-306 を参照せよ。

(13) それについて、特に、J. S. Galbraith, ›The Turbulent Frontier' as a Factor in British Expansion‹, Comparative Studies in Society and History, 2 1959/60, S. 150-168. を参照せよ。要約的には同様に、D. K. Fieldhouse, ›Imperialism: An Historiographical

Revision〈, Economic History Review, 14, 1961, S. 201f.

(14) それにつき典型的なものとして、コブデンの有名な、中国の戦争に関する考え方がある。

(15) そのように、Platt, Imperialism of Free Trade, S. 297, passim の常時反復される論拠。

(16) マクドナフの上述論文のタイトル（注12を参照）。

(17) それについては、M. Barrat Brown, After Imperialism, London 1970, S. 1Xff.（Vorwort zur 2. Auflage）の原則的に正しい意見も参照せよ。

(18) まったく多くの現象をここであげることができよう。大衆的《ポプレール》帝国主義の最初の徴候である、一八五七年のインド叛乱に対するイギリス社会の反応のようなもので、アングロ－インド的な《ミドル・クラス・アリストクラシー》の利害である（それに関して特に、F. G. Hutchins, The Illusion of Permance. British Imperialism in India, Princeton 1967 を参照せよ）；パーマーストーンと彼の政策が《ミドル・クラス》の広汎な部分にもっていた経済的利害を、優先的なものとしては説明できないあのポピュラリティ。

(19) この点は、Platt, Finace, S. 362ff., passim ; ders., Imperialism of Free Trade, S. 306 で非常によく現われている。そこで、彼は、《一八八〇年以後の政策における革命》について、述べているのである。ders., 〉Economic Factors in British Policy during the New Imperialism〈, Past and Present, 39, 1968, S. 120ff.

(20) Fieldhouse, Imperialism, S. 204.

(21) なかんずく、R. Robinson/J. Gallagher, Africa and the Victorians, London 1961 ; dies., 〉The Partition of Africa〈, The New Cambridge Modern History, 11, 1962, S. 593-640 ; Fieldhouse, Imperialism ; ders., Die Kolonialreiche seit dem 18. Jahrhundert, Frankfurt 1965 ; C. J. Lowe, The Reluctant Imperialists, 1878-1902, 2 Bde, London 1967 を参照の事。

(22) この《理論》は、ここで理解されるように、新イギリス帝国主義の原因に関係するだけであって、他の帝国主義に対する一般的な説明にはならないと言うことはもちろん特に強調されなければならない。

(23) そのさいに、《統一の帝国主義《イムペリアリズム・オブ・ユニティ》》（それについて全般的なものとして、J. E. Tyler, The Struggle for Imperial Unity, 1868-1895, London 1938）だけでなく、《膨張の帝国主義《イムペリアリズム・オブ・エクスパンション》》も考えられるのであり、これは、白人移住植民地から始まっており、その《出しゃばり《フォーワドニス》》が、ロンドンの政治家たちに、ひとかたならずショックを与えたのであった。

(24) この論証は、Robinson/Gallagher, Imperialism, S. 13f. に現われている。

(25) Robinson/Gallagher, Africa, S. 76ff. を参照。

(26) Fieldhouse, Imperialism, S. 204f.; ders., Kolonialreiche, S. 178.

(27) R. Aron, Paix et guerre entre les nations, Paris 1962, S. 133. 帝国主義分析により実り豊かである構想を有する概念のいっそうの精密化は、K. Kaiser, >Transnationale Politik. Zu einer Theorie der multinationalen Politik.< In: Die anachronistische Souveränität. Zum Verhältnis von Innen-und Außenpolitik, Köln-Opladen 1969 (Sonderheft 1 der PVS), S. 80ff.

(28) インドが重要な経済的機能を有することを彼が誰に納得させなければならないのかが私にはあまりわからないので、ヴェーラー(Imperialismus, S. 17) の論争は、私には十分には理解しがたい。ロビンソン／ギャラハーと同じか？

(29) Robinson/Gallagher, Africa, S. 464.

(30) イギリス政策の中心的課題として R. von Albertini, >England als Weltmacht und der Strukturwandel des Commonwealth<, HD, 208, 1968, S. 52ff. でとり上げられた。外交政策的動機への指摘は特に、Tyler, Imperial Unity, S. 14f., passim.

(31) これについては、Mommsen, Nationale und ökonomische Faktoren, S. 625, S. 625 の注 (22) を参照せよ。彼は、私の考えるところでは、この問題に関して特別に重要であるチェムバレンの態度を原則的に正しく叙述しているのである。もちろん、二点が指摘される。

(a) この時点で《帝国《エムパイア》》について述べられるとき、まったく依然として、《ユナイティッド・キングダム》とは異ならないものとして考えられているのである。

(b) (アイルランド) 自治問題《ホーム・ルール》の議論には、もちろん、——基本的には、実際誰によっても否定されないように——まったくほかの諸ファクター、直接的な経済ファクターより強力な社会的なファクターが、直接、活動している。この問題は、統合《インテグラチオーン》なので大きな分水嶺を作ることではないという確信にいたるときですら、分析の一歩がふみ出されたにすぎない。この見地は、社会的にいっそう闡明されなければならない。それに関する手がかりと判断は、およそのところ、J. Roach, >Liberalism and the Victorian Intelligentsia<, Cambridge Historical Journal, 13, 1957, S. 58ff., に、かつ、わけてもすでに J. L. Hammond, Gladstone and the Irish Nation, London 1938, New Impr, 1964 の古典的叙述のうちにある。

(32) そのように同様に、Albertini, England als Weltmacht, S. 53ff.

(33) それについては、一般的に、B. Semmel, Imperialism and Social Roform. English Social-Imperial Thought 1895-1914, London 1960.

(34) これらは少なくとも、一八八〇年代以降は同様に、たとえばアジアへのロシアの進出によるオーストラリアの恐怖感と、フランス、ドイツの膨張による不安感とを考えると、外交政策的背景も有していた。

(35) 一国における自由の尺度は、その境界に重くのしかかる圧力に反比例するというシーリーの公式は、イギリスにおけるよりも、もちろん、ドイツでいっそう著名になったのである。これに関連する興味ある問題をとり上げずに言うと、彼についての唯一の実質的研究が、あるドイツ人によって書かれたということがじつに非常に典型的な徴候を示しているとも言えるが、これは、ことのついでに述べられているにすぎない。G. A. Reins, Sir John Seeley. Eine Studie über den Historiker, Langensalza 1912. イギリス的視点からする新たとも言える説明——そのタイトルで現われている観点を凌駕している——は、R. T. Shannon, ›John Robert Seeley and the Idea of a National Church‹, in: Idea and Institutions of Victorian Britain. Essays in Honour of George Kitson Clark (R. Robson 編纂), London 1967, S. 236-267.

(36) それについては、全体的なものとして、Hobsbawm, Industry and Empire, bes. S. 114ff.; Platt, Finance, S. 362ff., passim. 広汎な文献に関する総括的批判的な議論は、Mommsen, Nationale und ökonomische Faktoren, S. 637ff.

(37) この事態は、Hobsbawm, Industry and Empire, S. 121 のなかで、彼が »steady flight from the modern, resistant and competitive markets into the undeveloped« について述べ、それを近代化の選択肢として把えるとき、鋭利すぎるきらいがある。この論議の余地なしとは言えぬ問題の討論は断念されなければならない。

(38) それにつき、S. B. Saul, Studies in British Overseas Trade 1870 to 1914, Liverpool Univ. Press 1960, S. 134ff., passim も参照のこと。

(39) この点は、特に《王立委員会《ロイアル・コミッション》》一八八五年の包括的調査における数多くの《商業会議所《チェインバーズ・オブ・コマース》》の回答に反映している。Final Report of the Royal commission on Depression of Trade and Industry, London 1886, bes. S. 97ff. を参照。経済的にヴェテランの、たとえば、ゴーシェンのような政治家も、ただたんに植民地を指示するだけでなくて、この不況局面における純経済的配慮から、はげしく人々といっしょに、植民地を指示している。とりわけ、《マンチェスター商業会議所》での一八八五年六月の彼の講演、›The Conditions and Prospects of Trade‹, in: J. G. Goschen, Essays and Addresses on Economic Questions, 1865-1893, London 1905, S. 185ff. を参照。

(40) この事象と経過の批判的評価の場合には、つねに、科学的な叙述であっても、倫理的憤慨や経済的ナショナリズムの契機が少なからぬ役目を演じ、たとえば、Hobsbawm, Industry and Empire, 特に、S. 161f. にも、それらが証明されている。

(41) なかんずく、評価の基礎として重要なものは、A. K. Cairncross, Home and Foreign Investment 1870-1913, Cambridge 1953; A. Imlah, Economic Elements in the Pax Britannica, Harvard 1958; Ph. Deane/W. A. Cole, British Economic Growth 1688-1959, Trends and Structure, Cambridge 1962. である。また、論文集の A. R. Hall (Hg.), The Export of Capital from Britain 1870-1914, London 1968 を参照せよ。

(42) E. Preiser, ›Die Imperialismus――Debatte, Rückschau und Bilanz‹, in: Fertschrift Friedrich Lütge, Stuttgart 1966, S. 368ff., を、これら投資が客観的に反景気循環的景気政策《アンティ・チュークリツシエ・コンユンクポリティーク》として把握されるという命題とともに、参照せよ。彼の援助的《ズステンタチーフ》な説明の支柱として彼は、一八八〇―一九一〇年間のイギリスについては、とりわけ、L. J. Zimmermann/F. Grumbach, ›Saving, Investment and Imperialism‹, in: Weltw. Archiv, 71, 1953, S. 1ff. を引いている。いくぶん不決断なものとしては、Cairncross, Home and Foreign Investment, S. 187ff., passim がある。資本輸出は、イギリスを、一九一四年以前の大部分の不況から引きずり出したと彼が言っているにせよ、そうである。

(43) それで要約的には、また、Fieldhouse, Imperialism, S. 198f. である。もちろんそれで、エジプト、ウガンダ、ボーア人共和国における諸活動の場合に、経済的利害の直接的影響がなんらの役割も演じていないとは言われないのである。

(44) この事情は、Platt, Finance, S. 355ff., passim に非常によく明らかにされている。

(45) とりわけ、Platt, Finance, S. 362, 365 を参照せよ。

(46) 相関関係は、じつにすでに、Tyler, Imperial Unity, bes. S. 27ff., 49ff., が力説した。帝国《エムパイア》の経済的機能の批判的分析は、とりわけ、Saul, British Oversea Trade, S. 228ff.（レジュメ）にあり、帝国の経済的機能を、イギリス経済とさらに世界経済に対して過大評価するというちょっとした傾向をともなってはいる。

(47) これは、プラットの多様な叙述の中心的諸命題の一つである。とりわけ、Platt, Imperialism of Free Trade, S. 305f. を参照せよ。

(48) Lowe の既述の文献のタイトル（註22を参照）。

(49) J. S. Mill, Autobiography, London 1873, S. 289.

(50) 直接・間接にこの実情をとり扱っている数多くの文献のうち、三点のみ指摘する。これらは、非常にさまざまな問題設定からこの経過に光をあてているのである。H. Pelling, Social Geography of British Elections 1885-1910, New York 1967; P. Smith, Disraelian Conservativism and Social Reform, London 1967; J. Roach, Victorian Intelligentsia, a. a. O., S. 58ff.

(51) 特に、Wehler, Bismarck, S. 114ff. を参照せよ。

(52) 《新しい民主主義》がまず第一に何を達成しようとしているか、という同時代人を不安にさせている問題と密接に結びついていたこの命題は、ここでいっそう展開させることはできない。そのさいに、特に重要であるのは、労働大衆の下におけるグラッドストーンの非常な人気の根拠を挙げることである――その人気は帝国主義の魅力に対して、いわば否定的に、相関的である。彼が、少なくとも経済問題に携わったオーソドックスな自由党員として実利的約束をしたことを問わずに、グラッドストーンのもつ魅力の原因については、Hammond, Gladstone, S. 706f., passim. の賢明なコメントも参照せよ。

(53)《多元的社会》にとっても、そこから生じてくる諸問題については、F. Naschold, Kassenärzte und Krankenversicherungsreform. Zu einer Theorie der Statuspolitik, Freiburg 1967. の興味ある研究を参照。

(54) M. B. Brown, After Imperialism, S. X (Vorwort zur 2. Auflage).

(55) チェムバレンについては、特に同様 P. Fraser, Jaseph Chamberlain, Radicalism and Empire, 1868–1914, London 1966, S. 46ff., 141ff.

(56) W. Bagehot, The English Constitution. With an Introduction by S. Crossman, London 1966, S. 33 (Einleitung Crosmans).

(57) この不安は、もちろん、チェンバレンにあっても、一度もなかったわけではなかった。この不安は、だいたい一八九四／九五年頃に、チェムバレンによって執筆された諷刺的作品 》The Game of Politics《 のなかに、非常にうまく反映している。そのなかに、《新急進主義《ニュー・ラディカリズム》》による彼の嫌悪感・不安感が表現されている。それに関して、Fraser, Chamberlain, S. 154ff. も参照せよ。

(58) A. P. Thornton, The Habit of Authority. Paternalism in British History, London 1966 のタイトルである。この著書は、すぐれた明確さと見識にもかかわらず、全体として十分に満足のいくものではないが、イギリス史を、《オーソリティ》、《ディファレンス》、《コロニアル・ソサイアティ》――イギリス自体を意味する――のような概念から解釈して、それによって、一面的に《リバティ》を目指している《ホウィッグ党的解釈《ホウイッグ・インタープリテーション》》を修正し、直す一連の試みに属している。

(59) 全体的には、一般的に Semmel, Imperialism and Social Reform であるが、その解釈はあまりにも大まかすぎる。もしも、帝国主義内部で姿勢を区別しようとすれば、一定の制限づきで、公式としての《伝統的に考えなければ考えないほどいっそう、ラディカルに帝国主義的である》ということが、少なからぬ解釈的価値《エルクレールングス・ウェルト》を有することになる。重要な点は、さらにとりわけ、以下のことを正確に調べることなのである。つまり、どの程度まで《ナショナル・エフィシェンシー》というスローガンの下にある《社会改革《ナショナル・リフォーム》》と、それについての構想《コンツェプト》と、《技術的》諸変化の態勢だけでなくてむしろ実質的諸変化の態勢が結合しているかを、正確に調べることである。この問題については、ここでは、これ以上立ち入るわけにはいかない。

(60) これは、ことに、歴史的‐時代的区別が欠けると、誇張気味に述べられることになる。その背後には、以下の説明の仕方に対する不満、つまり外交政策の優位は、いとも簡単に、内政の優位によって代置されるという説明の仕方に対する不満があるのである。一方の――たぶん同様にいっそう、思いあがっているにすぎない――相手に対する否定的な関連づけは、まさしくあまりに短絡的な外交政策‐概念がさらに伝統化される危険と結びついて、そのさいに、非常に明白となるのである。本来の《連動問題《リンキジ・プロブレム》》（特に J. N. Rosenau, 〉Pre-theories and Theories of Foreign Policy〈, in: R. Barry Farrel (Hg), Approaches to Comparative and International Politics, Evanston 1966, S. 27ff. を参照）は、そういうわけで、全然、扱うこつは知られていないのである。

(61) それで、特に、Roach, Victorian Intelligentsia, a. a. O., S. 72.

(62) それにつき、(31)の注も、かつそこでなされた限定についても参照せよ。

(63) つまり、一八五二年六月二一日に、東印度会社にとり組んだ《議会委員会《パールラメンタリー・コミッテイ》》で。Hutchins, Illusion, S. 89f. による引用。

(64) Harriet Martineau, Suggestions towards the Future Government of India, London 1858, S. 141.

(65) ここで、文化という概念の理解のされ方について、特に、S. Verba, ›Comparative Political Culture‹, in : L. W. Pye/S. Verba (Hg.), Political Culture and Political Development, Princeton 1965, S. 512ff. を参照せよ。もちろんここでは、一度も、優先的なものとして、《政治的文化《ポリティカル・カルチャー》》ではなくて、《社会的文化《ソーシアル・カルチャー》》が問題なのである。そのうえ、この概念は、ますます具体的なものに移動していくのであって、《基礎的信念《ベーシック・ビリーフス》》に限定されないし、同様に《持論《オピニオンズ》》と《姿勢《アティテユーズ》》で表現されるべきものも、意味している。

(66) G. V. Rimlinger, ›The Legitimation of Protect : A Comparative Study in Labor History‹, Comparative Studies in Society and History, 2, 1959/1960, S. 335. 一般的なものとして、依然重要なものとして、A. V. Dicey, Law and Public Opinion in England during the Nineteenth Century, Repr. London 1963. 興味ある視点は、また、R. Williams, Culture and Society 1780-1950, Repr. London 1966 ; ders., The Long Revolution, London 1965.

(67) この術語で、Hutchins, Illusion, S. 101ff. は、アングロ - インド社会（その態度、把握の仕方、価値観念は、異常なほど多く、全体的な《新帝国主義》のなかに再発見される）を現わしている。この点は、たとえ欠けていないとしても、直接的影響という意味で理解するわけにはいかない。

(68) Thornton, Habit of Authority, S. 84f., 100ff.; passim.

(69) これらすべてについては、ここでは遺憾ながら、示唆の範囲内で、かつ一般に明白で疑いを入れぬ《アポディクティッシュ》見解の範囲内で、とどめておくことにする。著者は、まさにこれらの現象を、近く詳細に述べることができるよう、希望している。

(70) 確かに、ソールズベリーの《生ける国民》《死せる国民》に関する一八九八年五月五日のタイムズにおける有名な見解発表を過大評価してはならない。しかし、このソールズベリーがまさしく、あの若き日のソールズベリー（その見解については、M. Pinto-Duschinsky, The Political Thought of Lord Salisbury 1854 to 68, London 1967 が、立派に分析した）では、もはやまったくないという点については、疑いの余地がないのである。

(71) Hansard, 4th ser. vol. 10, p. 547.

(72) この点、とりわけゴウシェンの二、三の講演のなかに非常に明らかに反映している。›Laissez-faire und Government Interference (1883)‹, in : G. J. Goschen, Essays and Addresses, S. 282ff., また、特に、Ethics and Economics (1893), a. a. O., S. 328ff. 一九〇五

年にも彼は、この一番最後にあげた講演の転載の序文で、《政治経済学は、一種の倫理的禁止下におかれた》と確認しなければならないと考えているのである。

(73) 興味ある指摘は、特に、A. Briggs, ›John Arthur Roebuck and the Crimean War‹, in: A. Briggs, Victorian People, London 1965, S. 60ff.

(74) この《アプローチ》は、Bell, Hofstädter, Lipset (D. Bell 編纂の論文集 The Radical Right, New York 1964 に所収) の論文における構えと相通じるところはあるが、一致するものではない。特に、リプセットの、一方における《クラス・ポリティックス》と経済的不況の、他方における《ステータス・ポリティックス》と経済的繁栄の相関関係は、この形態では維持できないものである。ナショナリズムとそれに比較しうる《文化的》諸現象との社会的利害分野での直接的相関関係範囲は、通例はつねにステータスの利害であって、まずステータスの利害によって媒介される経済的利害ではないのである。これによってもちろん、複合的現象たるナショナリズムが、ここからだけで説明されうるとは言えない。本文での叙述は非常に限られたものであり、多くの基本的実情を考慮していない。その叙述は、さらに、重ね合わせて独特《シヒト・スペツイフイツシュ》のものとして、十分にはなされていないのである。

(75) H. Parkin, The Origins of Modern English Society 1780-1880, London 1969 の章のタイトルであるが、正当にも、イギリス社会史における《一番《モースト》、世に顧みられることのない階級《ニグレクティッド・クラス》》が、ここで問題なのであると強調している。

(76) ›Nationalism and Liberty‹, Round Table, Nr. 17, Dez. 1914, S. 18-70 で、《ナショナル》と《コンサヴァティーブ》の全般的な同一視が果たされているように、特徴的である。

(77) Smith, Disraelian Conservativism, S. 323.

(78) もちろん、修正されていかなければならないこの先の分析の発端を、疑いなく、特に、政治責任論《ポリテイツシュ・フリヒテン・レーレ》の問題の指摘によって、C. B. Macpherson, Die politische Theorie des Besitzendindividualismus. Von Hobbes bis Locke, Frankfurt 1967 が、提示している。確かに多くの問題点、たとえば特に、ナショナリズムの場合何が一定の《受容層》にとり、それを魅力的たらしめているかという問題は、そこからは答えられてはいないのである。

# フランス高度帝国主義の内的諸要因　一八七一年―一九一四年

## ――全社会的分析試論

ジルベール・ツィーブラ

### 1．フランス資本主義の特質

すべての帝国主義のなかで、フランス帝国主義は、一番説明しにくいものである。それは、研究の不満足な状況によるだけでなく、[1]ことそれ自体の特質によるのである。レーニンも、フランス帝国主義をイギリス帝国主義と対比して、軽蔑的に《高利貸‐金利生活者的帝国主義》と特徴づけることによって、この現象を処理しただけであった。そのさいに、金利生活者精神によって特徴づけられた――社会の担当勢力としての――小中ブルジョアジーが、帝国主義的膨張政策の適合的社会経済的基礎となることができるかどうかを、問うことはもちろんなかったのである。その人口統計学的な、経済的な、テクノロジカルな発展にもとづいて新たな資源を必要とした社会、そのために、近ごろ言われるような、[2]《側面への圧力《ラテラール・プレッシャー》》を生み出した社会、すなわち、外に内的重圧をそらすために、自国領域外でそのエネルギーの一部を投資しなければならなかった社会とわれわれはかかわりあわなければならないのであろうか？レーニンにもどるためには、フランスの資本主義も、その自己の再生産の目的のために植民地を必要とし、かつその増大する内的矛盾と不均衡を、その資本主義がそれらを外部の国際的局面に移したときにのみ克服できた、ということが正しいであろうか？

キャメロンとキンドルバーガーの現代的労作、また、クラッパム、セーその他多数の、さらにマルクス主義の著者たちの以前の労作が明白に示すように(3)、この問題設定は、疑いもなく誤りに導くものである。というのは、この問題設定は、世界の他の指導的工業諸国と比較して遅れたフランス経済の発展水準を顧慮しないものだからである。事実、集積《コンツェントラチオーン》・独占化・膨張はここでは、英国、アメリカ、特にドイツよりも、またほとんど日本よりもいちじるしく緩慢に進行している。伝統的で温情主義的《パテルナリスティッシュ》に運営される家族経営がいぜんとして広汎にわたって中心的な存在であった。つまり——

一八九六年に、一〇〇経営のうち八三が、一人から四人の労働者を雇傭しており、一三が、五人から五〇人であり、四のみが、五〇人をこえる労働者を雇傭している。すなわち全労働者の五分の一以上ほどが、一番最後の大規模な経営に雇傭されていたのである。セーによると(4)、一八六六年には、二九六万の労働者が一四五万の経営に、一九一一年にはなお、二四四万の労働者が百万ほどの経営にいたというのである。マルセーユを県庁所在地とするブーシュ・デュ・ローヌ県、つまり、植民地に経済的利害を有する一牙城とも言える県では、一九一四年以前には、一〇人以上の労働者を有する八〇〇の経営があって、そのなかでも、一〇〇人以上が五七で、五〇〇人以上が七で、一〇〇〇人以上が四、あったのである(5)。カルテルの形成に関しては、フランスは、他の工業諸国民のはるか後塵を拝していた。しかし留意すべきであるが、パリで集積《コンツェントラチオーン》と同時に集中《ツェントラリジールング》は、大銀行と金融会社《クレディト・ゲゼルシャフテン》の分野にあり、八〇年代以降、本格的な独占的な金融寡頭制がそこで形成されることとなった(6)。

これら若干の指摘だけでも、工業化の過程が、他と比べて緩慢であるだけどころか、比較的に考えて、第二帝制下におけるよりも緩慢に推移していたことを示している。全生産に占める農業の割合は、一八八五—一八九四年の間に、六五・一パーセントに達し、大戦前一〇年間で、依然として四四・六パーセントに達した(7)。男子就業人口の雇傭構造は、量的にも質的にも決定的には変らなかった。以下のようである。

| | 総計 | 農業（単位 100 万） | 工業 | 第三セクター |
|---|---|---|---|---|
| 1885/94 | 12.4 | 5.8 | 3.7 | 2.4 |
| 1905/14 | 13.1 | 5.28 | 4.0 | 2.9 |

これら三部門相互の比率は、比較的安定していた。つまり、他の国々の工業化過程がともなう離村現象《ラント・フルフト》は、フランスでは経済的にも、したがって社会的にも生じなかったと言ってよい。すでに当時、ある傾向が――つまり、ずっと後になって、二次大戦後に激しくなることになる傾向が始まっていた。すなわち、農業から流出した労働力は、（弱すぎる拡大率のために、職場を新たに提供することなどのない）工業よりむしろ《第三セクター》に、より吸収されるのである。実際、一八七三―一九一三年の工業総生産の成長は、平均すると、一八四九―一八六六年の五〜六パーセントに対して、四・三パーセントほどの動きであった。このようなトップ指数は、フランス経済の《黄金の年》である一九〇六―一九一三年間においてのみ、達成ないしは、いくぶんかのりこえられたのである。(8)

しかし、比較的小規模な循環性恐慌によって中断されたにすぎない強力な拡大が始まった一八九五／九六年以後においてすら、フランスの実業家たちは、その生産設備増強に関して、イギリス・アメリカ・ドイツの同業者たちよりもはるかに慎重に対処した。農業的利害の代表者であり、一八九二年の保護関税法の父であるジュール・メリーン（Jules Méline）が、経済的・社会的理由から過剰生産の危険を警告し、改善措置として、販売地域としての植民地の有用性と同様に《農地に帰れ》を宣伝した(9)ことは、偶然ではなかったのである。科学技術的にみて、フランス経済は遅れていた。つまり、量産はやっと緒についたばかりであったし、生産物の質が量より優位を占めていた。輸出の大半を占める奢侈品・半奢侈品（繊維製品、完成品、高級食品等）は、獲得できそうもない富裕な顧客を必要としていた。ある面で適切さに欠ける安心感は、経営者たちに、その輸出方法と輸出組織を軽視させてしまった。つまり、ここに示されているダイナミズムの不足は、すでに多くの同時代人の批判を受けていたし、外交官や大公使館つき商務官の報告書は、たとえばロシアの、またとりわけ、賢明なドイツ人がフランス人をまったく駆逐してしまった海外

（極東・ラテンアメリカ）の、不十分な、それどころかときには存在しない販売組織についての不満だらけである。(10)

フランスは第二帝制の下では、まだ世界第二位の貿易国家であったが、一八七一年以後には、急速にアメリカ合衆国とドイツにより凌駕されるだけでなく、格下げされたのである。《西ヨーロッパや中央ヨーロッパの迅速な工業化は》とボーモンは、書いている、(11)《新世界と、ロンドン・アントワープ・ロッテルダム・ハンブルクとの間に、バルチック海、ドナウ河、アドリア海に延びている新貿易路を、つくり出した。この方向の変化は、フランスの貿易にとって好ましいものではなかったのである》と。一段と押しすすめられる工業化にとって、結局のところ、石炭（エルザス・ロートリンゲン喪失後の）や鉄鉱石のような重要な原料の欠乏は不利であった。つまり、フランスは、イギリスよりもはるかに多くの原料を輸入しなければならなかったのである（イギリスの四〇パーセントほどに対して、その全輸入の六〇・六パーセントになる）。(12)国民所得が他の工業国家よりも遅れて発展してもなんら驚くにあたらない。(13)

| フランス | | | 大ブリテイン | | |
|---|---|---|---|---|---|
| 年 | 金フラン（10億） | 指数 | 年 | スターリング(100万ポンド) | 指数 |
| 1810 | 8,47 | 100 | 1812 | 177 | 100 |
| 1850 | 11,35 | 134 | 1847 | 381 | 215 |
| 1880 | 20,64 | 245 | 1883 | 953 | 540 |
| 1910 | 32,21 | 382 | 1913 | 2013 | 1135 |

停滞的な人口と、滞りがちな工業化にも、ブルジョアジーの安定思考と自己満足感にもあらわれているような経済・社会のマルサス主義的な根本的性格と、一九一四年以前のフランス資本主義にとり重大な第二の特徴が連繫していた。つまり、自由に処分可能な資本の急速な蓄積である。(14)年間の貨幣資本形成は、一九一四年以前は、三五億フランほどにのぼり、全国民所得の一〇パーセント以下ということはないのである。(15)この貨幣資本形成は、住民全階層で、

部分的には労働者階級にさえも広がった貯蓄性向の成果であったが[16]、この貯蓄性向は、とりわけ、一九〇〇年に死亡したフランス人のうち三分の二が少なからぬ遺産を残すということになったのである。それはけっして、公正な所得分配と同一のものではなかった。まったく正反対に、大・中ブルジョアジーの裕福な階層がその優勢な資本所有のゆえに、他階層よりはるかに利益を得ていたのである。貨幣は特に、すでに十分に存在しているところに集まった[17]。

相関しあう網状の諸要因が以下のプロセスを可能にしたのである。つまり、それは、第二帝制下の工業化ブームの消滅であり、かつ、それと関連しあう国内での資本需要の弛緩である。他方、銀行制度の転換と近代化を促進することとなった（支店網の拡散、銀行業務方法の改善等）[18]。一八七三―一八九六年にわたる不況期における貨幣の安値がある。しかし、資本主義の性質上、かつ、フランス・ブルジョアジーのかなりの非産業的部分のメンタリティーからして決定的に重要なことは、正当にも述べられたように[19]、資産《フェルメーゲン》の《革命的な》構成替えであって、これは、ただたんに実現された利潤の性格だけでなくて、この階級の社会経済的地位を変えるものであった。事実、十九世紀後半には、土地所有にかわって、取引所で取引きされる有価証券（株券・債券・国債・年金証書《レンテン》等）がますます強く現われてきた。つまり、債権《シュルト・フォルデルング》（créance）が、物的資本《ザハ・カピタル》を駆逐したというわけなのである。この経過によって、一九一四年以前のフランスの有価証券保有は、一一〇〇億フランと評価され、国富（約三〇〇〇億フラン）の三七パーセントになるほどのものとなった[20]。不動産価値のこの継続的下落は、数多くの、他方また収斂しうる原因をもっていたのである。すなわち、国民経済内での農業の、なるほど緩慢ではあるが、人目につかないわけではない後退。貴族と富裕な大ブルジョアジーの手中にある大土地所有の後退。科学技術的進歩の結果としての農業生産性の改善。だが特にと言えば、土地投資に対する関心を弱まらせ、まったく農地所有の価値を下げた一八七五年以降の構造的農業恐慌。

そこで、所有概念自体が変わったのである。つまり、都市における家屋所有（都市化現象の結果として、上る家賃――一八八四―一九〇六年間を除く――によるかなりの収益性の結果として）と動産《モビリアール・ヴェルテン》保有が前面に出てきたが、これは当然、ブルジョアジーのかなりの部分の《金利生活者》的メンタリティを非常に強めるものであった。国家は――すでにナポレオン三世以来――ますます公債を発行し、それによって広汎に拡がった有価証券保有のため投機による利益極大化に執心するこのブルジョアジーを、国家に対し義務づけ、また国家に結びつけることによって、国家はそのために寄与したのである。生産設備の発展が重要であったときに、このブルジョアジーはきわめて慎重に振舞い、国外投資が問題のときには、ブルジョアジーはきわめて大胆に、最初に、それどころかまさにしばしば経済的無知――銀行は自己の権力的地位を強化するためブルジョアジーを故意にそうさせておくのだが――から冒険的に行動したのである。最初の幻滅と急激な悪化（一八八二年の《ユニオン・ジェネラル》パニック、パナマ・スキャンダル）後、かなり慎重な行動がとられるようになり、確実とみなされる外債が優先されるようになった。しかしこの外国投資は、とりわけ国内市場の飽和状態の結果である国内利子率低下（なかんずく、一八七五―一八九六年）により、なされざるをえなかったものなのである。資本輸出は、いまや、かなりの利回りと確実な収入を約束するすばらしい《驚異の武器》であった。それゆえ、一九一四年に、年金証書、したがって確定利付き有価証券（titres des《ティートル・デ・》 rentes publiques《ラント・ピュブリック》）は、フランスの個人所有の全外国証券の約四分の三を占めることになったのである。[21] 世紀はじめには、五〇万のフランス人が、もっぱら、その資本からの収入で生活していたのである。[22]

多くの有価証券所有者は、《投資銀行《バンク・ダフェール》》（たとえば、パリ・オランダ銀行《バンク・ドゥ・パリ・エ・デ・ペイーバ》）よりも、預金銀行《デポジーテン・バンケン》（クレディ・リヨネ、コムトアール・ナシオナール・デコムト、ソシエテ・ゼネラール）と取引することを選んだ。この相違が、フランス的銀行資本主義の特殊な性格なのであった。預金銀行はつまり、にがい経験で賢くなって、一方で、資本のあらゆる不動産化を避け、他方、危険を含む運用を断念したのだった。その利益のかなりの部分を、預金銀行は、恒常的な流動性の基礎として十分な現金準備金を調達するために、保留した。産業業務と証券発行業務に専門化している投資銀行と反対に、預金銀行は、産業には近づかないで、長期信用はまったく供与せず、主として商事会社に関与することになったのである。しかし、商業銀行《ゲシェフツ・バンケン》の指導的代表者であるあの強大なパリ・オランダ銀行《バンク・ドゥ・パリ・デ・ペイーバ》ですら、なんら確固たる産業的基盤をもっていなかったことは、特徴的である。

そこから、一九一四年以前のフランス資本主義の特徴の一つは、経済帝国主義理論の代表者たちによって宣言されているところの、金融資本への銀行資本と産業資本の構造的と考えられる融合《フジオン》が生じなかったということにあるのが明らかとなるのである。つまり、非マルクス主義者[23]もマルクス主義者[24]もこの分析においては一致しているのである。銀行セクターにおける独占化にもかかわらず、産業資本は、その自律性を広汎に保持していた。企業、特に大企業は、その投資を自己金融でしたのであって、企業が、たとえそれによって配当金の支払いを制限しなければならなかったとしても、そうなのであった。企業は、それゆえに――見たように――その生産能力のささやかな拡張を、その利潤の一部の再投資によって、可能にしたのである。しかし、大銀行も八〇年代以降、産業に対する関心（長期信用ないしは中期信用さえ）をますます示さなくなっていたが、このことは実際に、恐慌の場合に、かなりの自立性の利点をもたらすことになったのである。だがとりわけここに、大銀行がじつに利益の多い取引、すなわち、資本輸出――主として外国債の受入というやり方で――のために両手をあけておくための一番重要な前提が存していたのである。フランスでは、間違いなく、（狭義の）金融資本主義《フィナンツ・カピタリスムス》が、商業・産業資本主義に対して凱歌の声をあげたのであった。

しかし、大・中ブルジョアジーの、それどころか部分的には小ブルジョアジーの広汎な層が利益を得た、この一見よく咲きほこっている金融資本主義は、このようにして、それだけいっそう、かつ長くフランス経済――それは確かに、植民地拡大政策の担い手にも、ましてイニシアチヴをとる主体などにもなれっこはなかったのだが――のじつに明々白々な構造上の弱点をおし隠したのであった。この経済の指導的代表者たちが、どのようにその状況や、経済的利害と政治との関係について考えていたかは、一九一四年春、パリ政治学私立研究所《エコール・リーブル・ドゥ・シアンス・ポリティーク》で開催された一連の講演が印象深く示すところである[25]。そこで、対外商工会議所事務局長アンジェル・マルヴォ[26]は、《超保護主義》の結果としての、かつ――特徴的なことに――以下のような事情の結果としての、すなわち《もっとも重要な武器》である資本輸出の出動は、商業上の利害に稀にしか同調せず、また債券の受入は組織的には商業的利益の供与と結びつけられず、換言すれば、資本は輸出のため準備をととのえるのではなくまさに自分自身の利害に従うという事情の結果としての、《わが貿易の相対的頽廃》を嘆いたのである。この苦境の責任は、マルヴォによると、フランス外務省《ケ・ドルセ》と商務省間の不十分きわまる連絡調整関係であり、またとりわけドイツとは反対に、外務省が、十分には経済的カテゴリーのなかで考えていない[27]という事実なのであった。フランス石炭協会《コミテ・デ・ウイエール・ド・フランス》、つまり、重工業の利益団体の事務局長であるアンリ・ドゥ・ペイリモフ（Henri de Peyerimhoff）は、フランス資本主義の後進性を、外的な要因ではなくて、内的要因に帰せしめたのであった（停滞的人口、企業家に欠如するダイナミズム等）。そして、世界的銀行業者としての地位に関して、まったく同様に、目下の強さは暫定的なものにすぎず、フランスは、とにかく現在すでにその国民所得に関しては、ドイツないしアメリカ合衆国よりも貧しい[28]と確信していた。

　この点を知らざるをえなかった同時代人のこの非難は、事実、正鵠を射たものと言える。経済権力は同質ではなかった。すなわち、銀行資本と工業の利害は、調和しなかったばかりでなく、衝突するのが珍らしくなかったのである。対外政策的・植民政策的手段として、国家は――銀行資本が豊富に存在しかつ容易に投入できたからばかりではなく、銀行資本が社会的現状の安定化の点で卓越せる社会政策的な役割を演じたので――銀行資本を優遇したのである。他方、このまだほとんど独占化していない資本主義は、そのためらいがちな膨張とその輸出の属性にもとづいて、けっして尊大に新販売市場を要求しなかったし、もちろん広大な帝国の樹立を全然要求しなかったことは明らかであった。この帝国は、この資本主義にとり役立たなかったし、帝国を実際に搾取することはその力に余ることなのであった。これはまた、冷静でイデオロギー的歪曲化から自由であった同時代人の意見でもあった[29]。安定思考、自己中心主義、地方主義《プロヴィンチアリスムス》――、要するにマルサス主義的な精神により特徴づけられた社会と経済は、一目見れば、植民地的膨張政策にとって、考えうるなかで最悪のスターティング・ポジションであった。ここに、植民地の経済的有用性の見通しのなさという点に、長期間にわたり控えめな態度をとった一番重要な動機の一つ、つまり、植民地の《冒険》としてのみ把えていたこの社会の多くの人の、公然たる敵意があったのである。

　この社会経済的基盤が、攻撃的タイプの帝国主義（外部への、必要とあらば暴力にも訴える、過剰な諸力の移動としての）を排外したとすれば、この社会経済的基盤は、本格的なものとしては、防衛的属性を有する帝国主義をひき起こしたのであった。経済と社会の、多かれ少なかれはっきりと感じられた構造的（それゆえ、短期的には目立つことのない）弱点が、広大な植民地帝国の創設にとり、そしてついにはその受容にとり、一主要原因であった。この植民地帝国には、さらに詳しく示されるように、まず第一に将来にわたる安全保障の機能が、つまり危急存亡のさい、自己の弱点を償うためかつこのようにして強国の役割をさらに演じるため、貯水池の存在という意味での《安全弁》《スーパップ・ドゥ・シュルテ》(30)の機能が、あったのである。このマルサス主義的社会は、増大する競争と激化する国際緊張の時代に、神聖にして侵すべからざる価値観念や慣習に適合して、さらに存在しつづけるために、いわばクッションを、隔離を、必要としたのである。植民地も、結局は、緊急のさいに利益を得ることが期待された貯蓄預金以外のものではなかったのである。戦間期に予想に反して緊急の事態となり、強まる階級対立とともに内的弱点が、各人の意識にあらわれてきたとき、明白にこのような正当化は、偶然になされたのではなくて公的原則に格上げされたのである。《偉大なるフランス》《ラ・プリュ・グランド・フランス》はいまや万能薬となったのである。

しかし同時に、この全体は、破滅のもととなる自己欺瞞であることが明らかになり、かつ、植民帝国から由来する安定感や権力意識は、錯覚であることがわかったのである——というのは、組織的投資と移民政策の欠如のため、植民地帝国（アルジェリアを除く）は、自己の構造的弱点の除去のために何もなされなかったことはまったく別として、人々がその下で想定したような実質的な権力増大を具現しなかったからである。逆説的ではあるが、植民地帝国建設は、フランスの国民的実体《ズブスタンツ》にとり、長期的には利するよりも害するところが多かったのである。

## 2. 不況・保護主義・植民地的膨張

フランス資本主義は、その均衡的構造のため、イギリス、ドイツ、アメリカ資本主義より恐慌に対して弱くはなかったのであるが、フランス資本主義も、それとともに七〇年代末以降権力の座についた中ブルジョアジーも、一八七五―一八九六年の趨勢たる《大不況》を経験した(31)。大不況は、国際競争に苦しむ農業を工業以上に直撃した(32)。大不況は、社会的・経済的生活に対する決定的な反作用をともなうそのクライマックスに、一八八二―一八八五年に達したのである。この時期に、利潤や配当は消失し、株式と債券はその価値を喪失し、取引所や財政の危機があり、賃金と価格（まさに原料に対しても）も下降した。(33) 一般的停滞は、もっとも決定的には、この時期における石炭消費が停滞していたという点にあらわれた。一八九六年以来、工業的膨張、貿易、銀行利潤は、何度かの反転によって中断させられたとしても、その高揚《エラン》を見いだしたのである。そこで、一九〇五／〇七年以来ブームとなり、このブームは、一九一〇—一九一三年にそのクライマックスにいたり、一九一三／一四年の冬に、新恐慌の最初の徴候が現われたけれども、のちの世代に対して《ベル・エポック》というイメージを伝達したのであった。この戦争勃発前の一〇年間に最高の利潤増大が生じたが、この増大はほとんどすべての銀行の場合に、一八七一—一八八二年局面での利潤をはるかに上まわるものであって、明らかに利潤率と見なされるものではなかったのである。進歩は、したがって、銀行資本の増大する生産性よりむしろ取引の拡張にあるが、このことは、銀行と重工業がすぐれた利益をせしめなかったということを意味しはしなかったのである。(34)

　そうすると、一方で不況、特に一八八二年一月の《ユニオン・ジェネラール》のパニックによりひき起こされた大変な循環性恐慌と、他方一八八一年の保護関税制度復帰への重要な第一歩との間に、また、とりわけジュール・フェリー第一次・第二次内閣（一八八〇年九月—一八八一年十一月、一八八三年二月—一八八五年三月）の下におけるチュニジア・インドシナ保護領設置による植民地的膨張の新たなる開始と、マダガスカル島占領開始との間に、密接な関連があるように思われるのである。事実、これに対する多くの間接証拠がある。指導者であるガムベッタ、フェリー、グレヴィー、フレシネに率いられた中ブルジョアジーの《新階層《ヌヴエル・クーシ》》は、彼らが一八七九／八〇年に、代表者ティエールの下にある大ブルジョアジーから政治権力を奪ったとき、(35) ひとつの困難に遭遇した。第一に、経済上の権力（銀行、重工業、大土地所有）は、政治力を失った大ブルジョアジー——この大ブルジョアジーはそのうえまだ依然として強大な王党派陣営に支えられていた——の手中になおも残っていたからである。それに中ブルジョアジーは、社会改革、つまり所得税導入と労働時間短縮を要求する急進社会党《ラディカル・ゾチアリスティシエ・パルタイ》というかたちの極左の圧力下に、かつそのリーダーであるクレマンソーの影響下にあった。(36) 最後に、中ブルジョアジーは、長期にわたる不況に対して準備がでていなかったのである。中ブルジョアジーは、ドイツにおけるシュモラー、ワーグナーのリスト学派のような、アメリカ合衆国におけるケアリー、パットンのような、理論的な構想をもっていなかったのである。外的・内的圧力のもと、経済のもっぱら防衛的なヴィジョンに支えられて、中ブルジョアジーは、いつのまにか保護主義におちいってしまった。農業と工業間の同盟が、八〇年代末から九〇年代はじめにかけて成立し、一八九二年の法律の基礎になり、双方にとって難かしい矛盾した幻想的なものだったけれども、この同盟は、地域の利害の保護を認めた。そしてこの点だけが重要だったのである。保護主義も、いみじくも言われたように[37]、《ほんものの病を隠蔽するにすぎない一種の薬物》であったのである。

この絶望的な状況において、外部への膨張により軽減をはかると言う考えは――それで同時に、ヨーロッパにおける重苦しく屈辱的に感じられた孤立感が破られえた、という点はまったく別として――、自然ではなかったろうか？この《新階層》の指導にあたる一人（もちろん、大ブルジョアジー的ポーズで）であるアダム・スミス学派出身の国民経済学者は、この考えを、熱中して博識をもって表明したのである。一八七四年に、その初版の出た『現代民族の植民論』(De la colonisation chez les peuples modernes) を執筆したポール・ルロワ＝ボーリューである[38]。ここで、同時代人には論駁の余地のないように思われる植民地的膨張の弁護が行なわれたのだった。しかも、十分に反映された中ブルジョアジーの階級的利害からのものなのである。実際、ルロワ＝ボーリューは、彼の著書をパリ・コンミューンのショックのもとで書いたのである。すなわち、同年に彼は、階級対立は《現時点における全ヨーロッパの災厄》である、と述べたのである[39]。ルロワ＝ボーリューにとり、植民地帝国の獲得は、一国がデカダンスから逃れるための、一国がその社会の《成人ぶり》を維持するための、一国が繁栄と進歩のいっそうよい条件、とりわけ内的平和をもたらすための、最重要の前提となっているのである。彼は同時に、従来の植民政策、その連続性および経済的目的設定の欠如を批判している。彼は、《植民地協定《パクト・コロニアル》》下におけるようなあらゆる搾取形態を非難して、植民地の経済的発展を要求し、植民地が《成熟》するいずれの日か、その政治的自立を要求する。彼は、現実主義的に、資本による――植民によらない――発展のために議論しているが、それは、植民地がそれによって《いっそう安価に》なり、行政的負担をともなわなくなるからでもある。《植民地化とは》、そう彼はおごそかに記す、《ある国民の膨張力であり、その国民の空間を通じての拡大と多様化であり、その言語、慣習、理念、法律のもとにすべての、ないしその一部を従わせることである。植民する国民とは、未来でのその偉大さの基礎をきずく国民なのである》と。

そのように、自由主義的‐温情主義的でもあり素朴でもあるやり方で、社会的利害と資本蓄積活用《フェルヴェルトゥング》が、宣教信念や社会ダーウィニズムとまざって、日和見主義的なブルジョアジーが従うことのできた一つのイデオロギーとなったのである。しかし、この本ははじめは何の反響もなかった。つまり、権力にある大ブルジョアジーは、植民地を考えていなかったのである。たとえ地理学諸団体のサークル内で、照明派《イリュミニスト》とか熱狂者とか常連の戦略家が、フランス復権の手段として植民地化を宣伝したとしても、政治家も実業家もこのことに関心がなかったのである。

ルロア＝ボーリューがまだ言いつくしていなかったことが、ジュール・フェリーにより、不況‐保護主義‐植民地的膨張というように、はっきりと理路整然と関連づけられたのは、偶然ではなかったのである。[40] フェリーも、そのさいに明確に、一つの階級的立場を、特に失脚後の文面ではとっていた。産業上・商業上の恐慌は、と彼は詳述する、労働者たちの《苦しみ》(つまり、彼らの窮乏化)を悪化させ、中産階層の経済活動を阻むことによって、社会対立を激化させることになろう、と。フェリーにとり――明示するというより暗示しているのだが――この中産階層が、社会と国家の社会的経済的な安定要素であったのである。この恐慌は、彼にとり、まず第一に激化する競争戦の産物であった。以前には生産も輸出も行なわなかったドイツ、アメリカ、それどころかイタリアのような国々が、フランスと販売市場を争っており、同時に、輸入を抑える障害を設けているのである、という。しかし、工業化自体が新たな問題をつくり出している。《産業に関与している資本の過剰は、この資本の利潤を減少させることになるだけでなく、じつに、近代社会の自然的な、かつのぞましい法則である賃金上昇を阻止することにもなる。……社会的平和とは、人類の産業時代にあっては、販売市場の問題なのである。一八七六年ないし一八七七年以来、勤勉なヨーロッパにこうも重苦しくのしかかった経済恐慌と、それにひき続いてやってきた不快感――その痛々しい徴候とも言うべきものが頻発した、長期間にわたる、まま軽率な、だがつねに恐るべきものであったストライキであるが――は、フランスやドイツで、イギリスでさえも、輸出率のかなりの減少と重なりあってしまったのである。ヨーロッパは、ここかなりの年月の間、その売上高が落ちていくのを感じている商社と見なされうるのである。ヨーロッパの消費は飽和している。つまり、世界のほかの部分で、新消費者層をつくり出さなければならない。そうでないと、近代社会は破産に瀕してしまうのであり、かつ、二十世紀の朝焼けのために、大破局を通じて社会的清算——その結果は、もはや計りしれないものがある——を準備することになるのである》。フェリーも、フランスのため保護主義を要求し、そのことによって、販売市場が失われていったことは、植民地膨張によって相殺されるべきであるという。この膨張に、保護主義と不可避的に結びついている危険にとっての《安全弁》の役割が与えられて当然である、と。植民地のみが、英国がすでに示したように、飽和状態の市場から新市場へ乗りかえることを可能にするのである。植民政策とは——著名な決まり文句の言い方によると——《工業政策の娘《トホター・デル・インドウストリエルレン・ポリティーク》》なのである、という。この文句のなかに、競争の永久的法則が宣言されていたのである。植民地化の断念、自分自身への退却は、大国的地位の断念と同一である、とフェリーは言っているが、彼は、ルロア゠ボーリューに従ったのである。

日和見主義的な中ブルジョアジーの他の指導者たちとは違っているように、フェリーは、《大不況》から教訓を受けていた。つまり、大不況が、彼の経済的・社会的思考を特徴づけたのである。われわれはそのことについて知るところが少ないが、膨張しつづけていた東フランス繊維産業との彼の家族的係累は、きっとその点に関してかかわりがなくはなかったのである。あらゆる彼の論拠のなかで、フェリーは、イギリスの例をよりどころにしていた。彼は、フランス繊維産業にとり植民地販売市場は、イギリス繊維産業にとりインドがすでにそうであったように、いつの日か、絶対に必要なものとなるだろうと、考えていたのだろうか？　彼の反対者たちが彼のそのことを非難したように、彼自身、直接の経済的利害を有していたのだろうか？　一八八一年十一月九日に、議員のタランディェは、《銀行家《インテル》インタナショナル《ナチオナーレ・デル・バンキエース》》の手先となって東フランス産業の輸出利害を支援している、と彼を告発したのであった。(41)　クレマンソーは、チュニジアに対する保護領の設置に関心をもっていた会社のためにつくしていた、と彼を弾劾した。それらのうちの多くは、デマゴギーや誹謗をはばからない激しい議会の討論によるものであった。しかし、これら非難のうちの二、三のものが正当であったことを排除できないのである。

フェリーが、いつ帝国主義の経済的解釈を自己のものとしたかは、また議論の余地のあるところである。彼は、ルロア＝ボーリューの書物を知ってはいたが[42]、彼の最初の内閣までは、植民政策に対して関心をもってはいなかったのである。決定的とも言える衝撃は確かに、彼の友人で大学教授であるアルフレッド・ロームボーからであったが、彼は、その分野の専門家であった。ロームボー自身はフェリーの崇拝者だった。つまり、彼は、一八八二年にある著作で――そこでフェリーが序文を付している――チュニジア保護領の樹立を弁護したあとで、一九〇三年にフェリー名言録を刊行したのである[43]。J・R・シーリーの著書『イギリスの膨張』のフランス語版の緒言は、結局、ロームボーのものであり、英国で一八八〇年に、フランスで一八八五年に刊行されたのである、ここで彼は、はじめて、深刻な恐慌の教訓を受けて、不況と保護主義と帝国主義を関連づけたのである。その場合、彼は特に、その社会的影響を強調した[44]。まさに同年、一八八五年に、フェリーはそれを定式化しているのである。この時期に、彼はもはや在任していなかったし、けっして二度と内閣にもどることはなかったのである。

一八八五年以前にはフェリーは、経済的な問題を、違った論拠からのみ、慎重なかたちで利用するのがつねであった。この点は、彼が左からの急進的共和派、王党派、中道右派諸部分の絶え間ない砲火を浴びながら（中ブルジョアジーの依然累卵の危きにある権力基盤の表現であるが）、首相としての彼のまず第一の憂慮がまさに植民地問題に関して手厳しくかつきわめて控えめであった議会多数派の維持のためにつくしたということのせいだけでは、確かになかった。むしろ、恐慌が影響を及ぼすにつれ、かつ、フェリーが彼の失脚後すぐに彼の植民地政策的活動の弁明のためにできるだけ《客観的な》弁論を必要とするにつれ、経済的構想が徐々に形成されたということのせいであった。この経済的構想の背後には、資料が示すように、全体的構想はなかったのである。動機に関しても戦略に関してもないのである。フェリーが、トンキン湾事件に関する激しい討論の間で述べた、《トンキン湾軍事行動については、全体的構想もなかったし、前もって作成された計画もなかったのである。それで私は、あなた方に質問するものである――いかなる植民史にあって、いかなる国民にあって、あなた方は、このあらかじめ確定された予定表なるものを見つけることができるというのですか？》という、しばしば引用される言明を疑う理由は存しないのである。フェリーにとり、この植民地的膨張は、諸事件の一産物であった。つまり、大胆きわまる二、三の個別的なことが本国政府を冒険にひき込むというのである。これは、意識的にせよ無意識にせよ、この膨張に心をよせていた諸勢力をナイーヴにも内輪に見積っており、過小評価していた。

それでも、八〇年代の植民地的膨張は、経済状況の分析が間違っていなかったにもかかわらず、基本的には、不況と端緒的保護主義の結果ではなかった。確かに、一八八〇―一八九〇年のフランス資本主義は、その困難きわまる局面のうちの一つを通過した。つまり、保護主義が、一八九二年以後でも、新市場発見を少なくともたやすくはしなかったし、内部市場は、農業生産物に対しても工業生産物に対しても十分ではなかったのである。事実、一八七五―一八九八年の間に、フランスの貿易総額は、重要でない程度、変わったにすぎない。つまり、その総額は、八九億フラン（一八八五年の最低点）と一〇七億フラン（一八八〇、一八八一、一八八二年の最高点）との間にあった。同様に、一八九九年と一九〇五年の間に、その総額は、好況が一八九六年以来始まったにもかかわらず、依然としてつねに一〇三億フランと一一七億フランの間にあったにすぎないのである。一九〇六年以後はじめて、その総額は（一九〇八年を除外すれば）規則的に上昇し、一九一〇年の保護関税の強化は、テンポに関して言えば、否定的にも肯定的にも働かなかったのである。(45)

（単位：億フラン）

| | | | |
|---|---|---|---|
| 1906 | 13,9 | 1910 | 17,2 |
| 1907 | 15,1 | 1911 | 17,8 |
| 1908 | 13,8 | 1912 | 19,1 |
| 1909 | 15,3 | 1913 | 20 |

他の工業諸国民と比較すればかなり控えめとも言えるこの貿易増加に対して、植民地はなんら重大な影響を与えなかった。貿易政策的には、アルジェリアだけがうまくいったにすぎない。一九〇〇年に入ってから、チュニジアとインドシナが、これに続いた。植民地は、このシステムのなかに——確かに植民地生産物が本国に対して競争できたので（フェリーの植民地政策に対する農業層《アグラール・クライゼ》の敵対化の一モチーフである）、また示されたように、本国の保護関税率への多くの植民地の順応はその植民地の経済発展に役立つよりもむしろ害を与えたので——矛盾が含まれていたことを度外視すれば、保護主義が問題としていると見られたものの代替とはならなかったのである。つまり、フェリーの意とする新重商主義は、思惑どおりにはいかなかったのである(46)。

その思惑はさらに、マルサス主義的な社会・経済自体の属性から生ずる重大な構成上の欠陥を有していた。フェリーにとって、その政策の個々の部分が全戦略の現われであったかどうかは、確かではない。しかし、八〇年代のはじめには、なお弱体である共和制政権を強化することが彼にとっては重要なことであったにちがいなかった。それは中ブルジョアジーの権力的地位確保以外のものではなかった。この最終局面で、今日にいたるまですっきりと分けるのがつねとも言える内政、植民政策、外交政策が、間違いなく一つの全体を形づくることになったのである。義務的・世俗主義的で無料の初等教育の導入は、国内では、カトリック教会に対する、かつ旧体制《アンシアン・レジーム》から依然由来する全保守勢力に対する《新階層》の支配をかためるために、もっとも重要な手段であった。まず第一に産業ブルジョアジーに役に立つはずという植民地的膨張は、弁護士や大学教授や自由業——穏健な共和派リーダーはここから補充されていた——の政治的ブルジョアジーに、それに欠けている経済的基盤を与えようとしたのである。この同盟は、日和見主義者たちの支配を特に長期間にわたって——もちろん、近代資本主義の中核部隊としてのダイナミックで膨張的な産業ブルジョアジーにかかわるということを前提にしているが——確かなものにしようとした。そうではなかったのである。金融資本主義《フィナンツ・カピタリスムス》から利益を手に入れはじめていた大部分の中小ブルジョアジーは、それに対して、社会的要求を提出し、受容され、労働者階級に対抗する社会的現状を防衛した急進社会党とますます密接に手を結んだのであった。急進社会党は植民地帝国を経済的に利用することなく、この植民地帝国を受けいれたのである。ところで、この問題は、保護関税とまたも始まった好況が、危機感を、つまりフェリーと日和見主義者たちが締めつけられていた危機感を弱めてからは、もはや前面には出なくなったのである。ドレフュス事件の支援を受けて、九〇年代のなかで、急進社会党員たちは権力行使の日和見主義者と交代したのである。

## 3・植民政策的決定の基本型

すでに一八七〇年以前の占領（アルジェリア、セネガル、コーチシナ）が、重商主義的ないし新重商主義的目標設定というよりも、内政・外交政策の要求より由来しているのである(47)。これら植民地の経済的、軍事的・戦略的、政治的重要性は、繁栄をきわめ急速な膨張をとげつつある豊かにして強大な本国を目のあたりにして、まったく無意味なものとなってしまった。最初の植民地帝国の喪失ですら、フランス人にとっては、なんらのナショナルな破局を現わすものではなかったのである。つまり、フランス人は、どっちみち、何のためにそれが必要であるのか、理解できなかったのである。利益を手にした唯一の者と言うと、商人、船主、プランテーション所有者、植民者《コロン》のほんの少数のグループであった(48)。この植民地保有は、贅沢というものであり、かつ高い値のつくものである。だが、収益性に関する疑問に、政府も世間も関心をもたなかったのである。この植民地保有は、威信追求の産物であり、いつでもかかるケースに見られるように、きわめて非合理的なものであった。この植民地の助けをかりて、英国と制海権を争うという企図は、勢力関係の命取りにもなりかねぬ誤断にもとづいていたからである。第三共和制の下では、商業的利害、産業的利害、資本利害が、植民政策的決定のさいに、まちがいなく従来以上に大きな役割を演じたのであるが、根本的には、しかし、多く変わるところはなかった。海外への干渉は、総体としての社会制度と経済制度に影響を及ぼすことなしに、当座のために形成された《戦略的な派閥》(49)と政府とのチームワークで行なわれたのである。三つの例示によって、一定の相違とともに、この基本型が提示されることになる。

### (a) チュニジア

チュニジア保護領設立（一八八一年）にいたった前史と決定自体が比較的良く研究されているにもかかわらず[50]、この場合に形成されている《戦略的な派閥》の構成と戦術は、厳密には明らかにされていないのである。一致点は、しかし、チュニジアで直接の経済的利益を追求したものは皆、フランス領事ルスタンがその承認できるリーダーであるとしていたことである。ルスタン（イタリアの同僚マチオに似て）は、植民史では異常とは言えない、精力的な思い惑うことなどのない傭兵隊長と、凶悪な恐喝にもものおじしない老獪な外交官との混合タイプで、彼は、六〇年代末以降、ヨーロッパ資本家たちの活動の結果として彼が浮き彫りにしてみせた国家の財政的、経済的、社会的な衰亡から、フランスのための最大限の効用をつくり出そうと試みたのである。とりわけ、鉄道建設と電信線敷設の認可や、超安値での土地取得が問題であった。そのさいに、ルスタンは、チュニスにおけるイタリアとイギリスの代表者と激しく衝突したが、彼らは、地方長官《バイ》がどうにか生計をたてるためにすべてをたがいに争わせて漁夫の利を得ようとしているのに、少なからず無分別に振舞っていたのであった。七〇年代の中頃と終わり頃には、ルスタンにとって状況は、かなりのイタリア植民地が長期的にはフランスの利益を脅やかすにちがいないということを度外視しても、バラ色ではなかったのである。この窮状打開のため、成功の期待できる唯一の逃げ道があるにすぎなかった。つまり、保護領の設立である。ルスタンは、干渉を無理しても望むほど、現場で危機をあおりはじめたのである。

本国におけるチュニジア利害関係者のグループは、その経済的重要性に関しては、なんら重要なものではなかったし、主としてはマルセーユ地域から成り立っていたのである。しばしば、純然たる投機家やいかがわしい不当利得者たちが問題であったし、また、《マルセーユ銀行《ソシエテ・マルセイエーズ・デ・クレディ》》のような、疑わしい取引行動をともなう会社等が問題であったのである。この銀行は、ばかばかしいほど安値で取得したチュニジア首相ケレディーヌの旧所有地である《エンフィダ》に対する社の権利――この権利は地方長官《バイ》によって異議が申し立てられているのだが――を貫くために、一八八〇年以降、チュニスとパリでますます強力に動きまわっていたのであった。かなりの利権を、《不動産銀行《クレディ・フォンシエ》》も、

《ボン-ゲルマ鉄道《コンパニー・ドュ・シエマン・ド・フエール・ド・ボーヌ・エ・ゲルマ》》も取得したのである。[51] さらに、《クーロムベル会社《コンパニー・クーロムベル》》(海綿資源の利用)のような比較的小さな企業がつけ加わる。

しかし《戦略的な派閥》のこの部分の経済的諸利害は矛盾していたのである。利権を株に換えるが、(自身の利潤を忘れずに!)本来の仕事の実現化を他の会社に委ねる、三つの大金融会社《フィナンツイールングス・ゲゼルシャフテン》は、不透明さと混乱した金融事情にある現状に、〈どさぐさに紛れて、一番得をする〉というモットーに従って、関心をもっていた。他方、干渉により、その取引所の株式相場のあがることに関心を抱いた。[52] もちろん長期的に見れば、このことに矛盾するのは、保護領設置後の組織的植民地化はその支配的地位をゆさぶるに相違ないということである。つまり、まったくその土地にいないままの株主一味と大土地所有者一味は、その土地の住民、イタリヤ人、シチリア人に対してもちこたえることはできなかったのは明白であったからである。最後に、これらの金融会社は、(従来どおり)独力で利潤を手中に収めるためには、十分に強力であると思いこんでいたのである。これが、これらの会社から、議会・政府に対してなんらの圧力もかけられなかった[52a]というおおよその理由なのであるが、例外は(十分には説明のつかぬ動機からする)《ソシエテ・マルセイエーズ》の社長レイであって、彼は、日和見主義の指導者たち(ガムベッタ、フェリー、バルテルミ・サンティレール、ウォディントン)と深いつき合いがあり、チュニジアにおける展開を注意深く見守っていく必要性を彼らに納得させることを心得ていたのである。

小会社の利害状況はまったく異なっているようであった。小会社はすでに、《大会社》と烈しいライバル関係にあった。小会社は貿易を営んでいたので、むしろ、チュニジアにおける健全なる経済的・金融的事情に関心を寄せていた。つまり、その事情とは、フランス行政によってのみ、したがって保護領設置によって達成される事情なのである。これらの小会社の側から政治上の指導部に圧力が及んだという徴候があっても、なんら驚くにはあたらない。[53] 政府とは、大会社間のボールであるというクレマンソーの命題は、十分に適切であるとは言えない。[54] しかし大会社は、(株式投機について)関与していなかったのではない。まさにその逆である。この点について、クレマンソーは正当である。

ルスタンは、この全体としてはやはり貧弱な利害を国民の利害と同一視する古い、効果的なトリックを用いたのではあるが、つまり、議会・政府のレベルで、パリの《戦略的な派閥》の一番行動的な部分が、効力のなくはない《チュニジア・ロビー》を支持したのではあるが(55)、ジュリアン、ガニアージュ、ポンセの仕事が示すように、経済的・金融的利害は干渉のための最後の決着をつけたのではなかった。長い間日和見主義の指導部全体は軍事的干渉にしりごみしていた。その指導部は、ベルリン会議以来対外政策路線には束縛がなかったにもかかわらず、国会で再生し多数を脅かしていた国内の反対勢力を認識していた。実際に、決定的な圧力は外務省《ケ・ドルセ》から、正確にはその局長《ディレクター》から、クルセル男爵から出てきていた。彼は、ルスタンのいかがわしい活動を覆い隠していた。もちろんその背後にひそんでいる経済的利害のためではなく、むしろ干渉の口実を見いだすためであった。クルセルは干渉を探し求めていた。彼は干渉のなかに、《内省《レケイマン》》段階の後に活動的対外政策によってフランスに新しい権力的地位を与える方策を見ていたからであった。この論拠によって彼は最初にガムベッタを説得し、つぎに大きな努力を払って、干渉を再度閣議で拒否したフェリーを説得した。イタリアの経済競争の排除（政治的にイタリアはどっちみち、何も達成できなかった）と一定の資本家たちの利害は、彼とその信奉者たちにとっては長期間、保護領の副産物でしかなかった。チュニジア保護領の助けでアルジェリアの経済的・戦略的状態が強固なものとなった、また《戦略的な派閥》がアルジェリアの利害の擁護者たちによって支持されたかどうか、ということの論拠にどれほどの重要さがあったか不確かである。アルジェリアではともかく、保護領の設置は母国のまだ不十分にしかなされていない投資を元気づけるだろうと期待された。換言すると、《戦略的な派閥》は、指導部が政治的な理由から干渉の必要性を確信したときはじめて、有利な地歩を見いだしたのであった。この瞬間から確かにその存在は重要なものとなった。

　フェリーは、系統的に、計画された行動の影響力を些細なことのように見せつけた、あるいは、議員たちに既成事実を突きつけたという理由だけで、彼は、国会から必要とする信用を失なったのであった。わけても、投機家たちの陰謀と、外務省の《不動産銀行《クレディ・フォンシエ》》の会長レオン・ルノーとのチームワークを、弾劾したクレマンソーの鋭い告発に対して、フェリーの答弁は弱々しく信じられるものではなかった。この討論は、非常に不満足な感じをあとに残すことになり、フェリーはほとんど国会で失敗したのも同然だった。きわめてはっきりと世紀の変わり目までの《植民地化》の歴史は、経済的諸要因の影響がいかに僅少であったかを教えている。(56) チュニジアは、長い間、莫大な国有地を購入して、高利で原地人やイタリア人に貸しつけていた投機師たちの黄金郷《エルドラド》として留まったのであった。あまりに高くつき危なっかしかった生産的投資は、ほとんどなかった。はじめて一八九〇／九二年になってフランス政府は、チュニジアに対し、直接的植民地化を促進し関税障壁を低くして本国の経済領域圏に包摂することを決定した（一八九〇年七月三日の法令）。グレイト・ブリテインとイタリアに対する最恵国待遇を廃止するためには、さらに六年を要した。制限つき関税同盟が、本国の工業製品にチュニジア市場を開放することとなった。ようやく、チュニジアで投機師たちによって最初に生み出された資本の漸次的流動化が始まった。しかし一九〇四年の完全な関税同盟が、はじめてフランス人入植者を引きよせることになり、植民地の《開発《ミズ・アン・ヴァレール》》を可能にしたのであった。

### (b) インドシナ

インドシナのケースでも、《戦略的な派閥》がいた。もちろん構成は異なっているが、それゆえにいっそう大きな影響力ももっていた。(57) イニシアチブをとったのは、ここでは、まず私利私欲をこととする一人旅する冒険家・武器密輸商人の、ジャン・ドゥピュイであった。しかし彼は同時に、本国の経済界を味方につけるチャンスが《戦略的な派閥》に生まれるような構想《コンセプト》を堅持したのだった。つまりトンキン・デルタと中国雲南省間の紅河《ローテル・フルス》（ソン－コイ）による通商関係の創設である。彼がその計画遂行のさいに（一八七三年）安南皇帝の領分を荒らしたときに、彼は彼の領域《ラント》の保全を要求した。この瞬間に、海軍の領地であったコーチシナ（アルジェリアが陸軍の領地であったように）のフランス行政の指導層のまわりに《戦略的な派閥》がふえた。総督、デュプレ提督、それに彼の下にいる若手の野心のある海軍将校たちは、すでに長い間、フランスの配置に有利になるようにトンキン－デルタにおける混乱状況を思う存分に利用しようとねらっていた。中国との紛糾を望んでいなかったパリの政府は、トンキン問題へのいかなる介入も避けるようにとの厳重な訓令を出したにもかかわらず、提督はそのことには少しも意を介することなく、遠征軍を北部に派遣した。その若い海軍少尉たちの一人であるルイ・フィラストルは、それどころか安南皇帝と条約を締結した（一八七四年三月一五日）。その条約によれば、皇帝の主権を承認はするが、同時に紅河を国際貿易のために開放することが彼に義務づけられていた。このグループは、それどころでなく本格的な帝国主義的構想を有する数少ない政治家の一人であり、何度も海軍大臣と植民地大臣を歴任したジョレグィベリ(58)を通して、政府のメンバーと直接のつながりをもっていた。

これらすべては、こけおどかし以上のものではなかった。条約は、安南皇帝が中国の主権を承認している限り、紙上のものでしかなかった。コーチシナがトンキン保護領によって防護されなければならないという論拠で、トンキン問題をむしかえすジョレグィベリの試み（一八七九年）は、内閣のなかでは不成功に終った。その最初の大臣のときにフェリーは、この問題になんらの関心も示さなかった。世論も実業界も無関心のままであった。それでも、とりわけ帰国したドゥピュイのイニシアチヴによって、《戦略的な派閥》は本国に足場を固めることに成功したのであった。若干の商人たちの心をとらえたのは、中国との大規模な貿易の見こみであった。それどころか鉄道の建設も考えられたのであった。豊富な鉱脈の存在（なかんずくホンゲイの石炭）のうわさはあちこちに広まり、これは状況への知識の欠如から、まさに現実離れした希望をかきたて、関係者たちのディレタンティズムをくっきりと浮かび上がらせた。《インドシナ鉱山会社《ソシエテ・デ・ミーヌ・デ・ラ・ランドシーヌ》》が設立されたが、これは、特にイギリス人とドイツ人の恐れられていた競争を遮断するために、トンキン－デルタの《法律的保護《ベフリーディグング》》（つまり保護領の設置）を即座に要求したのであった。

しかしこのグループも、チュニジアのケースに似ていて、いかがわしい連中という汚名を背負っていた。またも投機師たちや社会的に落伍した山師たちがいた。議員たちに影響を与えるために、ありもしない鉱脈や金脈を記入することによって地図が偽造された。しかし《インドシナ・ロビー》または《トンキン人《トンキノワ》》――彼らはそう呼ばれていたが――は、植民地行政の海軍将校たちを通して、また日和見主義者と密接に結びついていたフリーメーソン集団――イデオロギー的、文明的動機から植民的膨張を擁護していた――を通して政府筋の人たちと近づきになれたのであった。その一味が組織立ってきてプレッシャーを強めているにもかかわらず、《戦略的な派閥》は、それでも自己の資金では目的に到達しなかった。またもパリの援護行動と命令なしに、新たにトンキン領域への遠征がなされたとき（海軍中佐アンリ・リヴィエール指揮のともかくも七〇〇の兵員と三隻の砲艦）、政府はほとんど反応しなかった。

チュニジアのケースのように《戦略的な派閥》は、政治的事件、つまり中国との対決の心要性が生じたときにはじめて決定過程を起こさせることができたのであった。一八八二年十二月に、ペキンのフランス公使ブーレーは、中国と条約を締結した。それは、アンナンの領土の主権は保証されるが、あらためて紅河を国際貿易に開放するというものであった。通商路の不安を除去するために、トンキン領域は二つの勢力圏（北部は中国、南部はフランス）に分割された。この取りきめに対して《戦略的な派閥》は、はげしく抵抗した。つまりこの派閥は、抗議行動をまき起した（一八八三年二月／三月）。炭鉱地帯（リヴィエールの占領した）がフランスの勢力圏になかったことを、この派閥は懸念したからである。少し後でリヴィエールは戦死し（一八八三年五月一九日）、やっかいな軍事的状況をあとに残したのであった。

この時期にフェリーはその二回目の内閣を率いて、またもその権力をにぎっていた。とにもかくにも《戦略的な派閥》は、政府が介入しなければならなくなるほどに状況を激化させることができたのであった。それ以外にフェリーは、この派閥の論拠の二つを自分の責任でひき受けた、と思われる。つまり、中国への通商路の開放（そのさいにクレマンソーが無根拠には主張しなかったように、東フランス繊維産業の輸出利害が一役買っているであろう）とフランスの北部への影響拡大によるコーチシナの保全である。この両方は同じメダルの二面にすぎなかった。この政策は中国との戦争を意味していた。フェリーはそれをがまんして、一八八五年三月二二日の条約で、安南がフランスの保護領であることとトンキン領域からの中国軍隊の撤収を、中国に強制的に受諾させたのであった。しかしフェリーは、この政策のために打倒され、彼の栄達を終えるはめになったが、それは、条約が六月に署名され、一八八五年十二月に議会から批准されることを妨げなかったのである。

またも広汎な社会諸勢力の激しい抵抗に対する《戦略的な派閥》と政府の協力で、決定はなし遂げられた。その決定は、左翼と右翼による議会における二重の反対派のなかで示されたのであった。一八八五年十月の議会選挙に先だつ[59]選挙戦の間、ずばり、《フェリー主義《フェリーイスムス》》と言われたそのもの、つまり、反教権的世俗主義と帝国主義の助けによる中ブルジョアジーと工業ブルジョアジーの統合的支配――外部的にはドイツへの接近によって、少なくとも緊張の緩和によって防護されている――が、植民地の膨張政策に対する攻撃を乗りこえて問題とされるほどに、軋轢は強まったのであった。両方の反対派にとってこの《フェリー主義》は、ある全体を、つまりそこで反対派がその利害に相反するものを彼らの攻撃の標的として選び出したある全体を、あらわしていたのであった。保守的‐カトリック的‐王党派的右派はただたんに（反教権的）世俗主義的学校法に関する立法に報復するだけでなくて、保護主義に苦情を申し立てる農業の代弁者として、低下する農業価格とその目には浪費的である膨張政策との間の関連をつかんだのである。つまり、国家は、《ナショナルな利害》を極東で犠牲にしている一方、農民の《苦しみ》を気にかけていないのであると。それに、いつの日かトンキンの米作地帯が演じることになるかもしれぬ競争の不安がつけ加わり、またアジアやアフリカで《軍遠征》のさいに生命を捧げるのがまず第一に農民の子息であったという苦い経験がつけ加わる。

当時まだ急進社会主義者によって担われていた極左派は、まったく同じような態度をとっていた。彼らも、ここでは特に社会的でナショナリスティックな理由から、《フェリー主義》の打倒を欲していた。それゆえにクレマンソーは一八八五年七月三〇日のその有名な国会演説で、植民地的膨張政策を根本的に疑問視し、フランスにおける社会的・経済的状況にもとづいてその政策の必要性と有用性を反駁した。この政策に事実内在している非合理主義は、この演説でのように、はっきりと簡潔に表現された。フェリーの論拠は確固たる論拠のないものと表明された。資本輸出の機会は、入植植民地を前提とするから、問題にならない。アルジェリアが示しているように、既存のものがほとんど利用されていないのに、なぜ新たな販売市場なのか？　と統計にもとづいて、クレマンソーはインドシナ諸国とのフランス貿易のばかばかしいほどわずかな量を立証し、また、フランスが数百万フランを費した占領の後になってイギリス人と中国人が――諸市場が砲艦によってではなくて廉価な生産物によって開かれたことはまったく別として――市場を利用しつくすことを示したのであった。[60]高くつく植民地企業によって正反対のことが、つまり、予算における負担増大、購買力減少、生産者価格騰貴が、達成されるであろう、と。この因果的連鎖は、確かに国民経済的認識のレベルにはなかった。しかしクレマンソーは、生産者価格がただ消費税免除によって低下されると説明するとき、正当なのである。彼は例示としてスイスを引きあいにだす。その対外貿易は人口数で計れば、フランスの対外貿易よりも大規模なものであるが、その原因はとりわけ、非常に低い税負担にあると。植民地化の人道的正当化を彼はまったくのまやかしと見なしている。

しかしこれらすべての背後に——またさらにクレマンソーが望んだ——社会・経済・外交政策のヴィジョンがあった。《フェリー主義》のヴィジョンとは逆に反論するものであった。つまり、国内状況形成のための全力の集中である。生産性上昇と連関がある社会改革、およびこれと結びついている社会の民主化については、ヨーロッパにおけるフランスの強力な立場にとっての内的な諸前提が創出されるべきなのである、という。国内への集中にヨーロッパへの集中が対応した。つまり、双方がクレマンソーにとっては関連しあっていた。これは、長期的に見れば、まちがいなく日和見主義者たちの戦略よりもいっそう合理的でいっそう効果的な戦略であった。平和主義的、自由貿易的、反植民的グループの指導的な人物であるイヴ・ギヨ(61)がクレマンソーとたいへん似た論証を行ない、フェリーと反対に不況、保護主義志向、植民的膨張の間の連関をつかんだ(62)のはけっして偶然ではなかった。彼にとって植民的政策は、一つの《贅沢》であり、自由貿易的貿易政策より経済的に劣るものであった(63)。

一八八五年の選挙から、実際的に統治できない議会が生じた。三つのブロックがほとんど同じような強さで相対立していた。約一八〇人の急進派(プラス八人の社会主義者)、約二〇〇人を超える日和見主義者、約一八五人の王党派で、彼らが選挙の一番の勝利者とされた。王党派(アルベル・ドゥ・マン)、ボナパルティスト(ラウル・デュワル、ジュール・ドラフォス)と最左派(クレマンソー、ペルタン、ロシフォール、ペラン)は、《フェリー主義》の息の根を止めるために、手を結んだ。トンキン領域に関するクレディット(マダカスカル島についても)と政府議案についての採決は十二月には、四票ないし六票の僅差で多数決が成立した(《急進左派》の一部の心情の変化のせいで)。植民地的膨張の継続は風前のともしびであった。ブーランジスム〔訳者—一八八〇年代ブーランジェ将軍によって唱えられた対独報復運動〕の危機、ドイツ（一八八六／八七年）およびイタリア（一八八七／八九年）との緊張化、不況の持続は、これまでよりもはるかに社会的基盤のなかった膨張政策の高揚をもたらしたのであった。しかし、右派側の対案提唱はたんに遂行されなかったばかりでなくて防衛に追い込まれたが、他方左派側の構想は、左派側が権力に接近してくるにつれ、その対案提唱の性格を喪失した。新植民地帝国は確信からよりもあきらめから甘受されたのであった。つまり、誰もこの過程を取り消すには十分に強力ではなかったのである。

### (c) モロッコ

一つのケースにおいてのみ、銀行資本と政府間の緊密な準公式的盟約が成立した。モロッコの《平和的侵入》と最終的には保護領の設置（一九一一／一二年）の場合である[64]。ここではそれゆえに、一度も《戦略的な派閥》は必要ではなかった。ましてや、すべての参加している利害がどっちみち収斂していたのであるから、そうであった。九〇年代に形成される《植民地党》（本書一三六ページ以下を見よ）に支えられているデルカスは、不安定なアルジェリアとモロッコ国境を《保護し》ようと目ざしていた。それは長期的には保護領設置なしには可能ではなかったのであった。腐敗した浪費癖のある、まだ成年に達しないサルタンは、彼の経済的困窮から抜け出るために、一九〇一／〇二年以来ヨーロッパ資本に呼びかけていた。ここに新たな目的達成へのすばらしい《アプローチ》が現われた。イギリス政府もドイツ政府もクレディットでサルタンを支援する気はなかったからである[65]。ロンドンとパリで起債する試み（一九〇一年）は、ドイツ銀行によるクレディット供与と同様に失敗した[66]。それでフランス外務省は、モロッコとの金融取引契約締結を組織的に励ましたが、他方さらに一九〇五年まで外務省は慎重なままであった[67]。さて大規模にモロッコとの取引に参画して、それどころか外務省にその諸条件の明確な保証を押しつけ、さしあたり短い時期にすぎぬとしても重工業（シュネーデール）の競合する利害を撃退することのできた銀行《パリ・オランダ銀行《バンク・ドゥ・パリ・エ・デ・ペーバ》》の指導のもと[68]、あるフランスの銀行グループは一九〇二年十月にモロッコ政府側の七〇〇〇万フランを起債した——ドイツ政府の異議なしにである。一九〇四年六月一二日の契約（三三条）にもとづいて、モロッコは前もって《パリ・オランダ銀行》

に知らせることなしには、またこの銀行に同一条件の場合に優先権を与えることなしには、いかなる起債も行なってはならないということにまでいたった。これは、モロッコにおけるフランス資本の事実上の優位を意味したが、それはしかもすでにアルヘシラス会議以前だったのである。ドイツによる《タンジール事件《クー・ド・タンジェ》》以来始まっていた激しい競争にもかかわらず、フランスは二、三の中立諸国の支援を受けて、この会議で設立されたモロッコ国立銀行のなかで多数を得ることに成功したが、これはフランスの影響を遂行するために重要な出発点となったのである。したがって金融的武器と、まもなく重工業もまた、モロッコにおけるフランスの政治的支配を準備したということは間違いない。

## 4．本国《メトロポール》に対する植民地の経済的意義

### (a) 外国貿易

アンリ・ブランシヴィクが正当にも文句を言っているように(69)統計資料は不完全で矛盾しているけれども、しかし現存する基礎資料からは、この膨大な植民地帝国は本国の国民経済の発展にとって、販路としてにせよ、原料供給源としてにせよ、決定的なものとしては視野に入ってこないことが明らかになる。(70)一九一三年にはフランス対外貿易の総額（輸入＋輸出）はかなり正確なところ二百億フランの額に達した。そのうち全植民地と保護領には、ほぼ三二億フランが取分となった(71)――この年のフランスのグレート・ブリテンとの総貿易（三五億フラン）にも達しない総計である。いっそう正確な調査によると、この三二億フランのうち、半分以上が、つまり一八億フランが北アフリカ（アルジェリア、チュニジア、モロッコ）に落ちるのである。他のすべての植民地に落ちる一四億フランの取分のうち、公

正を期して言えば、これらの植民地が本国と（六億フラン）でなくて第三国と行なった貿易、つまり、八億フランをさし引かなくてはならない。そうするとかろうじて二四億フランが残るのである。この北アフリカ植民地に対する同じ演算をすると[72]、植民地とのフランスの総貿易にとって一九億フラン以上は残らない。つまり、全フランス対外貿易総量の一〇パーセントを少し下まわるのである。

その場合、植民地と保護領自身、このささやかな割合をようやく一九〇六―一九一〇年の間に、したがって一九〇五年に始まる継続的好景気の局面に、成就したことは留意すべきである。その前にはその割合は長い間いちじるしく下まわっていた[73]。

全貿易に占める植民地貿易の割合（パーセント）

| | 輸入 | 輸出 |
|---|---|---|
| 1882—1886 | 4,70 | 6,73 |
| 1896—1900 | 7,81 | 9,84 |
| 1911—1913 | 9,28 | 10,92 |

次ページの表が示しているように、特に苦労多く何度も悪化によって中断されながら北アフリカ以外の植民地との貿易は発展した[74]。これら植民地の本国との貿易は輸出入全部合わせて、一九〇〇年に三億六五七〇万フランにのぼり、一九一三年には五億八八五〇万フランに達した。つまり、フランス総貿易がこの期間にほぼ二倍になった（一九〇一年＝一〇八億フラン）のに対して、六三・六パーセントの増加なのである[75]。本国からの輸入量は重要でない変化を示したにすぎない。つまり、一九〇〇年には二億六七〇〇万フランで、一九一三年には二億八四三〇万フランで、そのさいに視野に入ってくる増加はこれまた同様に一九〇七年以来はじめて生じたのであった。したがって、本国がこれら

**フランス植民地の総貿易［アルジェリア・チュニジアを除く．100万フラン］**

| | 輸入 | | | | 輸出 | | | | |
|---|---|---|---|---|---|---|---|---|---|
| | フランス | フランス植民地 | 外国 | 計 | フランス | フランス植民地 | 外国 | 計 | 計 |
| 1900 | 206,7 | 13,2 | 216,2 | 436,0 | 159,0 | 8,8 | 176,7 | 344,4 | 780,4 |
| 1901 | 245,2 | 20,4 | 209,0 | 474,6 | 171,7 | 13,7 | 179,1 | 364,5 | 839,1 |
| 1902 | 222,3 | 14,3 | 208,1 | 444,7 | 162,6 | 12,1 | 221,5 | 396,2 | 840,9 |
| 1903 | 216,3 | 11,0 | 219,9 | 447,3 | 154,3 | 7,7 | 185,1 | 347,1 | 794,3 |
| 1904 | 194,2 | 13,5 | 204,0 | 411,6 | 157,6 | 8,4 | 209,2 | 375,2 | 786,8 |
| 1905 | 225,8 | 12,5 | 250,8 | 489,1 | 152,4 | 7,1 | 225,3 | 384,9 | 873,9 |
| 1906 | 201,4 | 14,5 | 239,1 | 454,9 | 179,3 | 8,6 | 232,5 | 420,3 | 875,3 |
| 1907 | 220,7 | 17,0 | 294,2 | 532,0 | 198,5 | 9,1 | 307,0 | 514,6 | 1046,6 |
| 1908 | 224,6 | 15,8 | 285,1 | 525,6 | 201,1 | 9,9 | 291,0 | 501,9 | 1027,5 |
| 1909 | 231,2 | 15,5 | 268,1 | 514,9 | 247,6 | 9,9 | 318,1 | 575,6 | 1090,4 |
| 1910 | 236,7 | 18,7 | 302,5 | 557,9 | 287,4 | 11,5 | 365,7 | 664,6 | 1222,5 |
| 1911 | 261,3 | 16,5 | 323,4 | 601,3 | 273,4 | 10,5 | 357,3 | 641,3 | 1242,5 |
| 1912 | 271,3 | 13,7 | 337,2 | 622,2 | 278,9 | 9,1 | 381,1 | 669,0 | 1291,2 |
| 1913 | 284,3 | 20,1 | 377,0 | 680,4 | 304,2 | 15,4 | 445,5 | 765,1 | 1445,6 |
| 1914 | 234,4 | 15,4 | 323,3 | 573,2 | 282,0 | 10,0 | 412,3 | 704,3 | 1277,5 |
| 1915 | 153,5 | 18,1 | 327,3 | 498,9 | 322,5 | 18,5 | 404,8 | 745,9 | 1244,8 |
| 1916 | 220,5 | 30,0 | 535,1 | 785,5 | 377,1 | 20,9 | 484,6 | 882,6 | 1668,1 |
| 1917 | 244,1 | 27,0 | 665,7 | 936,9 | 409,7 | 18,1 | 573,8 | 1001,6 | 1938,4 |
| 1918 | 172,8 | 40,0 | 1086,7 | 1299,4 | 407,4 | 27,6 | 691,8 | 1126,8 | 2426,2 |

〔出所〕 Bulletin de l'Agence Générale des Colonies, Nr. 205, April 1925, S. 638f.

植民地を販路として組織的に利用したということについては問題にならないのである。

本国への輸出はまったく不規則的に推移した。その輸出は、一九〇〇年から一九〇五年までに、一億五二〇〇万フランと一億七一〇〇万フランの間にあり、それから一九一〇年に、二億八七四〇万フランに上昇したが、一九一一年と一九一二年には停滞しつづけ、一九一三年についに三億四二〇万フランの頂点に達した。そのさいに、一九〇九年以来、本国への輸出は本国からの輸入を上まわっていたことは注目すべきである！ 換言すれば、これら植民地の組織的《開発》は、一九一四年以前は端緒ですらなかったのであって、この点は《植民地党》の側からそれで激しくも空しく批判されたのであった[76]。フランス領コンゴにおいて、一八九九／一九〇〇年以降、悪名高い採掘活動を行なった四〇の鉱山権を有する会社のうち、一九一四年にはもはや六社が残存するにすぎず、ほかのすべては破産したのは、けっして偶然ではないのである！[77] そしてアルジェリアの石油埋蔵が一九五四―一九五六年になってはじめて、つまりアルジェリア占領一二五年後に、発見されたのも偶然とは言えないのである。

前ページの表からまた植民地（北アフリカ以外）貿易のさらに重要な構造上の特徴《メルクマール》が認識される。つまり、本国ではなくて外国が一位を占めている、しかも増大している。これら植民地の輸入に対しては、外国が、ほとんど一貫して（一九〇一年と一九〇二年が除外される）、本国よりも高い割合を獲得し、一九一〇年以降は、外国の割合が本国の割合よりもいちじるしく急速に増加した。本国の地位の低落は、植民地の輸出に対して、さらに疑問の余地はない。つまり、一九〇〇年＝一億七六七〇万フラン、一九一三年＝四億四五五〇万フランで、他方フランスへの輸出は一億五九〇〇万フランから三億四二〇〇万フランに上昇したにすぎなかった。輸出入合わせて、

（単位 100 万フラン）

| | 1900 | 1913 |
|---|---|---|
| フランス | 365,7 | 588,5 |
| 外　国 | 392,8 | 822,5[78] |

となった。

そこから推して、膨大な植民地帝国がほかの経済的に大きな影響力を有する列強によって食いものにされるだろうというまったく根拠のある危惧の念は、当然のことである。[79] 戦争中に植民地省は、フランス植民地へのドイツ商品輸入の重要性に関する調査を発表した。[80] その調査は、（若干の点ではもちろん宣伝によって誇張されている）警戒の声であって、勝利を占めた後では、このドイツの輸出にフランスの商品が――わけても、アメリカと英国の競争の機先を制するために――かわらなければならないということを要求していた。一九〇七年と一九一二年の間には、フラン

ス植民地（北アフリカを除く）へのドイツ、オーストリア－ハンガリー（重要でない割合で）、ドイツ植民地からの輸入は、持続的に一二六〇万フランから二四八〇万フランに増加した(81)。シンガポール、ホンコンを通してインドシナは、その輸入の半分以上を中国、グレート・ブリテン、ドイツから購入していた等々。またこの研究調査は、その原因を悪い輸出機構(82)とフランス製品の高級すぎる点に見ていた。

北アフリカ植民地がつけ加えられるやいなや、様相は変わるのである。そのさいに分《ぶ》のいい分け前はアルジェリアに落ちる。三植民地の全貿易は、（もちろんまたも一九一四年以前の最後の十年にすぎないが）他の植民地の全貿易よりも迅速に上昇しただけではなかった（一九〇九年＝一〇億六〇〇〇万フラン、一九一〇年＝一三億一〇〇〇万フラン、一九一一年＝一五億六〇〇〇万フラン、一九一二年＝一八億フラン(83)）。それはまたはっきりとフランスによって支配されていたのであって(84)、その場合に本国からの輸入はほとんどいつでも、それに対する輸出を超えていた。特に目を見はらせるのはモロッコのケースで、保護領の設立後、フランスからの輸入は飛躍的に上昇した。つまり、一九一一年の三五〇〇万フランから一九一三年の一億七〇〇〇万フランに上昇したが、他面、輸出は本質的に改善されるところはなかった(85)。アルジェリア向けフランス商品の輸出は絶えず上昇し、一九一三年についに六億フランに達したのは、もちろん、ここでは比較的良好なインフラストラクチャーをともなう（それだから高い需要をともなう）入植者の植民地が問題であったせいである。全植民地を総合すると、本国もしくは外国に一九一三年については、以下のような分け前となる(86)。

（単位 100 万フラン）

| 輸入 | | 輸出 | |
|---|---|---|---|
| フランスから | 外国から | フランスから | 外国から |
| 894,8 | 746,9 | 797,2 | 678,6 |

クロム生産　その行く先
（単位トン）

| | | | |
|---|---|---|---|
| 1910 | 28 244 | ? | |
| 1911 | 32 810 | ニューヨーク | 417 |
| | | オーストラリア | 13 525 |
| | | ロッテルダム | 190 |
| | | ニューキャスル | 5 220 |
| | | ジェノワ | 5 975 |
| 1912 | 50 516 | ニューヨーク | 13 432 |
| | | ロッテルダム | 12 445 |
| | | アントワープ | 1 600 |
| | | シドニー | 3 199 |
| | | ハムブルク | 6 394 |
| | | グラスゴー | 6 429 |
| 1913 | 62 870 | ? | |

### (b)原料供給源としての植民地

植民地が本国《メトロポール》の経済に原料を豊かに供給するものであるという観念も、フランスの現実からあまりにも遠く隔ったものでしかない。この問題については研究水準はまったく不十分なものである。中国在の《リヨン宣教団》団長、つぎにインドシナ総督府経済部長、最後にマルセーユ商工会議所会頭であったアンリ・ブレニエのような経験ある《植民主義者》の証言は、それだけいっそう貴重なものである。――この証言、これはすべての思い込みを払いのけるものである。[87] 彼の詳説するところによると、一九一四年以前にチュニジアとアルジェリアで得られた鉄鉱石は、ほとんどもっぱらグレート・ブリテン、ドイツ、それどころかアメリカ合衆国に送られた。本国が非常に緊急に必要とした石炭は、トンキン地方でのみ採掘されたが、生産の大部分は、すぐその場で消費されるかその周辺に輸出されるかした。とにかくほんの一部だけがとりわけ高い運送コストのために、フランスに輸出されたのであった。ニューカレドニアで得られたニッケルは特に鉱石として、グレート・ブリテン、オランダ、またドイツ、アメリカ合衆国、オーストラリアに輸出された。一九〇〇―一九二〇年に総計二五〇万トン、つまり年平均一〇万トン以上が外国に輸出された。以下の数値は第一印象を確認している。[88] つまり一九一一年に生産された一二万五九トンのうち、グラスゴーに四万五九七一トン、ロッテルダムに八九五〇トン、アントワープに七七八九トン、ハムブルクに二九七九トンが送られ、一九一二年（全生産＝七万四三五八トン）には、グラスゴーに三万四四〇七トン、ハムブルクに一万三四一九トン、アントワープに九〇六三トンが送られた。

ニューカレドニアのクロム生産の輸出に占める外国の取り分はさらに高い。

　本国は、植民地からは主として燐酸塩の分野でのみ利益を得ているにすぎなかった。ここでは北アフリカの産出は世界産出（六八〇万トン）のなかで、アメリカ合衆国（四八パーセント）について四六パーセントの割合で、第二位になった。銅・金については、植民地からは何も得るところはなかった。亜鉛需要の一部だけをフランスはその北アフリカの所有地からまかなったにすぎなかった。綿花・食料品の場合はさらにいっそう悪いように見えた。一九一四年以前に植民地は本国にその綿花需要の二パーセント（一九一三年＝二七万トン。そのうち植民地から四五〇〇トン）を供給した。植民地は茶の需要の五分の一をまかない、コーヒーの平均一五万―二〇万トンのうち、三五〇〇トンを供給したにすぎなかった。上に示すように一九一三年のフランスの輸入は構成されていた（若干の選ばれた商品）(89)。


（単位100万フラン）

| | 外国 | 植民地 |
|---|---|---|
| 布地 | 687,3 | 14,5 |
| 綿花 | 577,3 | 1,2 |
| 穀物 | 480,2 | 85,0 |
| 油脂作物 | 285,8 | 101,7 |
| 絹 | 360,1 | 0,9 |
| 皮 | 224,2 | 24,8 |
| 木材 | 205,0 | 5,0 |
| コーヒー | 205,6 | 1,9 |
| ゴム | 103,6 | 19,2 |
| 銅 | 106,9 | 1,5 |
| 鉱石（あらゆる種類） | 193,8 | 3,9 |
| ココア | 53,3 | 1,3 |

　本国の経済的弱点は、植民地の組織的《開発》を阻止しただけでなく、《帝国主義的インフラストラクチャー》と言われていいものの建設も阻止したが、それに属するものとしてまず第一に商船隊がある。フランス商船隊の総登録トン数は一九一四年に、イギリス商船隊のそれの一〇パーセントにすぎなかった(90)。

　この数値で留意すべきは、力関係がだいたい固定していたということばかりでなくて、フランス全船隊に占める帆船の割合は一九一三年に、グレート・ブリテンのその割合が七パーセントに低下したのに対して、いぜん三八パーセントであったということである(91)。

　植民地貿易の弱点について理由の一つは、《植民地党》が正当に批判を加えたように、疑いもなく、関税体系のなかにあったのである(92)。第二帝政（一八六六年七月四日の元老院決議《セナテユス・コンスルト》）の下では、植民地は広範に関税自主権を享受していた。これは、結局は、本国が外国との、特にグレート・

（単位 1000 トン）

| 年 | フランス | グレート・ブリテン | 年 | フランス | グレート・ブリテン |
|---|---|---|---|---|---|
| 1880 | 388 | 4 000 | 1907 | 960 | 10 509 |
| 1881 | 511 | 4 203 | 1908 | 1024 | 10 604 |
| 1882 | 604 | 4 537 | 1909 | 1018 | 10 717 |
| 1889 | 638 | 5 730 | 1910 | 1027 | 10 818 |
| 1895 | 628 | 7 075 | 1911 | 1046 | 11 036 |
| 1900 | 697 | 7 905 | 1912 | 1109 | 11 240 |
| 1905 | 936 | 9 620 | 1913 | 1180 | 11 552 |

ブリテンとの激しい競争にさらされることに帰着したのであった。それゆえに一八九二年の保護関税法によって、ふたたびいわゆる《同化《アシミリールング》》の原則にもどったのであった。本国《メトロポール》の側からする新重商主義のいまや一般的に実施された戦略は、植民地における貿易独占を強化したのであった。二つのグループが区別された。グループA（アンティル諸島〔カリブ海〕、レユニオン島〔インド洋西部〕、ガボン〔アフリカ西部〕、インドシナ）は、本国の関税体系に完全に同化された。それは、三つの最初の植民地の経済的発展を実際に窒息させるまでになったのである。グループB（セネガル、モーリタニア、象牙海岸、オセアニア）――これらに対しては特別規定が妥当し、これらは経済的には比較的良く発展したのであった。基本的にはフランスの生産物はいまや免税で輸入され、他方外国商品に対しては、フランスの税率（例外をともなう）が該当した。植民地はしかし、その商品の本国での輸入に対して関税を支払わなければならなかった。農・工業出自のメランと彼の保護主義的な友人たちは、世紀の変わり目にはそれどころか、郷土の企業と競いあえるような工業・農業経営に一種の営業税を課そうとしたが、これは、《植民地協定《パクト・コロニアル》》への復帰を意味するものであった[93]。長年にわたる闘争の後はじめて、このプロジェクトをとり止めにし、一連の植民地生産物を輸入関税から免除することが果されたのであった（一九一三年）。フランス社会のマルサス主義的精神は、それゆえに明確に植民地の利害に反対していたのである。戦前・戦後の《植民地党》が、外国の生産物を植民地から遠ざけることになる関税立法導入のために闘ったが、しかし本国の税率を個々の植民地の需要に従って定めることになるというのは驚くにあたらない[94]。

(c) 資本輸出

さてフランス金融資本主義は、それ自身に特有と言える領域、資本輸出で、帝国主義的に振舞ったのだろうか？ここでも、公式的《フォーマル》帝国主義と非公式的《インフォーマル》帝国主義の間で厳格に区別されるときにだけ、真実に近づくことになるのである。[95] 事実、フランスはグレート・ブリテンに続いて、世界の最重要な債権国であり、この地位を継続的に、特に世紀の変わり目以来、改善することができたのであった。パリ取引所は、国際金融業界においては、われわれが見たように、自由に使用できる巨大な、全国土に散在している銀行制度を用いて実際簡単に動員できる貯蓄資金を意のままにできたので、指導的な役割を演じたのであった。[96] その法外な吸収能力のために、パリ市場は特に確定利付有価証券、つまりとりわけ列強の国債によって優先されていた。パリにおける外国証券発行の年平均量は、一八七三―一八九一年には五億フランで、一八九二―一九一三年には一〇億フラン以上、一九〇四年以降、全部でフランス有価証券の発行よりも多かったのであった。[97]

一八八〇年には、フランスの資本輸出は一六〇―一七〇億フランにのぼった。[98] 一九一三／一四年には、諸算定に従うと、四五〇億フランと五〇〇億フランの間にある。つまり、全国富の約六分の一であり、他方年当り利潤の二〇億―二五億フランは《獲得した富《リシエス・アキーズ》》の収入の四分の一から五分の一である。もっとも早く上昇した部分である。[99] この期間にただ大きさだけが変化しただけでなく、地理的分布と――僅少であるが――資本輸出構造も変化した。一八五〇と一八八〇年との間にはキャメロンの研究が示しているように、[100] フランス資本輸出の重点は、地中海地方の経済的後進地域にあった。イタリアにとっては、統一後の二〇年はまだパリ市場が諸政府の一番重要な金融的支柱であった。フランスは平均してイタリアの公的債務全額の二〇パーセント以上を有していたが、イタリアの債務の八五から九〇パーセントは外国の手中にあったのである。スペイン、ポルトガルにとっても似たことがあてはまった。そこで、フランスはグレート・ブリテンと一緒になって、予算赤字をカバーしたのであった。フランスは、ドイツ帝国、オランダについで、オーストリアの、一八六七年以降はハンガリーの最重要の債権者であった。トルコのサルタンにとって、

フランス資本輸出の地理的分布
(単位10億フラン)

| | 1900/02[1] | | 1914[2] |
|---|---|---|---|
| ヨーロッパ | | | |
| ロシア | 7,0 | (7,0) | 11,3 |
| ヨーロッパ大陸のトルコ | 2,0 | (1,8) | 3,3 |
| スペイン／ポルトガル | 4,5 | (3,9) | 3,9 |
| オーストリア-ハンガリー | 2,5 | (2,85) | 2,2 |
| バルカン諸国 | 0,7 | (0,97) | 2,5 |
| イタリア | 1,4 | | 1,3 |
| スイス／ベルギー／オランダ | 1,0 | (1,25) | 1,5 |
| グレート・ブリテン | | (1,0) | 1,5 |
| ノルウェー／スウェーデン／デンマーク | | (0,5) | |
| その他 | | (0,3) | |
| 計 (I) | 19,9 | (20,97) | 27,5 |
| フランス領植民地 | 1,5 | | 4,0 |
| アフリカ | | | |
| 英領植民地 | 3,0 | (1,6) | 3,3 |
| エジプト | | (1,4) | |
| アメリカ | | | |
| USA／カナダ | 0,8 | (0,7) | 2,0 |
| 南アメリカ | 2,0 | (2,6) | 6,0 |
| メキシコ／キューバ | | (0,4) | |
| アジア | | | |
| 中国 | 0,8 | (0,65) | 2,2 |
| その他 | | (0,35) | |
| 計 (II) | 8,1 | (7,70) | 17,5 |
| (I＋II) の総計 | 28,0 | (28,67) | 45,0 |

1 最初の段の数値は Herbert Feis, Europa——The World's Banker 1870-1914, New Haven 1930, S. 51 ; Ch. A. Michalet, a. a. O., S. 147 も，Feis が私的投資と公的投資の間の区別をしていない，と批判している ; R. Poidevin, Les relations économiques et financières, a. a. O., S. 36 (括弧内の数位).

2 H. Feis, a. a. O., S. 51 ; 同じように H. de Peyerimhoff, a. a. O., S. 103-108. C. Iversen, International Capital Movements, London 1936, S. 343-360 ; R. Catin, Le porte feuille étranger de la France, Paris 1927, S. 118-129 も参照.

フランス金融市場は不可欠なものであって、一八七五年の国家破産以来、フランスは国際的金融管理のなかで指導的役割を演じたのであった。フランス資本はギリシャおよびバルカン諸国では確固とした拠点をもっていた。この資本（ロスチャイルド、ペレール、クレディ・モビリエ等）は、なかでも鉄道建設（スペイン、ポルトガル、北イタリア、オーストリア、ルーマニア、ルクセンブルグ、スイス、ロシア、ベルギー）、ベルギーの重工業成立、スエズ運河建設に融資した。海外への（また、まして植民地への）資本輸出は、それゆえにほとんど完全に後方に退いていた。動機としては、高い保障された利回り、それに言語、文化、歴史的伝統の親近性が問題とされた。イニシアチヴはほとんどいつでも資本を求めている政府とフランスの銀行家の側にあった。世論は操作されたし、政府は、大蔵大臣が市場を監督し取引所への新有価証券上場認可に関して拒否権を有しているので、相当な影響力があったのではあるが、それでも政府は一八八〇年以前にキャメロンによると資本輸出の組織的政策を用いなかったのであった。[101]

一八八二年の恐慌後に、地理的分布が変化した。スペインとポルトガルにおける優位、トルコにおける強い影響力が保持される一方、南アメリカへの資本輸出が増大した（アルゼンチン、ブラジル、メキシコ）。ヨーロッパでは八〇年代以降、ロシアがトップにのしあがって、結局は全資本輸出の約四分の一を受けとることとなった。[102] 一九〇〇年と一九一四年の間に（いま掲げた表を参照のこと）、この傾向が強化されることとなった。[103] つまり、ヨーロッパではフランスは、その影響力をトルコとバルカンで（戦争にもかかわらず、というか、むしろ、戦争のために）拡大することができたが、他方、スペイン、ポルトガル、オーストリア－ハンガリーは若干後退したのだった。いまやラテンアメリカの割合が（合衆国の競争力の増大にもかかわらず）上昇し、また僅かながらアジアの割合が上昇した。それでもなお地理的地平のこの拡大はフランス資本輸出の基本構造を大体のところ変えなかったのである。一九〇〇年も一九一四年も、ヨーロッパが明白に海外に先んじている。第一のケースでは七一パーセント対二九パーセント、第二のケースでは（一九一四年の四五〇億フランから出発すると）六一パーセント対三九パーセントというふうに、その割合が改善されてはいるが。

この輸出された資本の半分は、債務国の経済発展にはほとんど役立たなかった。一番大きな部分を政府が、その金

| | | | |
|---|---|---|---|
| ヨーロッパの有価証券 | | オーストリア．4% gol-drente | 4.73% |
| 英国のコンソル公債 | 3.34% | ロシア．4.5% コンソル公債 | 4.76% |
| スイス3% | 3.69% | トルコ4% | 5% |
| スウェーデン3.5% | 3.70% | ハンガリー4%金 | 5.10% |
| フランス3% | 3.70% | ブルガリア5% | 5.37% |
| イタリア3.5% | 3.71% | セルビア4% | 5.40% |
| デンマーク3% | 3.75% | | |
| ベルギー3% | 3.83% | | |
| オランダ3% | 3.84% | ヨーロッパ以外の有価証券 | |
| ノルウェー3% | 3.90% | エジプト4% | 3.98% |
| ギリシャ4% | 3.96% | アルゼンチン4% | 4.71% |
| ロシア4% | 4.52% | 日本4% | 4.71% |
| スペイン．エステル | 4.58% | ブラジル4% | 5.55% |
| ポルトガル3% | 4.70% | メキシコ4% | 5.68% |
| プロイセン．3% コンソル公債 | 4.71% | ハイチ5% | 6.41% |

融的需要を満たすために、得たのであった。正当にもフェイスはつぎのように確認している。[104] フランスは、その金融市場を他の国々に対してよりも、このような《諸政府》に対して、つまり、《その国庫が空っぽでありその歳出を独裁的に決定しそのヴァイタリティが腐敗し衰退しつつある諸政府》に対して開放していた、と。

結局植民地は、完全に従属的な役割を演じたのであった。つまり、資本輸出における割合は一九〇〇年に五・三パーセントで、一九一四年に八・八パーセントになる。それゆえにフランス全貿易に対する植民地貿易の割合よりもさらに少ないのである。理由は明白である――低開発的植民地への資本輸出が短期的にはまったく利益を上げず、長期的には予測がつかないからである。それに反して、ヨーロッパ諸政府の国債または海外諸国の有価証券、つまり経済的にすでにある程度の発展状態に達しているか、フランス植民地のように大体のところ商事会社によって搾取されていないような海外諸国の有価証券は、利益が多かったのであった。外国銀行のかたちでまたも自身の寄生虫に栄養を取らせた、寄生虫的な政府を有するこれらの《半植民地》において、その土地の農民層はこのようにして搾取されたのであった。その労働がとどのつまりは満期の支払いに対して保証を与えたのである。[105]その
その他の点でヨーロッパ以外の有価証券は、広く流布されている見解とは反対に、まれにしかヨーロッパ有価証券よりも高い利子収入をうみ出さなかったことは、一九一四年七月二三日のパリの小記事が示し

**クレディ・リヨネ 1896-1914 の「特別業務」と「通常業務」による利潤の構造**

（単位 1000 フラン）

| 年次 | 利潤全体 | 植民地業務 | 外国業務（ロシア業務を含む） | フランスにおける国債・地方債 | フランス企業 |
|---|---|---|---|---|---|
| 1896 | 6 766 | 2 249 | 1 222（　184） | 166 | 3 129 |
| 1897 | 6 309 | 217 | 4 491（1 282） | 107 | 1 494 |
| 1898 | 6 236 | — | 4 734（1 955） | 60 | 1 442 |
| 1899 | 9 959 | 242 | 6 109（4 078） | 2 426 | 1 182 |
| 1900 | 5 802 | 66 | 3 666（1 762） | 1 008 | 1 062 |
| 1901 | 5 024 | 420 | 3 385（1 831） | 113 | 1 106 |
| 1902 | 7 210 | 587 | 4 308（　972） | 661 | 1 654 |
| 1903 | 9 372 | 455 | 7 009（2 992） | 1 332 | 576 |
| 1904 | 10 779 | 37 | 8 943（7 961） | 506 | 1 293 |
| 1905 | 4 914 | 613 | 3 623（ — ） | 136 | 542 |
| 1906 | 19 076 | 382 | 17 111（12 623） | 1 252 | 331 |
| 1907 | 7 772 | 560 | 5 260（　473） | 524 | 1 428 |
| 1908 | 9 375 | 514 | 7 028（3 876） | 235 | 1 598 |
| 1909 | 19 953 | 493 | 16 414（12 082） | 1 414 | 1 632 |
| 1910 | 13 451 | 800 | 11 308（　41） | 249 | 1 094 |
| 1911 | 9 081 | 245 | 7 298（　13） | — | 1 538 |
| 1912 | 15 800 | — | 10 636（5 493） | 2 062 | 3 102 |
| 1913 | 15 136 | 398 | 8 452（4 613） | 3 191 | 3 095 |
| 1914 | 12 865 | 248 | 9 122（7 350） | 1 342 | 2 153 |
| insgesamt 1896 bis 1914 | 194 880 | 8 526 | 140 199（69 581） | 16 784 | 29 451 |

〔出所〕 Bouvier/Furet/Gillet, a. a. O., S. 241.

ているところである(106)（上の表を見られたい）。

どんなに植民地の取引が利益をあげられなかったかを、クレディ・リヨネの《特別業務《ゲシェフテ》》と《通常取引》による利益の分類が示している。これはまったく典型的と見なされるもので、少なくともソシエテ・ジェネラールに対してそうである(107)。トップに群を抜いて対ロシア取引の利益があるが、それは外国項目の売却による全利益のほぼ半分になり、全国内投資の全利益よりも高いのである。いたるところで、資本家たちは定収《フェステ・レンテン》益と即座の配当を求めていたので、どんな資本も植民目的のために提供されなかったと苦情が出された(108)。一八九九年十一月二四日にデクラッセは議会でつぎのように述べていた。《われわれの資本は、しばしば非常に軽率にも外国企業によせるのと同様な信頼をわれわれの海外領土にもってほしいと私は願うものである(109)》と。資本が植民地を搾取したのではなくて、一定の商事会社が搾取したのである。ルロア－ボーリュー、フェリーとその弟子たちが宣言したことは、蜃気楼《ファータ・モルガーナ》であることが証明された。

資本輸出が行なわれた形態も、それで結局のところは、社会のマルサス主義的基本姿勢の表現でしかなかったのである。その資本輸出は、多くの同時代人がすでに批判していたように(110)、二重の意味で非生産的であったからである。つまり、一方では、資本輸出は、確かに大きな、それ自体充分な企業から、企業が膨張と近代化のために必要としていた投資資本を奪いとらなかったが、そのかわりに中小の企業からそれを奪いとったのである。生産者側と金融資本家側間のこの利害の相違のなかに――それが主観的につねには当該者たちによって気づかれていなかったとしても――生産機構の相対的停滞の理由の一つがあった(111)。他方では、商工会議所や戦後にほかならぬケインズ(112)が批評したように、資本輸出と商品輸出は、稀な場合にのみシンクロナイズしたのであった。貿易相手国のランキングリストには、一例だけを引用すると、ロシアが一〇位にあったのである！　それに対して一番重要な貿易相手国グレート・ブリテンとドイツは、資本輸出ではほとんど得をするところはなかったのである。戦争勃発前の数年間ようやく公社債による引受けがフランス産業への発注にゆだねられる若干のケースが現われた――グレート・ブリテンとドイツにより常時実行されていた方法であったが。この資本輸出はそれゆえに、経済的な基礎をもつ非公式的《インフォルメル》帝国主義を根拠づけることはできなかった。

金融寡頭制の態度はしたがって、国の一般的な社会的・経済的諸条件に対応したものであって、じつに安定性の点で、これらの諸条件に反作用したのであった。しかし、ロシアのケースおよび若干のあまり明白でない努力（トルコ、バルカン）を除外すれば、資本輸出の背後にあって、徒労にも戦略が探し求められているのである。これはまず第一に植民地にあてはまった。政府は、投資を活発にするためには、何も行なわなかった。《四大寡頭制《フィーレル・オリガルヒー》》が、植民地と保護領の全公社債、国家保証の鉄道債（インドシナ、雲南）を公衆に対してたいへん熱心に推薦したのではあるが、良い植民地公債でさえ投資対象となるのが難かしかったことは、なんら秘密ではなかった。[113]《インドシナ銀行》のような特殊銀行でさえその任務を解決するだけの力があるようになるまでには長い期間を必要としたのであった。[114] 一八八八年二月二〇日の訓令によると、この銀行は、東南アジアにおけるフランスの影響を拡大し、フランス人の経済的活動に対して融資するため、政府の意のままになる手段となるはずのものであった。実際にはこの任務は果たされなかった。相当な資本の不動産化《イモビリジールング》を意味し、また長期信用供与を不可能にしたインドシナ通貨の安定を保証する機能が、まず第一にこの銀行に割り当てられたからである。絶対に確実な運用だけが行なわれたのであった。英・独銀行の競争に対しては無力であった。この具合の悪い状況から一九〇〇年五月一六日の訓令は結論を出して、この機関を自由な銀行《フライエ・バンク》に変えたのであった。いまやこの銀行は、フランスの経済的利益を特に中国でいっそう良く代表することができたが、今度は資金が不足したのであった。悪循環《チルクルス・ウイチオーズス》であった！ また独占的地位もそのイニシアチヴを弱めたのであった。

政府と金融寡頭制は、しばしば密接にたがいに結びついていた。しかし同じ程度にしばしば政府の活動は、政治的利害と明らかに相容れない有価証券は登録されないし、また売買されないという見地から取引所を監督するにすぎないということに、限られていた。政府の活動は、なるほど拒否権（一八八〇年二月六日の訓令第五項目による）を有してはいたが、けっして恒常的に規制したり統制したりしなかった。監督は、もちろん一九〇九年と一九一四年との間はわかりきった理由から、一段と厳しさを加えた。銀行側が政府の推奨に反抗したという例は、見あたらないのである。[115] 他面、資本輸出と外交政策は、けっしてつねに平行関係を辿ったとは限らなかった。[116] つまり、しばしば業務利害関係が、いわゆる《国民的利害関係》に打ち勝ったのであった。資本の相当部分は、経済的利益も政治的利益ももたらさなかった国々（ラテンアメリカ）に流れ込んだ。若干のバルカン諸国は、フランスの貨幣でドイツの武器を購入したが、そういうことはロシアでもありえたのであった！ フランスの資本家がこのような仕方でドイツの工業家を支援したという非難は、すでに同時代人によってなされたのであった。[117]

とりわけロシア国債の人気は、資本輸出の根本的な社会政策的機能の特徴を明らかにするものである。ロシア国債は、外交政策的保障と国内経済《インテルンーエコノーミッシュ》的保障を最適な仕方で一体化しているように思われた。金融資本主義が原則的には中ブルジョアジーと小ブルジョアジーの諸部分の広範な層を、その利潤に参加させることによって、金融資本主義は、これらの層の社会経済的地位、それと同時にこれらの層の政治的信頼性を確実なものにするのに決定的に役立ったのであった。もちろんここでも、富裕な層が富裕でない層よりははるかに利益をあげているという原則は認められるところである。(118) それにもかかわらず、金融資本主義はこれらの層と、この利点をもつことのなかった労働者階級に対して、親密な共生関係に入っていた。また価格上昇に対する保護主義のために、消費者大衆がどのつまりは支払わなければならなかったことをつけ加えれば、(119) 非公式的《インフォルメル》帝国主義の特殊フランス的変種としての資本輸出は、有産層《ベジッツ・ビュルガートゥム》（資本＋土地）と資本収益《カピタール・レンテ》から生計をえている中産層からなる、どっちみち既存の支配的統合体《ジンテーゼ》を追加的に固め、それによって階級対立を激化させることとなるのである。(120) 植民地的膨張でなくて資本輸出が、社会帝国主義の間接的機能を果たしたのである。(121) 戦争と革命によって、一六〇万を下らぬフランス人がその外国に投資した有価証券を喪失したとき、戦間期のそのときに始まったこれらの階層の社会的・経済的な、したがって政治的な不安定性の理由の一つがここにあったのである。

　この分析から、フランス資本主義が植民地なしでも再生産されたであろうということと別種の結論を引き出すのは困難である。いやそれどころか、工業化促進のために過剰資本のより合理的投資が、フランスの将来的な権力的地位には、膨大な植民地帝国――どっちみち国民にとって実入りよりもはるかに費用のかかる(122)――よりも役立ったであろうということと別種の結論を引き出すのは困難である。レーニンによって代表されるテーゼ、つまり《フランスにおいては、前世紀八〇年代以降金融資本の特に急速な展開と、産業資本の同時期における弱体さが、併合主義的政策の極端な激化をひき起した》というテーゼに対して、少なくとも公式《フォルメル》的帝国主義に関しては、経験的な典拠は見いだされないのである。まったく反対である。つまり、非公式的《インフォルメル》帝国主義は、十九世紀第二半期以来形成される社会構造を安定させたが、他方、公式《フォルメル》的帝国《イムペリウム》を目ざして努力した勢力は、独占化して膨張する資本主義を押しとおすという意図で、まさにこの非常に強くマルサス主義の特徴をおびた社会構造を克服したときにだけ、目標に到達できたであろう。しかしそのためには、同様にこの勢力ははじめに、必要な社会的権力を有していなかったのである。

## 5. 九〇年代以降における社会・イデオロギー・帝国主義

八〇年代末には、政府と《戦略的な派閥》のチームワークによって寄せ集められた植民地帝国は――その帝国は広範に未開発であったが――行政的にも混沌としていた。この時代に植民地政治家のまったく新しいタイプを示す人物が影響力を獲得したのは偶然ではなかった。ユージン・エティエンヌである。(123) 日和見主義者である指導者ガムベッタとフェリーの弟子であり友人である彼は、コンスタンと銀行家ルーヴィエ（この人物と彼を取引上の利害関係が結びつけていたが）をかこみ、いまやそれに従う指導者グループと密接に手を組んでおり、オラン生まれで、一八八一年と一九一九年の間は連続してこの都市の国会議員であり、一八七六年以来フリーメーソンのメンバーであるが、われわれはこれからこの種の帝国主義的テクノクラートと関わりあわなければならない。エネルギッシュで、ダイナミックで、近代的で経済的なカテゴリーのなかで思考している帝国主義的テクノクラートである。彼はその本来の政治的キャリアに入る前に、すでに鉄道会社取締役会《アウフジヒツ・レーテ》におり、帝国主義的政策の手段としての鉄道の価値を認識していた。彼にあっては、もうほとんど人道的な偽善は存在しなかった。つまり、彼は植民地をとりわけ本国に対するその経済的価値の視点から見ていたし、黒い労働力の仮借のない搾取にあからさまに賛成することをはばからなかった。彼は、彼のできるところでは、本国における植民希望者を後援し、結局はフランス植民地帝国の強化と拡大のための本格的戦略をとった。議会と世論とのフェリーのまずい経験から、彼は学んだのであった。つまり、彼は戦争による紛糾を回避して、特にアフリカにおけるイギリス人と、境界問題に関するとり決めを外交的手段を通して達成しようと試みた。新時代が開かれたように思われたのであった。

エティエンヌが短期の間に、植民地次官として（一八八七年、一八八九―一八九二年）行なったことは疑いもなくかなりのものであった。彼は植民地省創設（一八九四年）の第一歩として、海軍省の後見から彼自身の行政を解放した。それによって彼は、同時に内閣における本人自身の地位を強化した。彼は、植民地官僚の質を改善するために、《植民地学校《エコル・コロニアル》》を設立した（一八八九年）。彼は、インドシナ行政を再組織し、かなりの軍事的、政治的、法律的、関税政策的な、それどころか郵便業務の権限さえも与えられている総督の下に、この行政を統合化した。彼は、後のフランス領西アフリカ機構（A・O・F）に対して、特に最適な経済効率の理由から、基礎をきずいたのであった。[124]ここにすでに存在していた植民地所有は《まとめあげら》れ、その場合にスーダンを目ざす主要前進方向がはっきりと認められた。これら地域の《開発》をおし進めていくために、彼はその新重商主義的構想から、特権を有する特許会社と認可会社を設立する理念を打ち出した。その理念とは、長い闘争の後一八九九年にようやく、かなり内容の稀薄にされたかたちで実現されたものであった。エティエンヌはこれらの評判の悪い認可会社の一つの取締役会に席をしめていたが、自身では私腹を肥やさなかったようである。[125]

しかしエティエンヌは、この分野で成果に恵まれなかった。つまり、フランス経済は、沿岸大都市のある程度の通商利益を除外すれば、植民地帝国に対してはさらにひき続いて慎重な姿勢をとっていた。植民地生産諸力の組織的《開発》については、とりわけアフリカでは、考えられなかった。[126]彼が役職についていたあいだは、エティエンヌは、ほとんど秘密裏に行動した。[127]帝国主義的政策を、緊急に必要にしていっそう広汎な社会的基礎の上に置くために、彼はすでに次官としても、またとりわけその後で、植民地関係者たちを組織しはじめていた。このようなやり方で、決まったかたちをとっていない世論やためらいがちな政府に、恒久的なプレッシャーをかけるためであった。そのさいに、内政における一連の客観的変化――それらはすべて、植民地帝国を既成事実《フェタコムプリ》として受容することを認めるという、また一八八五年のような危機のくり返しを将来は排除するという結果になった――が彼を助けるところとなった。

九〇年代の初頭以来激化していた階級対立（一八九三年の選挙における社会主義者の大成功、一八九二／九四年の無政府主義の昂揚、一八九二年のカルモーの鉱山労働者等におけるようなストライキなど）やドレフュス事件による震撼のプレッシャーを受けて、急進社会党員の姿で反フェリー主義の旗手の一人が、中心に押し出されてきた。一八九五年にそのリーダーの一人、レオン・ブルジョアが、最初の、もちろん短命な急進的内閣を組織したのであった。しかしこの急進党員たちは保守的共和党諸内閣に――彼らがこの諸内閣を、一九〇二年に、長期にわたるコンブ内閣と交代させるまで――加わったのであった。まったく国内問題に心を奪われて（軍との関係、国家と教会の分離、所得税導入）、急進党員たちは、その本来のナショナリズムと反植民地主義を放棄していたのであった。

反フェリー主義の第二の柱である農業的、カトリック的、王党派的右派もまた崩壊し深刻な転換過程を経験した。(128) 王党派は守勢にまわり、その時代がかったナショナリズムに《統合的ナショナリズム》がとってかわったが、(129) このナショナリズムにモーリス・バレスはイデオロギー的基礎を与えた。それにバレスは、《フランスの再占領》を、《ナショナルな諸エネルギー》の発展を伝統に復帰しつつある《内部的分解》の諸勢力に対して要求していたから、基本的には反植民地主義的な考え方であった。少しおくれて一番重要なナショナリスティックな闘争団体の一つである《愛国者連盟《リーグ・デ・パトリオト》》のボス、ポール・デルレドがエティエンヌの政策の熱烈な反対者となったのは驚くにあたらない。(130) このナショナリズムはしかし大衆的基盤がなかったから、社会的にはぎりぎりのところにいた。これは一九〇五年および特に一九一一年のモロッコ危機によって、変わった。いまや、反ゲルマン主義は、ナショナリズムの両党派を、《大陸における後退のナショナリズム《ナシオナリスム・ド・レトラクシオン・コンティネンタル》》（ジラルデ）を、植民地的膨張の帝国主義と統合し、(131) 一九一一年以来のいわゆる《愛国復興運動《ルヌヴォー・ペトリオテイク》》に堅牢な基礎を与えたのであった。植民地政策は、国内の四分五裂と弱体化の一要因であるとは限らないことが認められた。

他の諸要因がさらにつけ加わった。（カトリックの）《共和制加担《ラリマン》》によって、カトリックの一部は共和制を、したがって国家と教会の分離をめざす（反教権的）世俗主義《ライツィスムス》を受けいれた。保護関税の導入によって、農業の競争に対する恐怖感が根絶された。一八九三年以来特別植民地軍が存在し、また、一九〇〇年の財政法が植民地は自力で生存すべきであることを要求した状況は、人々を落ち着かせた。(132) ロシアとの同盟は、やっと安全保障を強化し、同時に植民地的膨張政策は、《ドイツ側の好意によって》のみ、したがってフランスの大陸における地位を犠牲にして、達成されるものであるという印象をとり除くことになった。

その他の点でしばしば断念されている植民地帝国受容と、積極的でエネルギッシュな帝国主義的政策の間には、しかしながらさらに雲泥の差があったのである。一例だけ挙げてみよう。一八八九年十二月のパリの第一回全国《ナチオナル》植民地会議開会にさいして、発起人の一人であるグワドループ島（カリブ海のフランス海外県）の上院議員イサークはその開会の辞でフランス人大衆のこの無関心ぶりを嘆いた。彼にはそのための十分な根拠があった。内相コンスタンは会議と三五〇人の参加者に、その何週間にもわたる仕事に対して助成金として全額五〇〇フランを出した。個々人から二三〇〇フランが入り、全予算は四〇〇〇フランの額になった。(133) エティエンヌが植民地担当次官補であり、《後援会《コミテ・ド・パトロナジュ》》に席を占めていたにもかかわらず、それが起ったすべてであった。この惨めな状態を阻止するために、とりわけエティエンヌによって九〇年代初頭以来、同時代人が《植民地党》と呼ぶものが形成されることになった。(134) フランスではそれゆえにドイツにおけるのと同じことが生じたのであった。つまり、まだ世界地図に残っている《白い箇所》をめぐる列強の激化する対立を背景とする、ナショナリスティックで帝国主義的な闘争団体の成立である。

ドイツのケースがそうであったように、この《植民地党》はフランス帝国主義の社会経済的基盤の拡張に貢献したのだろうか？　多くの点で、それはそうでないのである。

1. いまや地面から勢いよく伸びてきている茸のように、時おり個別の植民地に専門化する諸委員会《コミテース》は、(135) だいたいのところ既存の植民地諸利害を組織したものであった。これらの委員会は、九〇年初頭と戦争勃発の間に、（ドイツの《艦隊協会《フロッテン・フェライン》》と《植民地連盟《コロニアル・フェルバント》》と反対に）、そのメンバー数を基本的には増やすことに成功しなかった。全期間中、これらの委員会にはセクト的性格がつきまとっていた。大多数は、かつての植民地官吏や植民地士官であった。彼らは、暖炉の火にあたっている古参兵たちのように、その遠くはなれた国々での《英雄的行為》を夢見ていた。それに地理学の教授たち、若干の植民地問題専門のジャーナリスト、作家、議員がつけ加わった。商人、船主、銀行家、商工会議所（マルセーユ、ボルドー、リヨン）の代表者は少数派にとどまった。

2. これら委員会の大部分は貧弱であったし、宣伝手段はささやかなものであった。一〇〇〇人にも足らない数が――しばしば相当の数がそれを下まわっているが――その中軸をなしていた。つまり、彼らによって発表された

《報告書《ブレティーン》》は、四―五〇〇〇部をこえることは滅多になかった。一九〇四年にエティエンヌの後援の下に設立された《モロッコ委員会》だけが資金面で苦情を言うことはなかった。つまり、その背後に全体的な銀行寡頭制があったのは偶然ではなかったし、その寄付金も小さいものではなかった。現実的に植民地に利害関係をもつ諸商社の溜め池のようなものとして一八九三年に設立された《フランス植民地連合《ユニオン・コロニアル・フランセーズ》》も、資金面で苦情を言うことはなかった。この連合ははじめは四〇社・二四三人のメンバーをそろえたが、一八九五年には五〇社・四五二人のメンバーであった。それでもこの団体でも、新たな経済グループや資本所有者に植民地に対して関心をもたせることには成功しなかったのであった。[136]

3・すべてこれらのグループ、委員会、団体は、ライン河の向う側で《全ドイツ同盟《アルドイッチェル・フェルバント》》のなかに事実上見られたような上部機構をもつことはまったくなかったのである。これらの総計とも言える、いわゆる《植民地党》をまとめたのは、その構造の超寡頭制的性格であった。再三再四、同じ名前が浮び上がってきた。役職・議長・指導部ポストのくり返しに関して言えば、エティエンヌ自身が記録的であった。[137] つまり、彼は正真正銘のある団体のマネージャー、そしてプロフェショナルな植民問題の幹部となったのである。植民政策的寡頭制のこのグループには、王党派(!)代議士のオーギュスト・ダランベール大公が属していた。また、セネガルの以前の総督で代議士のアリスティード・ヴァロン提督、法律家でエティエンヌの友人がいる。西アフリカ貿易(パーム油)に利害関係を有するマルセーユの代議士で石鹸業者のジュール・シャルル―ルーは、同時に、《大西洋汽船会社《コンパニ・ジエネラル・トランザトランテイク》》社長、《マルセーユ商工銀行会社《ソシエテ・マルセーズ・ドウ・クレデイ・アンデュストリエル・エ・コメルスイアル》》重役で、一八九八年以来《国立割引銀行《コントワル・ナシオナル・デスコント》》重役会の一人であった。プロパガンディストでジャーナリストのジョセフ・シャイエ―ベールは、《植民地連合《ユニオン・コロニアル》》と、《エティエンヌ昼食会《デジュネ・エティエンヌ》》の事務総長で、ここでこの寡頭制は会合を重ねたのであった。この寡頭制の基軸部分は二ダース足らずの人数で、相互に利益を与えあった。ポストを周旋しあったり、植民地会議の席上、議長や報告者として選出されたりした。しかし広い効果を、それでも狙うことにはならなかった。《植民地党》のたいていのリーダーたちは、たぶんエティエンヌを除けば、比較的ささやかな政治的キャリアで終えたのはけっして偶然ではないのである。[138]

4.《植民地党》の最大の弱点は、この党がたえず政権側の重要な決定と対立せざるをえなかったということであった。この党は、一八九二年と一九一〇年の保護関税立法を批判した。この立法は植民地の経済的発展を妨害したからであった。エティエンヌ自身は何度となく本国関税率の差別的適用を要求した。(139) 彼は基本的には新重商主義者にとどまったが、他方、《植民地党》の相当な部分《フラクチオン》は、自由貿易に傾いており、それどころか海外におけるドイツ－フランス協力関係を手に入れたいとさえ思った。(140)《植民地党》は、軍事立法を、とりわけ一九一三年の三年兵役勤務の導入（皮肉なことに、エティエンヌが国防大臣であった時点）を批判した。その立法は、植民地への若いフランス人の、そうでなくともいままでもわずかであった移住をまったく制止するにちがいなかったからである。(141) ここに植民地への不十分な資本輸出に対する、(142) 社会・経済・国家におけるあらゆるマルサス主義的表明に対する、非常に激しい批判家たちが存在した。人々はときおり原理的反対という印象をもったりしたのであった。

5.最後に《植民地党》は、目ざしている植民地法規についてまったく明確な観念をもっていなかった。つまり、《同化《アシミリールング》》と《協同《アソチールング》》の支持者たちが激しく争っていた。(143) その背後に、中央集権制か国家連合かという植民地の地位に関する原則的相剋があった。このけっして解決されなかった相剋は、実行においては結局は、一方の構想も他方の構想も組織的に適用されなかった諸原因の一つであった。

それでも《植民地党》は、植民政策的・対外政策的決定過程では、八〇年代の《戦略的な派閥》よりも、はるかに良いポジションをもつようになっていた。デルカセが一八九三／九四年に次官補、ついで植民相であったとき、この党は植民省をよりどころとしていたが、大臣自身はこのグループの支援を、とりわけ、つねに慎重に策を弄する外務省《ケ・ドルセ》に対して求めていた。そして、マルシャン使節団を後援した。(144) このグループから最初に、九〇年代後半にモロッコに保護領設置の要求が出てきた。政府と世論がこのテーマをとり上げるよりも、かなり前のことであった。(145) ここではエティエンヌが原動力であった。オランの代議士として、アルジェリア－モロッコ国境の平和的解決だけが彼の関心事であったわけではない。彼は唯一のフランスによって支配されたマグレブの理念も展開させた。ファショダ事件後にデルカセ、エティエンヌ、《植民地党》は、目標設定と戦術に関しては同じ目標を追っていた。金融寡頭制と共同してモロッコ問題においては強力なシンジケートが形成されたが、このことは、この目標実現のための持続的政策、その政策の例外的な広い社会的基盤を明らかにするものである。一九〇四年夏に新たに設立された《モロッコ委員会》が、《私的な》研究調査団の資金調達のための募金活動を発表したとき、一か月のうちに一三万六〇〇〇フランが集まったが、その大部分は金融寡頭制からの寄付であった。さらに強力な《プレッシャー・グループ》は軍であって、軍はときにはまったく勝手気ままなリヨテ将軍の、アルジェリア−モロッコ国境における軍事作戦を、エティエンヌと《植民地党》と同様に、それによって外務省との緊張が高まっても援護したのであった。

ある重要な役割は、結局、エティエンヌによって設立された下院・上院の植民地関係議員団《コロニアル・フラクチオン》がやることとなった[146]。この議員団がだいたい左翼中間派・右翼中間派の代議士をまとめあげ、情報の活動を行ない、必要なクレディットの議決を準備した。このようなグループ形成は、しかしデルカセが外相になって以来は、そのかなりの重要さを喪失し、後にはもはやとり戻すことはなかった。

このように、あらゆる努力にもかかわらず、一九一四年以前のフランス帝国主義の社会経済的基礎は狭隘で、したがってもろいものであった。このことと、社会帝国主義の多くの構成要素がほとんど重要なものでなかったことが、また関連しているのである。つまり、国内的・社会政策的衝突の解決のためにはなんらの植民的膨張は必要とされなかったのである。社会的・政治的体制の防御は、深刻な階級対立を犠牲にしてにせよ、十分に達成されていたからである。一回だけこの可能性が考えられねばならなかったように思われる。一八九八年の秋である[147]。当時、九・十月には、ドレフュス事件のクライマックスが激しいゼネストと重なり、他方ファショダ危機はグレート・ブリテンとの戦争というかたちでの衝突の可能性を生んでいた。この劇的な瞬間に、デルカセと大統領のフェリクス・フォールは、政権の重大な危機と軍の非常にぐらついた権威をグレート・ブリテンとの戦争という方法で克服することを考えていたように思われる。しかし正反対のことが生じたのであった。つまり、政権の内面的弱点と、それと反政権的なナショナリストのグループ、《反ドレフュス派》と軍人が宣戦布告する状況とが、結論的には、戦争を政権に忠実な多数派がはねつけるということになったのであった。そのさいに、海軍の領域での絶望的な劣位とグレート・ブリテンとの妥協に狙いをつけていたデルカセの長期的目標設定は、平和的解決に、すなわちマルシャン将軍の撤収に、勝鬨《かちどき》を挙げさせた。確かに陸軍と海軍の内部には、海外駐屯部隊のつまらない退屈から逃れようとして植民地で冒険的な企てをする士官たちや下士官たちはいた。彼らのなかの多くの者たち――ガリエニやその弟子にあたるリオテー(148)――や、また歴史家エルネスト・ラウィスのような名声のある愛国者たちは(149)、ヒロイックな私心をはさまぬ、まったくその文明化を促す使命に献身する植民地士官の神話をつくり上げた。植民地士官はここから彼の《社会的役割》のまったく新たな理解を見いだすというわけである。しかしながら、《意志強固な男たちの学校》としての、《大フランス》のパイオニアとしての植民地軍は、なんらパッションをよびおこさなかったのであった。リオテー自身、植民地軍は自国では実際には軽蔑されており、その業績は正当に評価されることがないと、ぐちをこぼしていた。

帝国主義は、社会改革を制圧することには役立たなかったのであった。《社会改革を回避するための大きな軍馬〔にあたるもの〕は》と右派のある明敏な代議士は言っている、《教権主義に反対する戦いである(150)》と。労働運動でさえ、ほとんど帝国主義を相手にしなかった。つまり、その戦列には、この現象についてまじめにとる理論家はいなかったし、誰もルクセンブルク、カウツキー、ヒルファーディングやホブソンの著作を論議したりはしなかった(151)。植民地それ自体に向けられることはなかった(152)。アルジェリアとチュニジアにおける社会党の州連合会においてはどっちみち植民地主義に対する明確な立場は育つことはなかった。つまり、批判は非人間的な搾取的な形態に向けられており、植民者が支配的であった。社会党員は社会や国家自体と同様に、とりわけヨーロッパ中心的に考えていた。社会的な緊張と紛争は、ことに保守的社会政策の結果として、どちらかと言えば帝国主義の正反対を現わすブーランジスム（訳注―ブーランジェ将軍を中心とする反共和主義）よりもむしろいっそう顕著に現われてきた。植民地帝国に対する無関心と放棄の姿勢は克服されなかった。まだ一九一二年九月一四日には、アンリ・ボンヴァローは指導的なナショナリスティックな新聞《エコー・ド・パリ》紙で、植民化を正当化する基準となる諸イデオロギーに細かく反論していた。この植民化は、しかし実際には若干の少数の資本家たちに、民衆を犠牲にして常軌を逸した利益をもたらすにすぎないと言うのである。そして彼はしめくくった。《われわれがしなければならないことについて熟考したり理路整然と論じる時間はもはやない。葡萄は圧搾機で搾られている。われわれは、望むべくは葡萄がのどにひっかからないように、それを飲まざるをえない》と[153]。

## 6. 一九一四年以前のフランス帝国主義のモチヴェーション構造について

分析が示すように、マルサス主義的な考え方をもつ経済と社会の表現としての一九一四年以前のフランス金融資本主義は、じつにその再生産化のために巨大な資本輸出のかたちの非公式《インフォルメル》的帝国主義を必要とした[154]。戦争勃発前に、この資本輸出は国民所得の六パーセントになった[155]。この資本輸出は、世界の銀行家としてのフランスの立場を強化し、外交上の安全保障に役立ち、国内にあってはブルジョアジーの広汎な層の社会経済的地位を固めることとなった。この資本輸出は、循環性恐慌の影響を減少させたが、またフランスの相対的経済的衰退を隠蔽した。しかしながら、アメリカとイギリスの例示から導き出された《非公式的帝国主義》の概念がフランスの現実にまったく合致するかどうかは、問題のあるところである。一方で、ロシアのケースを別として、資本輸出の政治的作用は――ロシアの対外政策もけっしてパリから遠隔操作されなかったし、また確かに、レーニンが行なったように《半植民地》についてたやすく述べることはできないという点をまったく別として――ほとんど有効ではなかったのであるから。他方で、資本輸出の経済的作用は少なくとも問題的であった。というのは、資本輸出は、生産能力の発展に役立たずに、非生産的な金利生活者に役立ったからである。長期的には、資本輸出は、これらブルジョアジー諸層の経済的競争能力、社会的堅実さ《ソリディテート》、政治的能力を弱めたのであった[156]。

フランスの植民的膨張の解明のためには、したがって古典的な経済帝国主義理論は役立たない[157]。第二フランス植民地帝国は、主として経済的理由から生み出されることはなかったし、経済的利潤についてもたらされたものは、本国と、さらにそれ以上に植民地における労働人民を犠牲にして行なわれた。[158] このことは、植民地的膨張の指導的イデオローグたちと政治的担い手たちが、主観的には、新販売市場と原料資源の必要性について確信していなかったことを、意味するわけではない。まったくその反対である。つまり、一八八二／八五年の不況と深刻な循環性恐慌にもとづいて、これらの観念は、およそ不条理なものではなかった。ほとんど誰もアクチュアルな、直接に切迫している危険を、信じてはいなかった。多くのものは、将来を恐れてはいたが、まさにフランス社会のような社会は、この将来の危険に対してつねに新たな予防によって身を守るに違いないと信じていた。植民地的膨張には、生存の不安感ではないとしても競争の不安感が、影響を及ぼしていた。明らかになってくる内的な弱点を、確かに威嚇的に膨張を続ける工業諸国に対して安楽で実入りはいいが長期的には危険なマルサス主義を、外部へと向う強引な行動によって相殺しなければならなかった不安感である。フランスが無数の内外の危険に脅やかされて、拡がってくる弱点がいまや自明となったこの戦間期に、あらゆるこれらの問題解決の万能薬として、絶望のあまり、植民地帝国に手をつけたのは驚くにあたらない。その場合に、いまや狙われることになった帝国的自給自足経済《アウタルキー》は、自分の殻に閉じ込もる社会の最後の表現、巨大な危険を故意に無視する《フォーゲル・シュトラウス》姑息な政策《ポリティク》に対する明々白々な証明でしかなかったのである。

それについての若干のものは、すでに一九一四年以前の植民地的膨張政策のなかにあった。フランスのこの時代のしるしであった中心的なナショナルな体験は、あくまでも一八七〇年の敗北であった。新しい研究は、どの程度までこの敗北がナショナルな意識に精神的外傷《トラウマ》を与えたかを示している。[159] シャルル・ド・ゴールが独立自尊《ウンアブヘンギヒカイト》の力強い政策によって、一九四〇年の破局のナショナルな精神的外傷を拭い去ろうとつとめたように、そのようなことを、内部的な崩壊・腐敗に対する治療薬としての膨張がなければフランスを頽廃が脅やかす、と信じて疑わない日和見主義者のリーダーたちは試みたのであった。この政治の本質、とりわけ国際政治の本質に関する結局のところ社会ダーウィン主義的である理解が、八〇年代フランスの指導層を特徴づけるものであった。[160] 一八八九年の既述の第一回全国植民地会議のその基調演説で、その議長、学士院会員（つまりアカデミー会員）のエミール・レヴァセール――当時の科学研究のリーダー格の一人――は、植民地化は《現代社会の欲求に見あうものである。それは諸国民の永久的競争形態の一つである》と述べたのであった。かかる状況においては、フランスは自衛しなければならないし、偉大なるヨーロッパ列強、植民地列強としてその地位保持のため《嫉妬深い懸念をもって》考えなければならないと。(161)帝国主義は、この社会と経済のナショナリズムがまず防衛のナショナリズムであったように、この社会と経済の独自的内向性、自足性の調整方法であった。

ここから、この植民地的膨張政策は、しばしば神話に、驚くべき非合理性に、それどころかアフリカ・アジアの地理的現実の陳腐きわまりなき知識の欠如に、もとづくところが大きいことが明らかにされる。モンテールとマルシャンの調査団《ミッション》が生まれることになった上部ナイルのフランス政策は、これに対する明白な例証である。(162)英国人をスーダンから追いはらうことができるという希望は、自己の軍事的・外交的手段の命取りとなるような誤まった評価にもとづいていた。マルシャン自身は、河川航行の汽船と一六〇人の人員でファショダに達するために、二年にわたるまったく超人的とも言える力を振りしぼった。《植民地党》が簡単に達成できると自称した目標を、世論や政府にまやかしを用いて信じさせることを示す事例は数知れない。植民地党は、猛烈な植民デマゴギーを流したが、それはあまりにも無批判的に受けいれられただけだった。植民地官僚制によって準備された多くの決定は、議会と世論による監視の眼を逃れたのであった。だいたい外務省でデルカセが統治していた頃であった。植民地の諸事件は、まさに社会的には周辺的なことであったので、しばしば注目されることはなかったが、まずいことが起こったりしたときにはじめて責任問題が出てきたりした。しかしそのときでも軋轢はけっしてフランスの存亡にかかわる利害にふれることはなかった。つまりフランスはいつでもまず第一に大陸の強国であり、その運命はヨーロッパにおいて決定されたのである。この点で、植民地帝国は、カーニャーフォーストナーが言うように、浪費であった。

この植民地帝国が現実にいかに不安定な土壌の上にあったかを、ある素晴らしい書物が示している。テーマを良く知っている識者の一人が、この帝国がその権力の絶頂にあると思われたときにこれを刊行した。著者はレオン・アーヒムボーで、立法府議員の二任期期間（一九一九―一九二七年）中、議会の植民地予算の報告者であった。この書物『偉大なるフランス《ラ・グランド・フランス》』（一九二八年）のなかで、彼は、確かにイギリス人たちはその帝国《イムペリウム》を、計画と方法に従って建設したが、フランス人たちはしかしながら、彼らがそもそも何を行なっているかを正確には知ることなしに、つねにある種の勘から行動した、と述べていた。もしも、英国人をとびねけて目立たせているような、《帝国的メンタリティ》がフランス人に欠けているとすると、その植民地帝国は見かけだおしのものであるだろうと。まさにここに問題があったのである。それは、フランス帝国主義の——最初の真の負担によって倒壊しなければならなかった——貧弱な社会経済的な基盤なのである。

（1）この点は、特に、この論文の根底にあるフランス帝国主義の社会経済的、社会心理的モチヴェーションに関する問題提起にあてはまる。それについては一番に Henri Brunschwig, Mythes et réalités de l'impérialisme colonial français 1871-1914, Paris 1960（引用では、Brunschwig, Mythes）。しかし彼も、彼の仕事を（》Avant-propos《 を参照せよ）、理論を仕上げる試みとしてよりも、むしろまだ行なわれている研究のための示唆または枠と見なしていた。類似のものは、フランス帝国主義研究の第二人者とも言える Jean Ganiage, L'expansion coloniale de la France sous la Troisième République (1871-1914), Paris 1968. にあてはまる。ここでは、確かに好ましいことに、内政面の諸要因（諸政党の状況、国会の多数派等）が論じられはしたが、同じように理論的野心はない。すなわち、個別的諸要因を関連させ、また、一般的社会的状況から解釈する試みである。この方向でいくぶん活気づけるものとしては、以下に引用されるように、A. S. Kanya-Forster, Roger Glenn Brown のようなかなり若いアメリカの専門家の仕事がある。

（2）Robert C. North と Nazil Choucri, ›Alternative Dynamics of International Conflict: Some Implications for Policy‹, in: World Politics, April 1971.（ここでは一九七〇年七月のＭＳによる）

（3）すぐれた諸労作によって、一九・二〇世紀のフランス経済のだいたいの構造傾向と展開傾向はよく知られている。とりわけ、John H. Clapham, The Economic Development of France and Germany 1815-1914, Cambridge (Engl.) 1923, 1928²; Maurice Baumont, in: Jacques Boudet (Hg.): Le monde des affaires en France de 1830 à nos jours, Paris 1952; Rondo E. Cameron, France and the Economic Development of Europe 1800-1914, Paris 1961; Charles P. Kindleberger, Economic Growth in France and Britain 1851-1950, Cambridge (Mass.) 1964; Henri Sée, Histoire économique de la France, Bd. 2: Les temps modernes 1789-1914, Paris 1942; M. Lévy-Leboyer, ›La croissance économique en France au XIXe siècle‹, in: Annales, 1968, 4, S. 788-807; ders., ›Les processus d'industrialisation : le cas de l'Angleterre et de la France⟨, in : Revue historique, April-Juni 1968, S. 281-298. それに Jean Bouvier の諸労作がつけ加わる。

(4) Sée, II, S. 306. 注の4。

(5) A. Olivesi : ⟩Les socialistes marseillais et le problème colonial⟨, in : Le Mouvement social, Januar-März 1964, S. 27.

(6) この寡頭制のトップグループは以下の諸銀行から構成されていた。Crédit Lyonnais, Banque de Paris et des Pays-Bas, Société Génerale, Comptoir National d'Escompte. このグループの寡頭制的特性については，Lysis (=E. Letailleur), Contre l'oligarchie financière en France (論文集), Paris 1908 ; それに批判的なものとして，Testis, Le rôle des établissements de crédit en France. La vérieté sur les propos de Lysis, Paris 1907 ; 比較的均衡のとれたものとしては，Financiel (=R. Mennevée), La politique économique et financière de la Haute Banque française, Paris 1920. (Le Courrier politique et financier, Okt. 1913-März 1914 からの論説)

(7) これと以下の数字は，Jean Marczewski, ⟩Résultats provisoires d'une étude sur la croissance de l'economie française 1700 à 1958⟨. Rapport présenté au VIe Congrès européen de l'International Association for Research in Income and Wealth, Portorez, 23. Aug.-1. Sept. 1959.

(8) 市場価格による計算。ebd., S. 23, 27.

(9) Jules Méline, Die Rückkehr zur scholle und die industrielle Überproduktion, 1906 ; M. Baumont, in : J. Boudet, S. 17.

(10) Raymond Poidevin, Les relations économiques et financières entre la France et l'Allemagne de 1898 à 1914, Paris 1969, S. 393-396 (zit. Poidevin, Relations).

(11) M. Baumont, in : J. Boudet, S. 20.

(12) Jean-Alain Lesourd und Claude Gérard : Histoire économique. XIXe et XXe siècle, Bd. 2, Paris 1963², S. 394.

(13) Ebd., S. 395. Vgl. Julius Wolf : ⟩Der französische Nationalreichtum vor dem Kriege⟨. Finanz- und volkswirtschaftliche Zeitfragen, 40. Heft, Stuttgart 1917 ; François Perroux : ⟩La croissance du revenu national français depuis 1870⟨, in : Cahiers de l'I. S. E. A., série D, 1952.

(14) 以下のもの Charles-Albert Michalet, Les placements des épargnants français de 1815 à nos jours, Paris 1968 : Rondo E. Cameron, ⟩L'exportation des capitaux français 1850-1880⟨, in : Revue d'Histoire économique et sociale, 1955, Nr. 3, S. 347-353.

(15) R. Pupin, La richesse de la France avant la querre, Paris 1916, S. 111 ; Hermann Schmidt, Die Struktur der französischen Bankwirtschaft, Jena 1940, S. 3f. (Probleme der Weltwirtschaft, 66).

(16) Ch.-A. Michalet, S. 201.

(17) 一九〇五年の遺産の九五パーセントは、五万フラン以下であった。これは、同時に全遺産価値の二八パーセントにすぎなかった。キャメロンは、国富《フォルクス・フェルメーゲン》の八七パーセントは、人口の一〇パーセントの手中にあったと、述べている。Ch.-A. Michalet, S. 210.

(18) Ebd., S. 188-206, 215-220.

(19) Ebd., S. 103. 私的資産の全体量に対する地方の土地所有《デル・レントリッヒエ・グルントベジッツ》の割合は以下のように変化した（平均的なパーセントで表した数）(ebd., S. 103)。

| 1853 | 1878 | 1886 | 1892 | 1896/1900 | 1901/1905 | 1908 | 1911/1914 |
|---|---|---|---|---|---|---|---|
| 65,6 | 43,1 | 40,0 | 32,2 | 25,2 | 23,5 | 22,9 | 22,9 |

(20) H. Schmidt, S. 4f.

(21) Ch.-A. Michalet, S. 146 ; それに Guy P. Palmade : Capitalisme et capitalistes français au XIXe siècle, Paris 1961, S. 224-227.

(22) それについては、Pierre Sorlin, La société française, Bd 1, 1840-1914, Paris 1969, S. 128-145. 参照。

(23) Sée, I, S. 272.

(24) Jean Bouvier : ›Origins et traits particuliers de l'impérialisme français,‹ Rapport für ein Colloquim des Centre d'étude et de Recherche marxiste, November 1969 ; J. Duret, Le marxisme et le crises, Paris 1933, S. 38f.

(25) A. Marvaud, H. de Peyerimhoff, P. Guebhard, Ch. de Lasteyrie : Intérêts économiques et rapports internationaux à la veille de la guerre, Paris 1915.

(26) Ebd., S. 29-58.

(27) 以前の大臣アレクサンドル・ミルランにより確認され強調されているところ。ebd., S. 138f.

(28) Ebd., S. 113. ドゥ・ペイラムホフの計算は、事実にかなり近いものであった。つまり、フランスについては、約三〇〇億フランの国民所得である（ドイツについては、五〇〇億フラン、グレート・ブリテンについては、五〇〇億フラン以上で、合衆国については、ほぼ一〇〇〇億フラン)。この不十分な膨張に対する激しい批判として、J. Gruppi, Pour l'expansion économique de la France, Paris 1910.

(29) Yves Guyot, Lettres sur la politique coloniale, Paris 1885 ; Achille Viallate, L'impérialisme économique et les relations internationales pendant le dernier demi-siècle 1870-1920, Paris 1922, S. 49f.

(30) M. Baumont, in : J. Boudet, S. 21 ; A. Viallate, S. 50.

(31) それについて詳細なものとして，Hans Rosenberg, ›Wirtschaftskonjunktur, Gesellschaft und Politik in Mitteleuropa, 1873-1896‹, in: Hans-Ulrich Wehler (Hg.), Moderne deutsche Sozialgeschichte, Köln/Berlin 1966, S. 231-242.

(32) それに，ぶどう生産に壊滅的とも言える結果をもたらした，ブドウネアブラ虫の災害がつけ加わった（一八七五年）。

(33) Jean Bouvier, François Furet, Marcel Gillet, Le mouvement du profit en France au 19e siècle. Matériaux et études, Paris 1965, S. 222f. (zit. Bouvier/Furet/Gillet).

(34) Ebd., S. 222-231; Jean Bouvier, Naissance d'une banque: Le Crédit Lyonnais, Paris 1968, S. 100-108.

(35) Jean Lhomme, La grande bourgeoisie au pouvoir 1830-1880, Paris 1960, S. 269-354.

(36) Félix Ponteil, Les classes bourgeoises et l'avènement de la démocratie 1815-1914, Paris 1968, S. 398.

(37) Daniel Salem, ›Sur quelques conséquences du retour de la France au protectionisme à la fin du XIXe siècle‹, in: Revue d'Histoire économique et sociale, 1967, 3, S. 327-337.

(38) それについて詳細には，Agnes Murphy, The Ideology of French Imperialism 1871-1881, Washington 1948, S. 101-138; Hubert Deschamps, Les méthodes et les doctrines coloniales de la France du XVIe siècle à nos jours, Paris 1953, S. 125-130.

(39) Journal des Débats, 29. Juni 1871 の論説，A. Murphy, S. 124 に引用。

(40) 重大な，頻繁に引用されるテクストは，一八八四年三月二七日の，一八八四年一一月二四日のフェリーの議会演説であり，彼の打倒後の一八八五年七月二八日のものである。さらには，Alfred Rambaud, Les affaires de Tunésie, 1882 および Léon Sentupèry, Tonkin et la Mère Partie, 1890. への彼の序文。それについては，広汎な文献があるが，これらはしかしすべての問題を明らかにしているわけではない。たとえば，フェリーの東部フランス繊維産業との関係。Ganiage, S. 45 から S. 59 までを参照せよ。Charles André Julien, ›Ferry‹, in: R. Delavignette und Ch.-A. Julien, Les constructeurs de la France d'outre-mer, Paris 1945, S. 264-309.（一番重要なテクストからの抜粋がある）Ch.-A. Julien, ›Ferry‹, in: Les politiques d'expansion impérialistes, Paris 1949, S. 11-72; F. Pisani-Ferry, Jules Ferry et le partage du monde, Paris 1962（弱い）; H. Brunschwig, Mythes, S. 77-83.

(41) Henri Blet, La France d'outre-mer, Paris 1950, S. 15; F. Pisani-Ferry, S. 153.

(42) Ebd., S. 3.

(43) Raoul Giradet, Le nationalisme français 1871-1914, Paris 1966, S. 98, Anm. 1. を参照。

(44) Pierre Lequime, Possibilités et conditions d'une politique impériale, Paris 1938, S. 93f. を参照せよ。

(45) Tabelle in H. Brunschwig, Mythes, S. 191f. を見よ。

(46) D. Salem, S. 342.
(47) H. Brunschwig, Mythes, S. 11-16.
(48) Xavier Yacono, Histoire de la colonisation française. Que sais-je? 452, Paris 1969, S. 32ff. では非常に過大評価されている。
(49) この概念は、Peter Christian Ludz, Parteielite im Wandel. Funktionsaufbau, Sozialstruktur und Ideologie der SED-Führung, Köln, Opladen 1968, S. 42f. によって使用されているが、ここではむしろ、戦略的《シトラテーギッシュ》に有利な（旧来の）状況を基礎として、決定過程に対して影響力を獲得するプレッシャー・グループの意味で理解されている。
(50) 以下については、Marcel Emerit, ›La pénétration industrielle et commerciale en Tunésie et les origines du protectorat‹, in: Revue african, Nr. 430-431, 1. u. 2. Trimester 1952, S. 196-219; Jean Poncet, La colonisation et l'agriculture européennes en Tunésie depuis 1881. Etude de géographie historique et économique, Paris 1962, bes. S. 41-43, 139-141, 164-168; H. Brunschwig, Mythes, S. 49-61; J. Ganiage, Les origines du protectorat français en Tunésie (1861 à 1881), Paris 1959; ders., L'expansion, S. 60-80; Ch.-A. Julien, in: Les politiques d'expansion impérialistes, S. 20-40.
(51) これらの会社の若干が《大西洋汽船会社《コムパニー・ジエネラル・トランザトランテイク》》の支社《フイリアーレン》であった、というエムリの主張（二〇九ページ）がどの程度に事実に合致しているかは、十分には調査されていない。
(52) J. Ganiage, L'expansion, S. 76.
(52a) M. Emerit, S. 208.
(53) H. Brunschwig, Mythes, S. 51. は、そう述べている。
(54) エムリ (Emerit) の中心テーゼ。S. 196.
(55) 先頭に、マルセーユ出身議員 Bouchet がいたが、彼は投機師たちとコンタクトをもっており、それどころか、（エムリによると—二一五ページ）、彼らの頭であったと言われている。ここでも出所筋が不十分である。
(56) それについて詳細にジャン・ポンセ (Jean Poncet) の著作が述べている。
(57) 以下については、Ch.-A. Julien, in: Les politiques d'expansion impérialistes, S. 16, 40-66, 68ff.; F. Pisani-Ferry, S. 27-36, 152-163, 217 bis 221; J. Ganiage, L'expansion, S. 128-139.
(58) 一種の《小マハン提督《ミニーアドミラル・マハン》》。この役職を、一八七九／八〇年と、一八八二／八三年に、占めていた。
(59) 詳細については、J. Ganiage, L'expansion, S. 140-146.
(60) クレマンソーは、（おそらく一八八四年について）、コーチシナの対外貿易のつぎの数値を引用していた。つまり、フランスからの輸入＝五〇〇万フラン、第三国から＝六六〇〇万フラン。フランスへの輸出＝一六〇万、第三国へ＝七八〇〇万。フランス予算の費用＝三二〇万、コーチシナからの収入＝一九〇万。占領費＝二八四〇〇万で、そのうち予算における年当り、恒久的に＝一一〇〇万フラン。

(61) Yves Guyot, a. a. O.; ders., ›La jalousie commerciale et les relations internationales‹, Veröffentlichung der Ligue du Libre Echange, Nr. VII, Paris 1911.

(62) Yves Guyot, Lettres sur la politique coloniale, S. 130f.

(63) Ebd., S. 417ff.

(64) 以下については、J. Ganiage, L'expansion, S. 241-273.

(65) 諸理由の一つとして、グレート・ブリテンがトランスバール鉄道の資金調達に、ドイツがバグダット鉄道の資金調達に追われて、双方はそのためパリ金融市場を必要としていたことがあった。

(66) R. Poidevin, Relations, S. 276-285; ders., Finances et relations internationales 1887-1914, Coll. U2, Paris 1970, S. 111-118（史料からの抜粋を含む）を見よ。

(67) その諸理由は、Pierre Guillen, L'Allemagne et le Maroc de 1870 à 1905, Paris 1967, S. 735f.

(68) Pierre Guillen: ›L'implantation du Schneider au Maroc‹, in: Revue d'Histoire diplomatique, Nr. 2, 1965, S. 113-168. 後になると、シュネーデールは、クルップと共同の事業を行なった。R. Poidevin, Relations, S. 217-200 参照。Pierre Guillen, ›Les milieux d'affaires français et le Maroc à l'aube du XXe siècle‹, in: Revue historique, April 1963, S. 397-423.

(69) H. Brunschwig, Mythes, S. 84-87, 100. 整合性の欠如は、それぞれの出先機関が自分自身の統計を作成したことから由来している。Armand Jean-François, La France et la mise en valeur des colonies, Paris 1931, S. 21. を参照。

(70) 逆の見解は、Sée, II, S. 285.

(71) Bulletin du Comité de l'Afrique française, 1913, によるとS. 402 (Brunschwig, Mythes, S. 100 に引用されている) ＝二八億六〇〇万フラン。Robert Delacourt, Les relations économiques de la France avec ses colonies, Paris (O. J., um 1922), によるとS. 88 ＝二九億四〇〇〇万で、個々的には、モロッコに対する数値 (Robert Doucet, Les colonies françaises. Leur avenier économique, leur mise en voleur, Paris 1921, S. 41 による) は、輸出入総計＝一億八一〇〇万フランという。それで計三一億一七〇〇万フランという最終総計となる。

| 1913 | 輸入 | 輸出 (100万フラン) | 計 |
|---|---|---|---|
| 植民地 | 680 | 765 | 1445 |
| アルジェリア | 667 | 501 | 1168 |
| チュニジア | 144 | 179 | 323 |
| 計 | 1491 | 1445 | 2936 |

(72) 第三国との一九一三年の北アフリカの三植民地の総貿易は、約五億フランにおよぶ（後の註84を参照)。
(73) Brunschwig, Mythes, S. 89f. より。
(74) 個々の植民地の割合については、次表が概観を与えている（単位、一〇〇万フラン)。

Bulletin de l'Agence Générale des Colonies, (1900については) Nr. 174/175, Juni/Juli 1921 ; (1913については) Nr. 158, Februar 1921.

| | 1900 計 | 1913 輸入 | 1913 輸出 | 1913 計 |
|---|---|---|---|---|
| 西アフリカ | 132,6 | 151,6 | 126,1 | 277,7 |
| 赤道アフリカ | 21,8 | 21,2 | 36,7 | 57,8 |
| レユニオン島 | 39,4 | 24,9 | 16,6 | 41,5 |
| マダガスカル | 52,4 | 46,8 | 56,1 | 102,8 |
| ソマリ | 8,2 | 33,9 | 47,7 | 81,6 |
| フランス領インド | 14,8 | 10,8 | 43,7 | 54,6 |
| インドシナ | 341,6 | 305,3 | 345,3 | 650,6 |
| サン＝ピエール＝エ＝ミクロン | 22,8 | 4,4 | 6,2 | 10,6 |
| ガーデロープ | 37,1 | 20,2 | 18,3 | 38,5 |
| マルティニック | 52,1 | 22,1 | 28,9 | 51,0 |
| ギヤナ | 16,3 | 12,5 | 12,2 | 24,7 |
| ニュー・カレドニア | 21,0 | 17,7 | 15,8 | 33,5 |

| | | | | |
|---|---|---|---|---|
| オセアニア | 7,1 | 9,0 | 11,6 | 20,6 |
| 計 | 767,4 | 680,4 | 765,1 | 1445,6 |

(75) Brunschwig, Mythes は、植民地の総貿易を含む、つまり第三国との貿易を含む数値から出発する誤謬を犯している。したがって、誤まった、または不明瞭な記述となっている。

(76) この問題についての、いわゆる植民地党の苦情は、第三共和国の間持続している。A. Jean-François, S. 27. を見よ。

(77) 印刷されていないブランシュヴィク (Brunschwig) 学派の仕事の成果として、Cathérine Coquéry-Vidrovitch, Le Congo français au temps des grandes Compagnies concessionnaires 1898-1930, Thèseès-Lettres, Paris 1970. すでに二年後には「コンゴ連合《ユニオン・コンゴレーズ》」のなかに統合されている二八の特権会社《コンツェシオンス・ゲゼルシャフテン》が、一九〇二年三月二六日の、植民地相あての書簡——フランス植民地史の非常に衝撃的な文書の一つ——のなかで、政府側の不充分な援助について、苦情を述べていた。彼らは、その年間の税を支払うことができないと、意思表示していた。その資本は、《任務遂行》のためには僅少でありすぎると。その惨めさから脱出するためには、彼らは、黒人労働者を実際にはただで働かせる許可を、大臣に対して要求したのであった！ この書簡の文面は、Paul Theodore-Vibert, La philosophie de la colonisation, Paris 1906, S. 289-297 (著者の啓発されるところの多い論評を含む！) にある。

(78) この矛盾《ディスクレパンツ》は、とりわけ、アルジェリアについで最大の生産《プロドゥツェント》地であるインドシナの例示で、明らかとなる。一九一三年に、本国からの輸入＝九八〇〇万フラン (総輸入＝三億〇五三〇万) であった。フランスへの輸出＝一億一〇〇〇万フラン (総輸出＝三億四五三〇万)。双方のケースにおいて、三分の一を下まわる！

(79) Camille Fidel, La paix coloniale française, Paris 1918 (Petite Bibliothèque de la Ligue des Patriotes, VI) の序文でモーリス・バレスによって非常に誇張されている。

(80) Office coloniale, Note sur les importations allemandes et austro-hongroises dans les colonies françaises, Paris, o. J. (um 1916).

(81) ドイツとオーストリア－ハンガリー商品のフランス植民地への輸入 一九一二年 (一〇〇万フラン 重要でない項目はカットされた) (ebd., S. 7)。

| | ドイツ | オーストリア－ハンガリー | ドイツ植民地 | 計 |
|---|---|---|---|---|
| 西アフリカ | 8,9 | 0,3 | 7,0 | 16,2 |
| 赤道アフリカ | 2,0 | — | 1,7 | 3,7 |
| マダガスカル | 0,9 | — | — | 0,9 |

| | | | | |
|---|---|---|---|---|
| ソマリ | 0,8 | 1,6 | — | 2,4 |
| インドシナ | 1,2 | 0,2 | — | 1,3 |
| 計 | 14,0 | 2,1 | 8,8 | 24,8 |

(82) そのようにこの研究調査は、たとえば、中国におけるフランス商会の——ドイツ商会と比較して——おくれた展開について苦情を述べていた (ebd., S. 5) :

| | フランス商会 | ドイツ商会 |
|---|---|---|
| 1911 | 112 | 258 |
| 1912 | 107 | 276 |

(83) H. Brunschwig, Mythes, S. 92.

(84) 北アフリカ三植民地の総貿易 一九一三=一七億九〇〇〇万フラン。個別的には（一〇〇万フラン単位）で、

| | 輸入 | 輸出 | 計 | そのうち対フランス |
|---|---|---|---|---|
| アルジェリア | 730 | 560 | 1290 | 950 |
| チュニジア | 144,3 | 178,7 | 323 | 215 |
| モロッコ | 149,8 | 30,9 | 180,7 | 135 |

数値は R. Doucet, S. 15, 28, 42. による。

(85) モロッコの総貿易 (ebd., S. 41)

| | 輸入 | 輸出 | 計 |
|---|---|---|---|
| 1909 | 47,6 | 36,7 | 84,3 |
| 1913 | 149,8 | 30,9 | 180,7 |

(86) R. Delacourt, S. 36. の数値。ここではフランスの分け前は、約一七億フランである。

(87) H. Brenier, ›Les ressources des colonies françaises et leur débouchés‹, in : ders. (u. andere), La politique coloniale de la France, Paris 1924, S. 3-55. ここから、すべての以下の引用の数値が出てくる。研究は、この問題について十分には行なっていなかった。

(88) Journal officiel de la Nouvelle Calédonie (entsprechende Jahrgänge) の（遺憾ながら不完全な）ものから。

(89) Camille Fidel, S. 24より。

(90) 以下について、Harry D. White, The French International Accounts 1880-1913, Cambridge 1933 (Harvard Economic Studies, XL), S. 61.

(91) Ebd., S. 59.

(92) 以下については、R. Delacourt, S. 11-20 ; H. Brunschwig, Mythes, S. 94-98.

(93) Alfred Zimmermann, Die Kolonialpolitik Frankreichs, Berlin 1901, S. 428f.

(94) R. Delacourt, S. 168-177. 参照。

(95) 《非公式な帝国主義《デル・インフォルメルレ・イムペリアリスムス》》の概念については、C. R. Fay, in Cambridge History of the British Empire, 1940, Bd. 11, S. 399. を参照のこと。

(96) E. Becqué, L'internationalisation des capitaux. Thèse Montpellier 1912, S. 11f.

(97) C. Morrisson und R. Goffin, Questions financières aux XVIIIe et XIXe siècle, Paris 1967, S. 135f. 他の計算 (R. Poidevin, Finances, S. 22f.) によれば、外国の有価証券がフランスの有価証券を、一九〇一年以降、上まわっていた。その両者の割合は——、

| | 外国有価証券 | フランス有価証券 |
|---|---|---|
| 1900 | 49,6 | 50,4 |
| 1901 | 76,2 | 23,8 |
| 1905 | 77,2 | 22,8 |
| 1907 | 66 | 34 |
| 1909 | 58,4 | 41,6 |
| 1910 | 84,2 | 15,8 |
| 1911 | 82,6 | 17,4 |
| 1912 | 61,1 | 38,9 |
| 1913 | 56 | 44 |

(98) Rondo E. Cameron, L'exportation des capitaux français, S. 347, は、《一五〇億フラン以上に》算定している(一八五〇＝二〇億)。

(99) Julius Wolf, S. 18f. は、一九一三／一四年の国民資産《フォルクス・フエルメーゲン》を三〇〇〇億フランと算定していた。同じように、アンリ・ドゥ・ペ

イリモフ Henri de Peyerimhoff, in: A. Marvaud, S. 108. 一九一三／一四年に五〇〇億フラン輸出された資本になるのは、M. Baumont, S. 26 ; H. Sée(II, S. 355f.) は、五〇〇億フランを、それどころか、最低値と見なしている。巨額のものが、租税的理由から知られなかったからである。資本輸出の正確な量を算定する方法的難点については、Harry D. White, S. 94 ; P. Leroy-Beaulieu, in: Economiste français, 1902, S. 449. を見よ。

(100) Rondo E. Cameron, French Foreign Investment 1850-1880, Ph. D.-These Chicago- ; ›The Crédit Mobilier and the Economic Development of Europe‹, in: Journal of Political Economy, LXI, 1953, S. 461-488 からの抜粋。それにすでに引用された論文 L'exportation des capitaux.

(101) R. E. Cameron, L'exportation des capitaux, S. 353.

(102) 一八六七―一八八七年のパリにおけるロシア公債の開始については、Jean Bouvier, Naissance d'une banque: Le Crédit Lyonnais, S. 265ff. を参照せよ。

(103) Ch.-A. Michalet, S. 148-150.

(104) H. Feis, S. 57.

(105) Jean Bouvier, Naissance d'une banque: Le Crédit Lyonnais, S. 240.

(106) J. Wolf, S. 35f.

(107) それと異なるものとして、》Banque de Paris et des Pays-Bas《 があり、これは植民地スキャンダル（モロッコ）からかなり高い利益を引き出した。

(108) H. Bente, ›Die marktwirtschaftliche Bedeutung der Kapitalanlage im Auslande‹, in: Weltwirtschaftliches Archiv, Juli 1930, S. 32.

(109) Journal officiel, Déb. parl., 25. Nov. 1899, S. 1941.

(110) 資本輸出への同時代の批判としてはリシ（Lysis）。Testis, S. 45ff.; Financiel, S. 22-42 ; 特に明確な見解をロンドンのフランス大使、ポール・カムボン（Paul Cambon）が述べていた。in: La Grande Revue, 10. Nov. 1908. さらに、Ch. P. Kindleberger, S. 59.

(111) Harry D. White, S. 278, 288f., 298-300.

(112) Keynes, Foreign Investment and National Advantages, London 1924, S. 584. 非常に保守的なドイツの国民経済学者 A. Sartorius Freiherr von Waltershausen, Das volkswirtschaftliche System der Kapitalanlage im Auslande, Berlin 1907, S. 419, はそれについて、こう述べた。《英国においては、国民経済的活動はドーバー海峡の南より活潑である。したがって、そこでは、国外の金利《レンテン》は一部

は少なくとも、依然として、工業原料と半製品の形態で取り立てられた。フランス人は、同じことを行なうためには、十分に活動的ではないのである。フランス人は貯蓄に貯蓄を重ね、それでも、その子供の数を制限するくらい、十分ではないと信じている。自分の外国の企業との連繫のない輸出資本主義が、フランス人には、一番快適なのである。この輸出資本主義自体が広がれば広がるほど、ますます国内で仕事をする意欲は消えてしまうにちがいないし、ますます自己の植民地化の努力《アルバイト》への気配も存在しなくなるであろう。フランスにとっては、この輸出資本主義は、したがって、危険もある構造的装置《アインリヒトゥング》なのであり、富増加というきらきら光る衣裳はその装置がないと錯覧してはならない》と。

(113) それで Testis, S. 48, 162 に書いている。《最近の起債された植民地公債をその買い手の間でランクづけるためには、公債を引きうけたソシエテ・ドゥ・クレディは、全報酬を放棄し犠牲を払わなければならなかった》(S. 161, Anm. 1).

(114) 以下については、Henri Baudoin, La Banque de l'indochine, Paris 1903, S. 34-48, 202-205.

(115) 取引所に対する政府（財相・外相）の側からする影響力の行使の可能性と実行については、以下を参照のこと。E. Becqûe, S. 113f.; Pierre Renouvin und J.-B. Duroselle, Introduction à l'histoire des relations internationales, Paris 1964, S. 138f.

(116) それどころか、政府はけっしてフランス金融権力《フィナンツ・マハト》の支配者ではなかったという苦情があった (Finance-Journal, 6. März 1913, zit von Financiel, S. 42)。政府は孤立したまま異議を唱えることなく、日々たえず外国と連繫していた銀行寡頭制の手中にあったと述べる。

(117) De Lasteyrie, in: A. Marvaud, S. 202; H. Sée (II, S. 361):《外国におけるフランス資本主義は、勤勉で、生産的で裕福であるが、停滞的な国家の構造に合致している》。

(118) この主張は、確かに、十分な経験的な調査にもとづいているものではない。つまり、外債の社会的分布は十分には研究されていない。ヒントとしては、Marguerite Perrot, Le monde de vie des familles bourgeoises de 1873 à 1953, Paris 1961 und Ch.-A. Michalet, S. 153f. それによると、ロシア有価証券の社会的分散は大きかったが、他の外国有価証券のそれは大きくはなかったと思われる。これらの証券は主としては、富裕なブルジョア上層の手中にあった。フランスの有価証券からの金利生活《インハーバー・フォン・レンテン》者数は少なくとも二百万人を下らないのである (ebd., S. 165)。

(119) Daniel Salem, S. 364f.

(120) いかにこの結合が強力なものであったかを、つぎの事実が、つまり財務相コシリ (Cochery) のイニシアチヴによって一八九八年十二月二四日に《外国有価証券フランス受取人国民協会《アソシアシオン・ナシオナル・デ・ポルテール・フランセ・ドゥ・ワルール・エトランジエル》》が設立されたという事実が、示すところである。この団体は確かに形式的には自立していたが、事実としては政府によって積極的に、また独占的な仕方で支持されていたが、そのことは、そこで当然逆でもあった。非常に有益なものとして、E. Becqûe, S. 105. 参照。

(121) 誤解の余地のない社会帝国主義的傾向は、地理学者たちに見られた。そのようなものとしてレンスの高等学校の地理学教授ポール・ティリオン (Paul Thirion), ›La politique coloniale et nos difficultés présentes‹, in: Revue de Géographie, 1892 (Sonderdruck). ここでは、植民地的膨張は、《社会的疾病》(社会主義のような) に対する万能薬として推賞されている。しかしいかに奇妙な具合にこの著者が考えているのかを、その重要な論拠が示すところである。つまり、民主的教育が、あまりに多く《頭脳》をつくり出したので、これらの頭脳は植民地に遠ざけられることになるのである! 植民地はしかし同様に《軍国主義》に対する手段でもあるという。つまり、植民地は、ますます強力に成長する軍事負担を予算のなかで支えることを助ける。最後には、(グレート・ブリテンにおけるように) 移住は、社会的緊張の激しさを減少させたと。植民地帝国とロシアとの同盟は、フランスにドイツに対して優位を与えることになろう。ドイツは《社会主義の貧困》のなかで衰退していくであろう。ドイツは拡がりえないからである、と――このような、また類似の、通例はまったく支離滅裂な観念は、調査に値いするものである。

(122) H. Brunschwig, Mythes, S. 139–155; Harry D. White, S. 81f.

(123) 以下では、Herward Sieberg, Eugène Etienne und die französische Kolonialpolitik 1887–1904, Köln und Opladen 1968 (Beiträge zur Kolonial-und Überseegeschichte, 4). を見よ。

(124) そのように、彼はギニアをセネガルから行政的に独立させたのであった。特に、このようにしてマルセーユの二商事会社の独占的地位を強固にするため、またはっきり定めるためなのである。

(125) H. Sieberg, S. 85.

(126) Heiko Körner, Kolonialpolitik und Wirtschaftsentwickelung. Das Beispiel Französisch-Westafrikas, Stuttgart 1965, S. 42, zit. H. Sieberg, S. 89f.

(127) Joseph Chailly, ›L'effort colonial‹, in: Un demi-siècle de civilisation française 1870–1915, Paris 1916, S. 60 (Kriegspropaganda).

(128) それについて Raoul Girardet, Le nationalisme français 1871–1914, Paris 1966; René Rémand, La droite en France de 1815 à nos jours, Paris 1954, 1968$^3$.

(129) 一八九六年九月のモラス (Mauras) 宛書簡のバレス。《われわれはフランスの名誉を取りもどさなければならない。これより他に目標はない》Maurice Barrès und Charles Maurras, La République ou le Roi. Correspondance inédite 1888–1923, Paris 1970, S. 131.

(130) H. Sieberg, S. 63f.

(131) R. Girardet, S. 116.

(132) H. Dechamps, S. 152.

(133) Recueil des délibèrations du Congrès colonial national Paris 1889 à 1890, Paris 1890, Bd. I. S. 3-6.

(134) いわゆる《植民地党》は比較的よく研究されている。ここでも欠落している部分、なかんずく決定過程における《諸委員会》の意義、その場合ジャーナリズムの影響力の役割などについての欠落している部分が残されてはいるが。Henri Brunschwig, 〉Le parti colonial français〈, in: Revue français d'histoire d'outre-mer, 1959, S. 49-83; ders., Mythes, S. 111 bis 138; H. Sieberg, S. 91-116; H. Blet, S. 54-56; X. Yacono, S. 46 bis 50; J. Ganiage, S. 165-169.

(135) もっとも重要なものは、》Comité de l'Afrique française《（一八九〇年以来）、》Comité de l'Asie française《（一八九一年）、》Comité de l'Oceanie française《（一九〇五年）、》Lique maritime et coloniale《（一八九九年）。

(136) すでに同時代人によって見られており、苦情が述べられている。Henri Lorin, La France, puissance coloniale, Paris 1906, S. 455-463. 《…われわれには、企業家、商人、銀行家のような経営者のグループが欠如している。もし彼らがいれば、彼らのところで入念に準備された全植民地企業は、われわれ同国人の預金の助けを求めるのに必要な後援を見いだすであろうが。このようなグループが遠からず形成されると期待するのにはいくつかの根拠がある》この希望は一九一四年まで無駄であった (Ebd., S. 469)。

(137) 長い（不完全な）リストから引用されているところによると (Sieberg による)、Präsident der 》group colonial《 1892-1905; des 》Déjeuner Etienne《 1899-1913; des 》Comité de l'Asie française《 1901-1905; des Ausschusses für Auswärtige Angelegenheiten, Protektorate und Kolonien in der Kammer 1902-1905; Vizepräsident des 》Comité de l'Afrique française《 seit 1892; Direktor der 》Dépêche coloniale《 usw.

(138) J. Ganiage, S. 167.

(139) H. Sieberg, S. 87.

(140) Lucien Coquet, Politique commerciale et coloniale franco-allemande, Paris 1907, S. 98ff., 132-152. 留意したいのは、上院議員であるマルセル・サン・ジェルマン——「植民地党」の指導的メンバーの一人——が、それに序文を書いていることである。このグループは一九〇七年のエティエンヌのベルリン旅行にもついていった (H. Sieberg, S. 30-34 を参照)。フランス植民地党の指導者は、経済協力を、フランス保護領設置の代償として売り込むことによって、モロッコへの了解をここで求めたのであった。エティエンヌは、その場合にガムベッタとフェリーの政治路線にいると思っていた。——《植民地党》の視点よりする保護関税批判などは、E. Fallot, L'avenir colonial de la France, Paris o. J. (um 1920), S. 489. ここでは、フランスは保護主義と一線を画さなければならない——そうでないと輸出産業、農業、一定の諸産業の利害が犠牲にされてしまうから——という基本的要求が見られる (S. 492-494)。植民地の

《利用》は保護主義的政策では可能ではない，と述べている。

(141) それでたとえば，Eugene Poiré, L'emigration Française aux colonies, Paris 1897, S. 63-82；ここには，一八八九年七月一五日の軍事法に対する鋭い攻撃がある。一九〇五年の軍事法に対する類似の批判については，H. Lorin, S. 462f. を見よ。

(142) E. Poiré, S. 280-308；E. Fallot, S. 59-74；H. Lorin, S. 467ff.

(143) それについては，X. Yacono, S. 53ff.; H. Dechamps, S. 142-150 参照。しかしとりわけ，Raymond F. Betts, Assimilation and Association in French Colonial Theory 1890-1914, New York/London 1961.

(144) それについては詳細なものに，Roger Glenn Brown, Fashoda Reconsidered. The Impact of Domestic Politics on French Policy in Africa 1893-1898, Baltimore-London 1969.

(145) H. Sieberg, S. 117-148.

(146) Ebd., S. 93-112.

(147) それについては詳細は，Roger G. Brown.

(148) 彼の著名な論文 ›Du rôle colonial de l'armée‹, in：Revue des Deux Mondes, 15. Januar 1900 を参照せよ。また，in：Lettres du Tonkin et de Madagascar 1894-1899, Paris 1920. それに Raoul Girardet, La société militaire dans la France contemporaine 1815-1939, Paris 1953, そして，R. Delavignette と Ch.-A. Julien, Les constructeurs, S. 459-522, bes. S. 465f.

(149) Ernest Lavisse, ›Une méthode coloniale‹, in：Revue de Paris, 15. Juni 1899, S. 683-698. ここで彼はガリエニによってマダガスカルに用いられた《平定《ベフリードゥング》》の方法に対して真の賛歌を歌ってみせた。それについては，H. Deschamps, S. 155-158. を見よ。

(150) Félix Ponteil, S. 397. の引用。

(151) 経済的帝国主義理論についての最初の概観は，J. Duret, a. a. O. (1933) にある。

(152) 以下を参照せよ，›Le socialisme et la question coloniale avant 1914‹, in：Le Mouvement social, Nr. 45, Okt.-Dez. 1953；A. Olivesi, S. 27-65；Charles-Robert Ageron, ›Jaurès et les socialistes français devant questtion algérienne 1895 à 1914‹, in：Le Mouvement social, Nr. 42, Jan.-März 1963, S. 3-29；Ruth Fischer, ›Die Internationale und die Kolonialvölker‹, in：Frankfurter Hefte, Oktober 1960, S. 714-720；Jean Bruhat, ›Jaurès devant le problème colonial‹, in：Cahiers internationaux, März 1958；Harold Weinstein, Jean Jaurès, A Study of Patriotism in the French Socialist Movement, New York 1936. Paul Louis, Le colonialisme, Paris 1905 という鋭い反植民地主義的著書は，孤立的であった。平和主義者も基本的には，植民地化を受容していた。Jacques Dumas, La colonisation. Essai de doctrine pacifiste. Vorwort von Charles Gide, Paris 1904. 参照。

(153) H. Blet, S. 57 の引用。
(154) Jean Bouvier, ›Les profit des grandes banques françaises de annêes 1850 jusqu'a première guerre mondiale‹, in : Studi Storici, April 1963, S. 235 : 大銀行展開のための不可欠的エレメントとしての資本輸出。
(155) H. Feis, S. 88.
(156) 文献 (Kindleberger, Cameron, Bouvier, Feis, Sée, H. Schmidt usw.) では、資本輸出が不十分な産業的展開について責任があるのか、それとも逆にこの展開が資本輸出を助長したのかという問題が議論されている。双方の間に、もつれた交互作用があった。それについて Ch.-A. Michalet, S. 223.
(157) それで同様に、Raymond F. Betts, S. 133-135. 同じく同時代人のものとして、匿名論説 ›L'effort colonial‹, in : Revue de Paris, 15. September 1902, S. 425.
(158) Herbert Ingram Priestley, France Overseas. A Study of Modern Imperialism, New York 1938, 1966², S. 397.
(159) Claude Digeon, La crise allemande de la pensée française 1870 à 1914, Paris 1959. を参照のこと。
(160) H. W. Koch, ›Die Rolle des Sozialdarwinismus als Faktor im Zeitalter des neuen Imperialismus um die Jahrhundertwende‹, in : Zeitschrift für Politik, April 1970, S. 51-70.
(161) Recueil des délibérations du Congrès colonial national, Bd I, S. 9.
(162) それについては以下を見よ。A. S. Kanya-Forstner, The Conquest of the Western Sudan. A Study in French Military Imperialism, Cambridge 1969 ; C. W. Newbury u. A. S. Kanya-Forstner, ›French Policy and the Origines of the Scramble for West Africa‹, in : Journal of African History, 1969, S. 253-276 ; J. Stengreres, ›Aux origines de Faschoda : L'expédition Monteil‹, in : Revue belge de philologie et d'histoire, 1958, 1960.

# 一九一四年以前のイタリア帝国主義の状況

ヴォルフガング・シーダー

ヨーロッパの、あるいは——アメリカ合衆国と日本を含めて——西方の大民族のなかでも、イタリアは、近代諸国民の帝国主義的競争で一番最後に民族として登場したのであった。イタリアの国民経済学者アキッレ・ローリアは一九一〇年にはまだ、病気のごとくすべての国民をとらえた帝国主義という《英国病《モルブス・アングリウス》》に対してイタリアがこれまで対抗してきたからといって、自国を称賛していた。彼は、イタリアが、同様に今後も《植民とかいう馬鹿騒ぎ》や《帝国主義的冒険》から遠ざかっているように願ったのであった。(1)だが、ほんの一年後には、十九世紀末、二十世紀初頭のヨーロッパにおいてプログラムにのっていた海外支配という膨張主義的政策を、イタリアも放棄しそうにないことが明白となった。ちなみに、ロリアは、イタリアが八〇年代以降ひかえめではあれ、植民地保有国であったことを黙して語らない。アゴスティノ・デプレティス政権下に、イタリアは一八八二年にアッサブに、一八八五年に紅海のマッサウアに、地歩を築いた。クリスピは一八九〇年に両地区を併合、拡張し、植民地エリトリアとした。彼の政権では一八八九年にすでにソマリランドの獲得が始まり、一九〇五年にソマリランドは最終的にイタリアの植民地となった。九〇年代半ばに、イタリアの支配下に入ったのはエリトリアだけであり、アビシニア全土がその支配下に入ったわけではなかった。それは、一八九四年同じくクリスピによって始められた植民地戦争が、アドゥアにおいて壊滅的敗北を喫して、イタリア人の退却をもって終わったからであるにすぎない。さらに、一九〇二年ツァナルデリ首相の責任において拳匪の乱（義和団事件）の結果、天津の租界をめぐる中国との秘密協定が締結されたことをつけ加えるなら、冒頭に引用したロリアがその進歩的潔白性を信頼するあまり認めようとした像とはまったく別のそれが生まれる。イタリアはもちろん第一次大戦勃発の四年前には、本来の帝国主義的な将来が約束されていたのであった。リビア獲得（一九一一―一九一二年）後、一九三五／三六年に、アビシニアの暴力的征服と併合がムッソリーニのファシズム体制下で続いたが、それは、このかたちの植民地的膨張が本来アナクロニズムとなった時代のことであった。イギリス、フランス、またはドイツ、アメリカと比較すると、イタリアは帝国主義に関して明らかに特殊なケースを示している。アフリカ、アジア・太平洋の植民地樹立をめぐる帝国主義的競争の本来のピーク時には、イタリアはわずかな範囲で活躍できるようになっただけであった。それに対して終盤では、またさらにその後になると、イタリアはますます積極的となった。イタリア帝国主義はそれゆえに、もちろんあまりに硬直的な図式によって区切られた一八九〇―一九一四年の帝国主義時代には、簡単にはうまくおさまらないのである。

　イタリア帝国主義の歴史的‐批判的評価に対して、ここから、たがいに密接に関係しあう二つの問題が生ずる。つまり、一方では、なぜ、一九一一／一二年までのイタリアの植民地獲得は、まだもともとは帝国主義的精神から成長したものではなかったのか、ということが説明されなければならない。また他方で、なぜイタリアにおける帝国主義はこのように遅れてやっと展開したのか、そのもろもろの理由が研究されなければならない。ヨーロッパの諸帝国主義の構造・推移の比較分析の点でさらに、まさにイタリアのケースにあっては、ファシズムの下での歴史的な帝国主義の変容《トランスフォルマチオン》の問題および脱植民地化のポスト・ファシズム時代におけるその終焉の問題が提起される。それによってもちろん多くの課題が提示されるが、それらは本稿の枠内では示唆されうるだけで、より立入って論ずることはできない(2)。

　イタリア帝国主義の歴史的性格についての問題は、帝国主義の成立以来、帝国主義に随伴した一般的理論や批判によって確かめなければならない。この帝国主義諸理論の諸成果はもちろん全体として混乱しており、不満足なものである。一方には、伝統的な政治的歴史叙述があり、それは帝国主義をヨーロッパ国家システムの権力政治的・軍事的紛争に帰している。(3) この歴史叙述は主として、十九世紀後半の植民地的膨張の狭義における政治的‐外交的決定過程に関心を示してはいるが、とりわけこの決定過程をまず制約する全要因をなおざりにしている。この考察方法の長所は依然、帝国主義的行為の経過記述の正確さにあったし、あるのである。その短所は、この歴史叙述が帝国主義の全複合体を切りつめて述べていることにあるだけでなく、その歴史叙述が暗黙にある特定の歴史理論と協同しているにもかかわらず、その理論的コンセプトを体系的に説明するのをはばかることにあるのである。他方には、経済帝国主義諸理論の豊かな在庫がある。この諸理論は、政治帝国主義を、発展した、独占的に組織された資本主義の必然的産物として描いている。この解釈の自由党左派的《ゾチアール・リベラル》な変形（ホブソン）においても、社会改良的な変形（カウツキー、ヒルファーディング）においても、また社会革命的な変形（ルクセムブルク、レーニン）においても、周知のように金融資本が、つまり、銀行によって監督された、そして独占的に組織された大工業によって利用された資本が、近代的帝国主義を誘発する契機として現われている。(4) この資本を意のままにするいわゆる独占資本家《モノポール・ヘルレン》たちは、その後、新投資諸領域獲得のための国家の政治的・軍事的権力を必要とした。帝国主義の外交的‐外交政策的解釈とは異なって、あらゆる種類の経済帝国主義論者たちは方法的にかなり大きな精度を達成している。だが彼らは、通常その前科学的な彼らのあらかじめ知っている知識の含意を自明のものとして強調するので、教条的な特徴をもっており、そのことが彼らをして帝国主義的な出来事の歴史的経験と取り組んで連続的に誤まりを訂正していくことを、ほとんど不可能にしている。これらの経済帝国主義論の代表者たちが同じように、比較的周辺のエリートを、つまり外交官にかわって独占資本家たちを帝国主義の唯一の担い手グループとみなしていたことは、今もなおあまり顧慮されていない。このような仕方で彼らは帝国主義問題の類推的単純《フェルキュルツング》化に手を貸している。帝国主義の下におかれた独占資本の利害関心が、ハルガルテンのような人によって、個々の高い利潤率を志向する企業家のたんなる利益の極大化と誤解されたのは特徴的である。(5)

それに対して、近代経済学によって展開された世界経済成長論を使って近代帝国主義を解明するハンス‐ウルリヒ・ヴェーラーの試みは、私にはまったく有望に思われる。(6) ヴェーラーが正しく指摘しているのは、生成する工業国家の周期的な成長攪乱と帝国主義的膨張との間には作用連関が存していたということである。既述の経済帝国主義論と違って、彼はその点で一義的な因果関連を作りあげていない。むしろ彼は、海外膨張の政治的諸決定は、成長諸攪乱によりひき起こされた危機意識の結果であった《イデオロギー的コンセンサス》によって媒介されたということから、出発している。(7) その方法で彼は、マルクス主義的な、またネオマルクス主義的な帝国主義論よりも、帝国主義を、非常に包括的な意味で、内政的なかつ社会的な発展諸過程と結びつける歴史理論に到達している。

もちろん、この帝国主義の説明に対しても二つの異論が出されざるをえない。一つは、帝国主義的コンセンサスに導く社会的危機は、もっぱら経済成長の危機により惹起された、ということが十分に立証できるとは私には思えない。もう一つは、帝国主義の本来の政治的決定者が明白に《国内発展の優位》にもとづいて行動したのかどうかは疑問なのである。(8) 私の見るところでは、遅滞した帝国主義的反応によるイタリアの例こそ、この二つのケースで異なった解釈をひき起こすのである。

だからといって、イタリア帝国主義の発展も世界経済的な成長攪乱を背景にして見られうることを否定するわけではけっしてない。一八七〇年頃から一八九六年頃までの、ヨーロッパの経済発展が烈しい危機によって特徴づけられた傾向をもつ時期においてイタリアはその工業化の初期にあった。(9) ここではそれゆえに、七〇年代末の世界経済的な不況は、さしあたり農業恐慌としてのみ発現した。この恐慌は工業セクターへの投資の転流をひき起こした。同時にヨーロッパの資本市場に対してイタリアが開放された結果——これは外国資金《ゲルト》の流入をひき起こした——、それによって八〇年代はじめに工業の成長率のはじめての大幅な増大ということになった。政治的決定にもとづいて、そのさいにとりわけ重工業が発展したが、他方、機械工業や繊維工業は依然としてひどく劣っていた。イタリアは一八八七年にむりやりな重工業化を、その工業成長のいちじるしい低下という代価で支払わなければならなかった。その結果、他のヨーロッパ諸国からも知られた(重)工業と(大)農業の利害の保護主義的経済連合ができあがった。主として、一八八七年の保護関税率と九〇年代初頭のフランスとの関税戦争は、この提携に帰せられるのである。工業の極度な構造《ズブラ・シュトルクトウーレン》上の欠陥の多い拡充の結果として、この戦争は、イタリアの経済恐慌を尖鋭化させただけであり、一八九六年にはその絶頂にまで導いた。やっと世紀末以降、新たな高揚の兆候があり、この高揚は、一九〇三―一九一四年のジョリッティ時代に、イタリアの産業革命の成功を助けた。[10] イタリア工業化のこのテイク・オフ段階に、国民所得は、（つねに一九三八年の価格をベースにすると）、六四七億五二〇〇万リラ（一八九八年）から九二〇億三三〇〇万リラ（一九一四年）に、一人当り一九五〇リラから二四三九リラに、飛躍的に上昇した。他方、一八七〇年から一八九七年までの間に国民所得は九〇〇億リラを超えなかった（一八七〇年　五一六億六二〇〇万リラ。一八九七年　六〇一億三九〇〇万リラ）し、一人当りでは、それどころかわずかではあるが減少さえしていた（一八七〇年　一八七〇リラ。一八七九―（訳者たぶん一八九七）―一八二三リラ）。同時に総国民所得に占める農業の割合は、四九・四パーセント（一八九五年）から四三パーセント（一九一三年）へと低下したが、同時期の工業生産の割合は、一九・六パーセントから二五パーセントへ上昇していた。[11] ジョリッティ時代の高揚は、しかし、若い工業の同時期の資本不足による部門的過剰生産恐慌にもとづいて、深刻な中断を経験することとなった。この恐慌は、九〇年代に強力な外国の、とりわけドイツの資本参加を得て貯蓄と信用にもとづいてクリスピによって設立された諸大銀行（イタリア商業銀行《バンコ・コンメルチアーレ・イタリアーノ》、イタリア信用銀行《クレディト・イタリアーノ》、イタリア割引銀行《バンコ・イタリアーノ・ディ・スコント》）の力を借りて、克服された。とはいえ、なかんずく重工業は、一九一一年までは恐慌の結果に非常に苦しまなければならなかった。[12]

工業成長と帝国主義的発展との関連を求めると、クリスピの植民地主義的企て（一八九四―一八九六年）もジョリッティのリビア政策（一九一一―一九一二年）も、経済的不況期とその直後の時代にあたることが目を引く。しかし、このたんなる同時性から直接の因果関係を推論してはならないのである。つまり、イタリアにおいて海外植民地問題についての世論形成や、とくに議会の意見形成を見わたしてみると、経済的論拠による討論の蓄積は徐々に、かつ部分的にしかなかったことが、確認されるのである。不況期における危機意識が、イタリアにおいて帝国主義的政策の活性化をもたらしたとはいえ、危機意識がその政策を自ら生じさせたのではなかった。当時の人々にとってはすぐには見とおせない複雑な経済のなりゆきよりもはるかに直接的に、国民形成《ナツイオンス・ビルドウング》という広汎な社会化過程より生ずる社会的・政治的緊張が、それに対して影響を及ぼしたのであった。

たいていの社会科学的諸理論と対応して、ヨーロッパの国民形成《ナツイオンビルドウング》の多段階を区分すると、帝国主義は、まさに《原始的統合《プリミティーヴ・ユーニフイケーション》》と《国民国家《ネーション・ステイト》》完成との間の移行期にあたる。[13] 帝国主義は、すべてのヨーロッパ国民国家がその樹立と最初の強化の後に直面した一連の発展上での危機《エントウイクルングス・クリーゼン》の産物として理解されうる。しかもその場合参加《パルテイパチオーン》という概念に要約される危機にかかわる問題である。[14] その原因は、これまで動員されることのなかった新たな住民グループの、政治的決定権への関与および彼らにとり有利な経済的再分配への、要求であった。ヨーロッパの現存の諸国民社会の内部においては、この挑戦に対してどのような政治が行なわれたかという問題に関して、深刻な諸危機が生じた。そのさいに危機がクライマックスに達するとそのつど、二つの選択的な構想が現われてきた。つまり、まだ国民的コンセンサスに参加していない諸階級と諸グループの社会的・政治的改革による統合の構想であり、このような統合の阻止の構想である。後者は、その意図からではないとしてもその結果からみると、帝国主義と重なった。この二つの戦略のいずれが成果豊かであったかは、そのときそのときのナショナルな特性にかかっている。しかし改革主義的統合政策の始動所要時間が短かければ短かいほど、ますます、帝国主義的政策が国民国家の完成を阻止する危険が大きかった。ドイツ、日本と並んで帝国主義的大国のなかで一番若い国、イタリアは、これについて最良の例を示している。

イタリアにおいて帝国主義をもたらした参加危機のいわば自然的な基層は、国民国家樹立以来の急激な人口増加であった。その後の王国の人口が一八〇〇年から一八六一年までに約七五〇万人しか増加しなかったのに対して、一八六一年から一九一一年までの五〇年間に、二五七五万六〇〇〇人から三五九〇万五〇〇〇人に、つまり一〇〇〇万人以上も増加した。この人口圧力がどの程度のものであったかは、人口密度の極度の増大でいっそうよく推察される。世紀のはじめから一八六一年までの一平方キロ当りの平均住民数は二四人しか増えていない（六三・二人から八七・〇人へ）のに対して、一八六一年から一九一一年までに三六人（八七・〇人から一二三・〇人）に上昇した。そのさいに、一九〇一年と一九一一年の両国勢調査の間だけでも、一〇人の上昇が記録されたのであった。[15] このいちじるしい人口増大の意義は、この増大がただたんに純人口統計学的な事件であったばかりではなくて、イタリア王国の存立と構造を根底から疑わしいものにするまったく明確な社会的・政治的結果をもった、ということにある。イタリアの人口爆発の一番重要な社会的な結果は、移民であった。国民国家樹立後の最初の二〇年間に、年平均一〇万から一五万の移民が国を離れていったが、その後、その数は一八八七年にはじめて二〇万人の枠を越え（二一万五六六五人）、引き続き多少の変動はあったものの飛躍的に上昇した。一八九六年にはすでに三〇万以上の移民が数えられた（三〇万七四八二人）。つまり、二〇世紀初頭以来、いまやとりわけ南イタリアから来たイタリア移民は、真実の脱《エクソドウス》出さながらであった。一九〇六年にほぼ八〇万人（七八万七九七七人）一九〇一年には五〇万人以上（五三万三二四五人）の移住者が記録された。一九〇六年にほぼ八〇万人（七八万七九七七人）で、この数字は、それに続く諸年におけるいちじるしい後退の後、一九一二年にさらにほぼ一〇万人を上まわって凌駕していったのであった（八七万二五九八人）[16]。移民はそれゆえに、イタリアにおいては、第一級の社会問題となった。移民は、初期イタリア帝国主義者の空想をかきたてたし、また、それが日常的現実となることによって、ジョリッティ時代の繁栄期においても、ほとんど自動的に植民地的膨張思想と結びついた危機意識を培かったのであった。

イタリア国民国家の発展にとっては、急激な人口増加の政治的結果は、少なくとも同様に重大なことであった。リソルジメント〔訳者―イタリア統一運動〕は、一八六一年に周知のように――サヴォイ王家によって伝えられた若干の封建的混入を度外視すれば――、その構造からすれば本質的にブルジョア的性格であった国民国家の樹立に導いた。たとえばドイツとは異なって、自由主義的ブルジョアジーの指導的役割は、国民国家創設後の最初の二〇年間、異議を唱えられることはないままであった。この事実は、強度の寡頭制的性格を帯びた議会制度の展開を助けた[17]。国民国家を樹立したブルジョア指導層は、この国家の社会的基盤を厳格に制限することによって、政治的にとじこもった。しかしこのようなやり方で、国民国家から閉め出されたその住民諸階層の未曽有の増大によって、国家を担うブルジョア社会の全社会に占める割合は、移住によって生じる人口減少にもかかわらず、ひどく減少したのであった。有権者数を指数としてとりあげてみると、一八八〇年にはやっと全人口の二・二パーセントが有権者であったことが明らかになる。一八八一年の選挙改革によって、この割合は、一八九二年の九・四パーセントへと徐々に増大した。しかし、それ以降ふたたび、ジョリッティが一九一二年に第二次選挙法改正を実施する前には、その割合が低下したことは特徴的である（一九〇〇年　六・六パーセント。一九〇九年　八・三パーセント）[18]。自由主義的国家への社会的圧力は、このようにして軽減されることなく保持されたのであった。この圧力は、八〇年代、九〇年代にはじめて組織的に登場する労働者とカトリック教徒の参加運動《パルティツィパチオン》に、その政治的正統性を得させることとなった。彼らは、プロレタリア的‐社会主義的イタリア、カトリック的イタリアという政治的統合の問題を日程に上らせることによって、まず自由主義的ブルジョアジー内部にさまざまな対立をひき起こさせる影響を与えたし、また新しい世紀の開始以降は、同様に、とりわけ議会と自由主義的世論との関係で、なかば判然としたなかば目に見えないような状況《シュタートウス》変化を漸次ひき起こさせる影響を与えた。イタリア国民国家のこれまで均質的なブルジョア的支配基盤は、そのことによって、それが十分に拡充されうる前に、内部から掘りくずされていた。

　この内政的な紛争状況にとって、それが外交政策上へ、より正確に言えば植民政策的意志形成上へ波及して、ここでその決定過程の推進に影響を与えたことは、いまや特徴的であった。ある攻撃的な、競争相手である帝国主義列強に対して可能な限り侵略的な植民地的膨張政策は、まずは個々のイデオロギー的な政治的な先駆者たちにとって、ついでいっそう広汎なブルジョア階層にとって、現存の国家システムと統治システムの内的危機からひき出されることになる打開策として現われた。国民国家の危機が、ナショナルな帝国主義の諸前提をつくり出した。

　帝国主義的な決定行為は、もちろん、単純に、広汎なブルジョア階層の帝国主義的心情の直接の発露ではなかった。むしろ、イタリア帝国主義を理解するために――そしてたぶん、この帝国主義についてだけではないが――私に決定的に重要であるように思われるのは、この帝国主義が、植民地的膨張を内政的強制にもとづいて促進した一般大衆にますます強く添っていかなければならなかったにもかかわらず、この帝国主義は基本的には、諸列強の伝統的外交政策の規範や形態にしたがって遂行されたということであった。完全に展開した帝国主義への発展は、イタリアにおいて、外交政策の優先を志向する伝統的内閣外交と、内政的紛争状況から、対外的な国家の安寧《シュターツ・レーゾン》を顧慮せずに海外膨張に突き進む、徐々に結集する一般大衆との間の緊張関係によって刻印されたのであった。シュムペーター風に言えば、新種の平等をめざす一定の政策という現象形態と時代遅れの外交政策上の行動方法との衝突にかかわる問題であり、またその限りにおいて、ある国の全面的な近代化過程における過渡的現象にかかわる問題であった(19)。

まずこの特殊的な緊張関係が、この帝国主義的政策を質的に旧来の海外植民地政策から区別するものであるということが、このイタリア的発展では特に明白に示されている。帝国主義的大衆基盤が欠けていた限りは、イタリア諸政府はただ外交政策上の熟慮にだけ添った植民地政策を行なっていればよかった。八〇年代はそのケースであった。帝国主義的運動の広がりのごくはじめの頃でも九〇年代は、クリスピ政府にまだ本当は対決をせまるようなことはなかった。もちろん、その頃は海外膨張政策に、従来の偶発的とも言える植民地政策とは明確に対照的であった一定の不可避性《ツワンクス・ロイフィヒカイト》をもち込んだのであった。やっとジョリッティの一〇年間が、外交政策にほとんど関心を示さないで国内的社会改革に意を尽していた政府に膨張を強要することとなった、帝国主義運動の仕上げの一〇年間であった。ブルジョア的社会における帝国主義的諸勢力の大勝利は、労働運動や政治的カトリシズムとの社会的妥協にブレーキをかけ、ドイツと類似して、国民国家の完成を妨げたのであった。

イタリアが一八八二年にアッサブの獲得によって、ヨーロッパの植民地保有国のグループに加わったことは、もっぱら外交政策上の理由による。性急な、イタリアに当初わずかな利益しかもたらさない三国同盟への参加に似て、紅海を確保するというほぼ同時期の決定もフランスへの敵対に由来するものであった(20)。誘発的契機は、一八八一年春のチュニスの軍事的占領とそのフランス保護領へのきり替えであった。イタリア政府はこれによってその直接の安全保障上の権益が損われたと見なした。新しい同盟国であるドイツ、オーストリア＝ハンガリー帝国が、トリポリでイタリアに、望まれた支持を与えることをきっぱりと拒絶したので、アッサブの獲得は北アフリカにおけるフランスのやり方を相殺する唯一控えめな可能性を与えるもののように見えたが、その場合担当の外相マンチーニには、見たところでは、このことと結びついているイギリスへの接近が実際の領土的獲得よりもはるかに重要であるように思われたのであった(21)。誤解の恐れのないようにマンチーニは、その後の幾年かにわたりあらゆる機会を捕えて同様に自主的な植民地政策に反対の旨を明言していた。一八八四年五月二二日の上院での演説は特に印象深いものであった。彼はそのなかで《世間で植民地政策と言われるのがならわしであるものを始める》ために、《遠隔の地方で経費のかかる危険な冒険》にイタリアを陥し入れることを《愚かで危険な相談》であると呼んだ。《若い国家》としてイタリアは、《国内を固め、その繁栄と強化に導く諸勢力を育てるためには》、他のいかなる国よりもまして、まず第一に《安全保障、平和、国内における実りある活動を》必要とすると。[22] 紅海ではなくて地中海が、事実、マンチーニ外交の中心をなしていた。[23]

この政策は、議会内外の注意深い世論の雰囲気や期待に完全に添うものであった。特にこの点は、一八八二年に議会の調査委員会が海外貿易の現状に関する二年におよぶ非常に広汎な調査後に発表した包括的な報告によって説得的なものとして確認される。[24] ボセリ議員はそこから報告者として、領土の取得は《つねに負担のかかる結果と政治的紛争》をともなうので、《政治的植民地》は《適切ではない》と思われるという結論をひき出しえた。調査に答えた人々の圧倒的多数と合意のうえで、彼はそれゆえに、海外では私的な貿易出張所だけにしておき、国家活動を領事的援助にとどめることに賛成であった。[25] 三年後にも、一八八四年に大きな反響を見いだせずに議会で植民地討議を活気づけようとしたアッティリオ・ブルニアルティですら、植民地獲得のためにまず第一に安全保障問題を論拠としてもち出したのであった。《トリポリの保有はわれわれにとっては、特にフランスがチュニスを占領した後では、所有欲の問題、実際の征服ではなく、われわれの安全保障、われわれの防衛を配慮するやり方である》と彼は説明していた。[26] イタリアの紅海への関与《アンガージュマン》は、それゆえに議会ではそれ自体わずかな反響しか呼ばなかった。もちろん後の外相になるディ・サン・ジュリアーノを先頭に多数の議員たちは、マンチーニの不確かな代償論に合流して地中海政策のために紅海での植民地獲得を支持するつもりであった。[27] それゆえにこれを基礎としてイタリア植民地主義は、さらに展開をとげることができた。マンチーニが一八八五年一月二七日に議会で説明したように、一八八四年末に紅海で《地中海への鍵》を意のままにするという確信のもとに、マッサウアの都市および隣接沿岸も占領するというイタリアの決定がなされた。あらたに大臣はそれに対して、国家が経済的な利害政策に誘われてしまうような膨張的な植民地主義的政策を非難した。[28]

この時代にイタリアにおいて植民主義的コンセンサスの展開がいかに弱いものであったかは、マンチーニの遠慮がちな植民地政策が議会において結局は承認されなかったことから、うかがえる。彼にかわって、マッサウア計画の一番きびしい批判家たちに属していたディ・ロビラント伯爵が、一八八五年夏に特異な仕方で入閣した(29)。植民地獲得に根本的に反対していた急進的自由主義グループと並んで、つぎの議員たちも、つまり彼らにとっては地中海におけるイタリアの地位の強化がまさに問題であったので紅海での地歩確保を危険で脇道にそれたことと考えていた議員たちも、マンチーニに反対した。彼らのスポークスマンとしてこの時期にフランセスコ・クリスピが登場した。彼の組閣によって紅海におけるイタリア植民主義は、数年後にはその第二の危機的な段階に突入する運命にあった(30)。彼がまだ閣外にいた限りは、クリスピは、イタリアの軍事的・経済的能力をはるかに超える植民的関与の危険性を洞察力鋭く認識していた。《マンチーニ議員は、》——と彼は一八八五年五月七日に議会で説明している——《彼の政策を控えめなのではなく優柔不断であると私が呼ぶことを、許していただきたい。戦争を始めることなく大きなリスクをおかすことなく、領土を占領しそれを植民地化しているドイツ植民政策を私は理解するものであります。しかしながら、今日われわれに部隊を紅海に派遣せざるをえなくさせ、その後大軍をそこに送ることをわれわれに強いている政策を私は理解するものではありません(31)》。このビスマルクの崇拝者は、当時まだ、柔軟性に富んだドイツ植民政策を模倣できると信じていた。しかしながら、イタリア帝国主義にとっては、ただ軍事的膨張の道しか残されていなかったことが、あまりにも早く明らかにされたにすぎなかった。インド洋に面するソマリアの砂漠海岸においてしか、クリスピとその後継者たちは、東アフリカにおける英独の対抗関係から利益を得ることができず、イギリスの保護の下に一つの価値のない植民地を手に入れたのであった(32)。トリポリとキレナイカにおいて、クリスピはしかし外交的手順で徒労にも成功をおさめようとした(33)。そういうわけで同様に彼には紅海だけが残ったのである。しかもここで、イタリアは、アフリカにおいて原始的で、またそのうえ部分的にはキリスト教的文化伝統をもっているだけでなくて、かなりの軍事力を意のままにする唯一の国家を、アビシニア帝国というかたちで、相手にする羽目になった。アビシニア王《ネーグス》とその部族長たち（ラス）は、イタリア人の最初の無頓着な軍事攻勢に明らさまな敵意を抱いてアビシニア後背地に逃れた。イタリアではこのことにはじめは気づかなかっただけであった。一八八七年一月二六日にドガリで五〇〇人のイタリア人部隊がアビシニア人によって全滅させられたときにはじめて、イタリアの世論は植民の危険度を意識しはじめた。ドガリの惨事は、それでイタリア植民主義史における転換点となったのである。(34)

この転換の明白な結果は、政治的な指導のトップ層における新たな交代であって、それによって一八八七年七月にフランチェスコ・クリスピが政権についたのであった。ルジェーロ・ボンギまたはフェルディナンド・マルティニ指導下で、ドガリ後、アフリカからの撤退に賛成する議会内の諸グループは、残留を擁護し、したがって突然中断したアビシニアの植民主義的侵入の継続を擁護した議会の大多数に敗北を喫した。(35) この多数の内部に、この機会に、いわゆるアフリカニストがはじめて形成された。すなわち、アフリカニストとは、アフリカにおける植民地獲得が、内政的・外交政策的紛争の適切な解決手段となるとする議員たちである。クリスピ時代に、植民地主義の動機づけによって、彼らは、さらに二つの分派を形成した。一方では、ポツォリーニとガンドルフィ両将軍とバラティエリ大佐を先頭とする軍人たちがいた。彼らにとっては、イタリアの外交政策的威信が前面にあり、その場合、彼らはこれを、多かれ少なかれドガリの戦闘でひどく傷ついた軍の自覚と関連づけて考えたのであった。彼らは、植民地軍隊も大規模に増強し保持することに賛成であった。それを使ってアビシニア帝国を組織的に占領しようとした。アフリカニストの別の派の推進力はレオポルドー・フランケッティであった。彼は南イタリアの農村過剰人口と膨れあがる移民を目のあたりに見て植民主義者となった人物である。植民地に、彼は《農民的土地所有を基礎とする社会》を実現できると希望したが、イタリア北部に対するイタリア南部地方《メッツォジオルノ》の劣勢はそれがないからだと、彼は考えていた。(36) 国家の植民アドヴァイサー《コンシグリーレ・ペル・ラ・コロニツアツイオーネ》として、彼は九〇年代初頭以来、アフリカで倦まずたゆまずイタリア農民に適した入植地を探した。彼の鑑定が、イタリアの欲望を荒れた沿岸諸地方から肥沃なアビシニアのティグレ高地に向けさせることに少なからず寄与したのであった。(37)

アフリカニストの周辺的諸グループは、議会内で、帝国主義的なブロック形成の最初の萌芽となった。彼らがクリスピに直接影響力を行使したことは疑う余地はない。(38) これと類似のことは、南イタリア人のパスクァーレ・トゥリエロ、ロマーニャ地方のアルフレド・オリアーニといった初期帝国主義的なイデオローグたちにも当てはまる。彼らは、議会外で強力な反議会主義的動機をもった帝国主義を代表していた。トゥリエッロは、すでに一八八二年に、政治的《大国》にのし上がった諸国民だけが存続しうる《生存闘争》について語った。イタリアの《大国民《グラン・ナチオーネ》》への発展を、彼は自由主義から展開した議会主義によって妨げられていると見なしていた。[39] 一九〇二年に、彼は、《帝国主義をめざす意識》を展開させるべき《期限つき独裁》を要求していた。[40] 同じような仕方で、オリアーニは一八九二年に、イタリアであらゆる植民地的獲得を妨げた《修辞的民主主義《レトーリッシェ・デモクラティー》》に論難を加えた。[41] トゥリエッロもオリアーニもしかし一匹狼であった。彼らはいかなる帝国主義的な集団的潮流も代表していなかった。むしろ彼らは、その同時代人からはほとんど眼中におかれていなかった。クリスピは確かに彼の政策をイデオロギー的に正当化するために彼らに依拠することはできた。[42] なぜならば彼の植民地政策においては、真の大国という動機は、はじめは、彼が少なくとも一八九四年以降に議会主義的なシステムの正当性に疑いを抱いていたのと同様に、一つの役割を演じていたからである。[43] 結局のところイタリア初期帝国主義の推進力は、しかしながら、あまりにも弱く、クリスピの植民地政策に言うほどの影響力を与えることはなかった。九〇年代初期の政治的・社会的危機は、イタリアにおいては、そこから帝国主義に導くような植民地政策上の形態変化をもたらさなかった。危機は、イタリア国民国家のブルジョア的指導層にとっては、まだ、それが外交政策上の代償での充足感を満たすように促すほどに死活にかかわる《エキシステンツ・ベドローエント》ものではなかったからである。ジェノア会議における社会党の創立は、確かに一八九二年に、不可避的に、イタリア・プロレタリアートが政治的に組織されはじめたことを指示していた。しかし労働運動は、政治的重要性をまだほとんどもっていなかった。イタリアのカトリック派はさらに遠く離れていた。社会主義者もカトリック派も、いずれにせよ、参加や社会的統合についてなんらの具体的要求を出していなかった。ファシ・シチニアーニ(Fasci Siciliani)の社会的反乱も、クリスピがそれを国際的陰謀の仕業呼ばわりしようとしたが、古めかしい千年至福説的性格をまだもっていた。[44]

　クリスピの本来の問題は、彼が、世論と、とりわけその植民地についての熱狂ぶりが、危険が増大するにつれ、また経費がかさむにつれて冷めていった議会と、かかわりあわなければならなかったことであった。彼のアビシニア政策は、ドガリの敗北以来危険にさらされた紅海におけるイタリアの地位をふたたび固めようとしているかのような印象を与える限りは、この政策は、議会両院の同意をなんなく得ることができたのであった。クリスピはしかしながら、一八九〇年一月一日以降、エリトリア植民地にまとめられた紅海のイタリア所有地を拡張しようとするや、ジレンマに陥ってしまった。彼がアビシニア人と対峙しようとすれば、大幅な軍事費と植民地経費の増加が必要であった。ちょうど九〇年代半ばに経済的な全体恐慌《ゲザムト・クリーゼ》のためそのピークに達したイタリア国家の危機的な財政状態に直面して、ともかくクリスピが植民地的成功を示す場合にのみ、抵抗する議会を軍事的緊張増大に向かわせるしか見通しがなかった。

植民地の断念だけが彼をこのジレンマから脱出させることができたであろう。まさにこの逃げ道はしかし、クリスピにはもはや開かれてはいなかった。つまり内政上の諸理由によって、彼は海外での外交政策上の成功を必要としていた。そのためにすでに一八八七／八八年に法的基礎がつくり出された後に、クリスピは一八九三／九四年以降、内政では周知のようにますます権威主義的なコースをとることになった。ファシ・シチニアーニに対する彼の厳しい弾圧措置のいかがわしい成功によって元気づけられて、彼は《社会主義根絶の闘い》を指揮したが、この闘いは、喝采を博するかわりに、彼に対して自由主義的ブルジョアの大部分を激昂させることになった。[45] 彼の求めた信任投票では、議会で反対票数は回を重ねるたびに多くなった。[46] それに加えて、一八九五年に、銀行との怪しげな彼の個人的関係のためにクリスピに対して議会内外で、フェリーチェ・カワロッティが巻きおこした《倫理粛清運動《カムパーニャ・モラーレ》》がおこった。[47] それゆえに、前進した帝国主義的行動の社会政策的メカニズム――しかしこの行動は、このメカニズムとはすでに一致しないが――を暗示したある種の強制によって、クリスピは彼の植民地政策で、すべてを一枚のカードに賭けなければならなかったのであった。彼は、抵抗するエリトリア軍事総督バラティエリを督励して、現存するがしかし不充分な軍事手段でアビシニア全土の征服に着手させた。初期の成功の後で、この試みは、一八九六年三月一日のアドゥアの戦いで、近代的植民地保有国の一つがこれまでに巻きこまれた最大の破局として終った。[48]

クリスピは、アフリカにおける植民地的威信政策を、彼の非常に個人的色彩の濃い政治的統治システムと、あまりにも密接に結びつけていたので、アフリカにおける敗北は、必然的にその政治的終焉をもたらさざるをえなかった。その否定的結末にもかかわらず、この政策はそれゆえに、もっと弱められた形式で、しかしかなり成功裡に、少し前にビスマルクによっても推進されたように、ボナパルティズム的な色彩の植民地政策の枠にぴったり適合していた。[49]クリスピは、植民地的膨張を彼の内政上の道具にすることによって、彼の国を、帝国主義への道へと導いたのである。全階級の存在が危険にさらされており、もはや民主的独裁者の存在だけが危険にさらされているのではないときにやっと、イタリア帝国主義も十分に強力に展開したのであった。クリスピ失脚後すぐに、反植民地主義の波は全国にあふれ、植民地問題に対する世論と政府の姿勢を何年もの間規定した。国の自由主義的指導層の内部で重大な分裂のきざしとなった、世紀転換期の深刻な社会・政治危機ではじめて、イタリアで発達した帝国主義のための基礎が創りだされた。[50]

はじめて、ブルジョアジーの自信は、まさに一八九七年の三月選挙の結果によってショックを受けることとなった。この選挙では、二〇人の社会党議員と、ほぼ同数の急進派議員が議会に進出した。[51]一八九八年はじめに、イタリアの多くの場所で、特に激しくアプリエン、フィレンツェ、ミラノで起こった飢餓暴動は、これらが例外なしに自然発生的性格のものであったとしても、組織化された大衆動員という印象を強く与えた。これらの年の危機的暴動の最後のクライマックスは、一九〇〇年七月二九日の無政府主義的暗殺者たちによる国王ウムベルトの殺害であった。時のディ・ルディーニとペルー両政権のこの挑戦に対する反応は、クリスピが九〇年代はじめの人民運動に対して用いた弾圧政策の激しいくり返しに匹敵した。[52]しかしルディーニがミラノでデモ参加者に対して据えつけた大砲や、ペルー将軍が一八九九年二月に議会に提案した、報道の自由、集会の自由、スト権を徹底的に制限するプログラムは、もはや時宜を得ていないものであることが明らかとなった。この両首相によって警察国家的手段で進められた《制度化された反動》政策は、自由主義の保守的諸勢力の期待された強化をもたらさなかった。[53]この政策は反対に、ルディーニやペルーがなんとしても台頭させたくなかった展開的危機《エントウイクルングス・クリーゼ》へと、ブルジョア的イタリアをますます本格的に追い込んだ、分極化過程に導くこととなったのである。

抑圧は、参加を迫る解放運動の編成を加速していった。ジェノワの成功裡に終ったゼネスト（一八九九年十二月）後に、社会主義的労働組合運動は急速な高揚をとげた。これに対応して組織的なストライキが、とくに農業労働者の間で、年々頻発し、ついに一九〇四年の全イタリアのゼネストで、その絶対的項点に達した(54)。同様に重大なのは、同じ時期にキリスト教民主主義の印の下に、はじめてカトリック系労働組合運動も形成されたことであった。この急進的で、傾向として民主的なカトリック人民運動は、確かに一九〇四年にピウス十世の介入によってさしあたりはふたたび阻止された。しかし穏健なカトリック派は――ピウス十世の著名なモットーである《カトリックの代議士はだめ《デプタティ・カトリチ・ノー》。代議士のカトリックはよい《カトリチ・デプタティ・シー》》にふさわしく――、体制内における個人的活動の自由裁量権を手に入れたことによって、カトリシズムの政治的存在の問題がその後、日常茶飯事となりつづけたのである(55)。それゆえに取り消しのきかないものとして、イタリアでは、二〇世紀初頭には、支配的ブルジョアジーの、台頭してくる大衆運動とのより広汎な意思疎通の問題が提起されることとなった。自由主義的イタリアは、これに対して二つの回答を与えることを心得ていた。

ジョリッティの回答は、現状をできうる限り広汎に維持するための社会的・政治的改革という回答であった。それは、同時に、近代的視点と保守的視点とを有していた。近代的視点とは、ナショナルな統合過程を毅然として押しすすめていったからであり、保守的視点とは、発生している大衆運動と、このことによってひき起こされた政治決定過程の構造変化とを、無視できるというナショナルなコンセンサスを拡大させると信じていたからである。社会主義者とカトリック派の政治的参加と社会的統合を導いていく――それによって自由主義的ブルジョアジーのヘゲモニーを侵害せずに――という試みは、それ自体矛盾するものであったし、またリビア戦争は、保守的手段による社会的・政治的改革政策の困難《アポリー》さを明白に表明することとなった。ジョリッティの政治的綱領は、しかしながら、長期的視野では真に抜本的な国家と社会の近代化の諸要素を多く含んでいて、民主主義的基盤の上にリソルジメントの拡大と完成のための歴史的チャンスが提示されていた(56)。

ジョリッティは、要するに《イン・ヌーツェ》、たぶんすでにその一八九二／九三年の最初の首相在任前と在任中に発展させて、世紀の変わりめの国家危機の間にはじめて公けに述べた自分の改革綱領をもっているのである(57)。一八九九年一〇月二九日に、彼はその有名なブスカ演説において急進的改革を《きわめて《エミネント》保守的な課題》と呼んでおり、さらにイタリア王制は《小さな特権諸階級の利害》にのみもとづくものではなくて、《国の圧倒的多数の好感》にもとづく基盤をもたなければならないと、言い添えた。[58] 一九〇一年二月には、彼は議会で、このような政策の社会政策的結論に説明を加えた。彼は、低賃金が工業の進歩に役立っているということを誤まりと述べた。高賃金の国々が進歩の先頭に立っていると。《消費しない人は、生産しない人である、と信じていただきたい[59]》と。また一九一一年に彼の政策の全体系が裁決に付されたときも、彼は多くの綱領に則した演説のなかで彼の以前の立場を守りつづけた。《第四身分》の《進歩のあらゆる形態》への《積極的参加《タイルハーベ》》（パルティパチオーネ！）は、また国の経済的繁栄の不可欠な条件であると彼には思われていた。その場合、参加《タイルハーベ》とは、今はまったく具体的に選挙権と被選挙権の行使が考えられていた。[60] 自分の政治活動を大きく振り返ってみて、自分の《外見的に準革命的な》制度は、《唯一、真に保守的なもの》であると、彼は主張して譲らないのであった。[61]

　この非常に決然とした態度をもって的確に述べられ、また弁護された全綱領から、ジョリッティの成功または失敗が結局のところそれに帰するいくつかの基本的決定が生じていた。1・ジョリッティは明らかに、工業経済的システムの展開と介入国家の発展との関連性を、認識していた。[62] この理由から彼は工業的膨張を、大銀行の強化によるものであれ、適度の保護主義によるものであれ、促進させた。[63] 彼はしかし《少数の資本家の利害》に役立つことを、国家の任務とは見なしていなかったのである。[64] それであるから、彼は工業における独占的集積傾向を——なかんずくその独占的集積傾向が、純金融資本的性格を帯びたときには——制圧した。2・工業労働者の労働組合活動を、それが工業生産性の上昇に寄与する限りは、彼はその自由ななりゆきにまかせた。彼はその場合にしかし、国家が《さまざまな社会諸階層の協働》を、それが自ずから生起しなかった場合に、仲介しなければならないということから出発した。[65] ジョリッティはしかし、農業分野においてもこの原則にしたがって振舞うつもりはなかったし、できもしなかった。彼は北部の工業労働者の労働組合組織化を受けいれる一方で、南部の農業労働者の動員は、ブルジョア的国家の支配構造を脅かすのではないか、と恐れたのである。[66] 3・ジョリッティは、社会主義者とカトリック派のブルジョア国家への包摂の必要性を認識していた。この認識の帰結は、ほとんど普通の選挙権であって、この実施は彼の内政の核心の一つであった。彼はしかしながら、組織化された大衆政党の成立が議会の意図した民主化の不可避的結果であったことを理解しなかった。[66a] ナショナルな決定過程へのカトリック派と社会主義者の参加の問題を、彼はイタリア自由主義の伝統に合致していたパーソナルでかつ依頼人的《クリエンテル》な基礎の上に解決しようと試みた。二人の改良主義的な社会党指導者、トゥラティとビソリティは、彼によって一九〇三年または一九一一年に彼らの党の代表としてではなく、むしろいわば議会における依頼人の中心人物として、入閣を要請された。[67] 両人は、その党の底辺〔訳者―一般党員など〕を離れることはできなかったので、拒絶しなければならなかった。一九一二年まで改良主義的な志向を示していた社会党とのジョリッティの協力関係は、それゆえに、けっして制度的な確認をとらなかった。ジョリッティは社会主義者とのコンセンサスを探ったが、しかし彼はこの同盟に政党の連立という形態を与えることを避けたのであった。

政治的カトリシズムに対しては、伝統的－人格主義的協力関係が一九〇四年以降、どちらかと言えば提案されているようであった。とはいえ、遅くとも、一九一三年の選挙のための有名な《ジェンティロニ伯協定《パット・ジェンティロニ》》の結果は、自由主義的国家へのカトリシズムの定形のない統合の限界を示した。カトリック派の選挙民による自由主義的候補者たちへの秘密裏の支援は、ジョリッティにとってもカトリック派にとっても割りのあうものではなかった。ジェンティロニ伯の有名な軽口のせいで、カトリック派は反教会主義の波によって孤立化させられる一方、ジョリッティは、カトリック派への架け橋をとり壊さなければならなかっただけでなく、自分の陣営内においても、とりわけ社会主義的な左派において、決定的に地盤を失ったのであった。[68] それにもかかわらず銘記すべきは、ジョリッティが、その政治を際立たせているいわば古風なエチケットにもかかわらず、社会主義者とカトリック派によって台頭してきた大衆運動がブルジョア的イタリアに突きつけた挑戦に、肯定的答えを与えたことであった。彼は、ブルジョア的世界への彼らの進出を、かつて一九一四年以前のヨーロッパの政治家たちにも特徴的であったような一種の宿命論の流儀で、不可避的ななりゆきと見なしていた。[69] ナショナルなコンセンサスから彼らをさらに排除することは、それゆえに彼の目には現存のシステムを危うくするものでしかなかった。彼はそれに対して、拡大されて変化をとげたナショナルな社会においても政治的決定過程への彼らの参加により、また経済的再分配により、ブルジョア的ヘゲモニーを保持できることを望んだのであった。

ジョリッティの改革綱領は、クリスピからペルーにいたるまで実行され、その挫折が世紀の変わりめの危機を明らかにした権威主義的抑圧政策に対する明確な対案《アルテルナテイーヴェ》を、出していた。この政治的実践に、その後はどの路線ももはや戻ることはなかった。しかし、ジョリッティに反対して、統合による保持という彼の綱領に対して、排除による保持という綱領を対置するブルジョア的反対派ブロックが形成された。ジョリッティがそのナショナルな統合政策で成功するのを阻止する、この反対派により展開された方法が、帝国主義であった。イタリア国民国家もそれゆえにこの時期に、その高度帝国主義的段階に入ったのである。この時期に、これまで存続していた形態にある国家は、根本的に問われることとなり、支配的ブルジョアジー内部で、ありうべき保持と存続について立場の分極化をもたらすこととなった。

《ジョリッティ体制》――こうルイジ・アルベルティーニが軽蔑的に言うのがつねであったが――に反対して編成されたブルジョア的反対派ブロックは、非常にさまざまなグループから構成されていた。まさにこの反対派の不均質な性格こそが、しかし、彼らをただ一つにまとめることになった帝国主義的意識の力の証明である。もっとも目立つのは、そのなかで歴史的右派（デストラ）の保守的自由主義者が新しい工業エリートの諸部分といっしょに集まったということであった。口やかましい先導者として、政治的ナショナリズムの運動が、この反対派に加わった。

保守的自由主義のグループでは、そのスポークスマンはサランドラ、とりわけジョリッティのほんとうの議会における敵対者であったシドニー・ゾンニーノであった。(70) ゾンニーノとそのとり巻きは、議会において、社会的基盤が主として農村的大土地所有であった自由主義的ブルジョアジーの伝統主義的諸階層を代表していた。ジョリッティは、少なくとも工業的セクターにおいて、国家的執行機関を労働と資本間の中立的仲介者にしたのに対して、彼らは、国家はどこででも所有を支持しなければならない、としつこく主張した。国家的社会政策の近代的獲得物に対して、彼らは、私的扶助《フユールゾルゲ》というかなり古い方法に固執した。(71) ゾンニーノの考えによれば、所有は社会的活動を義務づけられていた。《所有するものは、法そのもの《イプソー・ユーレ》により、魂への配慮をなす》と彼は折にふれて議会内で述べていた。(72) ジョリッティ政府の社会政策的提案は、それゆえに議会内でゾンニーノ派によっていつも拒否されるところとなった。だが何にもまして彼らを不安がらせたのは、社会主義者の政治的・組合的大衆組織とのジョリッティの協力であった。このことをただ農業的南部に対してだけ受けいれたジョリッティとは異なって、彼らは、これによってブルジョア的ヘゲモニーが結局は、固まるのではなく、除去されるか少なくとも制限されるにちがいないと、正しく認識していた。工業的労働組合運動の展開を育成するかわりに、彼らはこれを、それゆえに法的予防措置により封じこめようとした。ジョリッティよりもはるかに強く彼らは、選挙権拡大がもつにちがいなかった民主化の影響も恐れていた。彼らはそういうわけで、ソンニーノがすでに一八九七年はじめに、はっきりしてくるナショナルな危機の発展からの脱出策として提起した《立憲憲法への復帰《トルニアスモ・アッロー・スタトゥートー》》に固執したのであった。この提言のエッセンスは、議会主義的システムを、民主主義的方向にいっそう展開させるかわりに、立憲的システムに戻すことにあったのである。

ジョリッティの反対派である工業的エリートたちも、ジョリッティの介入国家育成に抵抗した。彼の社会的統合の戦略に反対して、彼らは階級闘争を行なった。一九〇六年の社会主義的な《労働総同盟《コンフェデラチーネ・ジエネラーレ・デル・ラヴォーロ》》結成に対して、彼らはなお同年に《工業連盟《レガ・インドゥストリアーレ》》のトリノの合同、一九〇九年五月の《イタリア工業同盟《コンフェデラチオーネ・イタリアーナ・デル・インドゥストリア》》の結成で答えた。この個々にはまだ詳しく研究の行なわれていない諸グループのイデオローグであり、ジャーナリズムにおけるスポークスマンが、ルイジ・アルベルティーニであった。とりわけルイジ・エイナウディの支援を受けて、彼は自分の発行した《コッリエーレ・デッラ・セーラ》を経済的自由主義《リベリスモ》の指導的闘争機関誌にしたが、彼はこの教条的な形態においてイタリアの社会的変化をもはや顧慮しなかった。(73) 彼はジョリッティに飽きることなく社会主義の罪を着せることによって、故意でないとしても、ブルジョア的中間層の間に俗物的反社会主義をかき立てることになり、この反社会主義は結局は、社会主義自体よりもはるかに彼の自由主義的ユートピアの破壊に寄与することとなったのである。

二つの自由主義的選択のどちらがイタリアで貫徹されるべきかという決断が、植民地政策について下された。この状況は、一九一〇年、文学－ジャーナリズム上の開始後、《イタリア国民主義者協会《アッシアチオーネ・ナチオナリスタ・イタリアーナ》》に結集した政治的ナショナリズムの活動を基礎にして、生まれた[74]。このナショナリズムは、世紀の変わりめ後に、イタリア内政に新しい要素をもちこんだ。これは確かに組織的な点では、けっしてあまり成果のあるものではなかった。《国民主義者協会》は、第一次世界大戦前は、ゆるやかに結合した知識人諸サークルの団体の域を出るものではなかった[75]。重要であるのはしかしながら、このナショナリズムがさまざまな形態で、ある種の代償的イデオロギーとして拡がっていたこと、とりわけ中間的・教養的ブルジョアジーの大部分を潜在的にとらえていたことである。伝統的なブルジョア的な諸志向と諸政党をはすかいに横切って、ナショナリズムをモットーに、新しいタイプのブルジョアジーが生まれてきた。このブルジョアジーは旧来の政治的実践を、暴力崇拝や、戦闘的で行動家的コミュニケーションという新方法に、置き換えていったのであった[76]。これらの傾向がイタリアで急激に現われてきた激烈さは、イタリア自由主義の政治的伝統の特に寡頭的性格から十分に明らかにされる。ここには、これまでブルジョアジー内部でも、これまでナショナルなコンセンサスに参加したことがなかったか、または仲介的形態でしか参加したことがなかった諸勢力が、動員された。ナショナリスティックな動員過程の第一の、ほぼ新しい世紀の最初の一〇年を含む段階は、非合理主義的なデカダンスの思想の普及によって特徴づけられているが、これについては、ダヌンツィオの圧倒的な文学的成功がそれを示していた[77]。新ナショナリズムは、しかし、のっけから文化的領域に限られていたのではなくて、そのナショナリズムがだいたい一九一〇年頃から、きっぱりと自分の思考を表明するようになる前に、すでに傾向として政治的性格をもっていた。文化的不快感やこれを表明する諸イデオロギーは、ジョリッティ時代におけるイタリア国民国家の政治的・社会的な危機の展開なしには説明できないのである。不快感は人々が、この政府がその改革政策によってブルジョア的国家を社会主義にひき渡してしまったと思った、その政府に対してひろがっていた。ナショナリズムの根本的立場は、強い反民主主義的痕跡をもつ反社会主義的なものであった[78]。社会主義的な労働運動を統合するかわりに、ナショナリストたちはこれを、その政治的形態においては、できるだけ抹殺しようとし、その労働組合的形態においては、陪臣化しようと、つまり国家に組みいれようとしたのであった。

帝国主義は、この極端な排除政策への道を拓こうとしていた。ナショナリスティックなイデオローグたち、エンリコ・コラディーニを筆頭に、ルイジ・フェデルツォーニ、グアルテリオ・カステリーニも、その過激化したブルジョア的層に対して、アフリカでの植民地的膨張を利用してイタリア国民国家の現われてきている参加をめぐる危機《パルティパチオーンス・クリーゼ》を終らせる可能性を、示唆したのであった。海外に向かう帝国主義は、彼らの目には、《国の支配階級》に、《富》と、その階級がなおこれ以上に分割されることのないその支配の行使をはたすのに十分足りる《強さ》を、与える機能を保持していたのであった[79]。この帝国主義は、そこでは大きな国民だけが生き残りうると称する、諸国民の世界を包括する生存闘争を基礎としていた。マリオ・マッサオは、一九〇五年にダーウィンとニーチェを引きあいに出して、《強い》ものだけが生き残れるというこれからの《暴力《ゲワルト》の世紀》について語った。彼はそれゆえに、これからの《諸闘争》のために、《帝国主義的意識》の展開を主張した[80]。コラディーニによって、帝国主義は一九一一年に、諸国民の階級闘争だと言われた。その場合に彼によってダーウィン主義的なモチーフとマルクス主義的なモチーフとが独特な方法でミックスされていた。つまり、《社会主義がブルジョア階級からのプロレタリアの身代金払いによる救出の方法であったように、帝国主義はわれわれイタリア人にとっては、われわれに対してブルジョアであるフランス人、ドイツ人、イギリス人、南・北アメリカ人からの、身代金払いによる救出の方法であろう[81]》と。しかし、その当時の著名な詩人であるジョヴァンニ・パスコリが、このモチーフをリビア戦争の最初の戦没者たちの追悼の辞のなかで、いくらめりはりをつけて、偉大なるプロレタリアは死せり《ラ・グランデ・プロレターリア・スィ・ア・モッサ》と叫んでみても、この《貧しき人たちの帝国主義》は、やはりただの通常の帝国主義にすぎなかったのである[82]。ナショナリスティックな帝国主義のプロレタリアート的態度は、反ブルジョア的運動に反対してブルジョアジーを動員することがこの場合に問題なのであるということを見誤らせることはできないのである。

ナショナリズムとの旧保守的‐新工業的連合のチームワークの諸原因を解明するためには、もっと精緻な諸研究が必要である[83]。しかし確かであるのは、反ジョリッティの反対派ブロックがだいたい一九一〇年以降にまとまったことである。共通のスローガンは、トリポリであった[84]。ジョリッティをトリポリに押しやることで、一体化した反対派は、社会的統合の彼の構想が妨げられることを希望したのであった。植民地戦争は、たとえいかにそれが外交上の安全保障利害によって、なお正当化されようとも、ジョリッティの社会主義者との折りあいをとにかく不可能なものにしたにちがいなかった。もしジョリティが、この戦争を遂行することを拒否したならば、彼は逆に政治的カトリシズムとの連係を失うという危険を冒すことになった。すなわちまさにカトリックの保守派――それのジョリッティとの協力は、彼の人格主義的《ペルゾナリスティッシュ》・反政党的コンセプトに適合したので、非常に重要であった――は、トリポリ・ロビーに加わったのであった。[85] それどころか、一定のカトリックのグループはそのさいにカトリック系のローマ銀行《バンコ・ディ・ローマ》が一九〇三年にリビアに地歩を築いて、それ以来そこに組織的に投資を行なうようになってから、非常に具体的な利害をもっていた。[86] たとえジョリッティがどのような態度をとったとしても、トリポリ問題はとにかく社会主義者とカトリック派に対する彼の二面的な統合的綱領を危くしたのであった。

ジョリッティは、彼のメモアールのなかで、一九一一年三月の彼の最後の内閣を、選挙改革・国家的保険独占の創設・リビア問題解決の三目標をかかげて発足させたと、主張している。[87] しかし、彼は、リビア出兵をはじめは長いこと逡巡した後、ついにおそらく開戦日の一九一一年九月二九日の二、三週間前にやっと決定したということは、疑問の余地はない。帝国主義的リビア戦争は、ジョリッティの戦争ではなかったが、彼はその戦争を彼の戦争にしなければならなかったのである。[88] リビア問題における彼の態度を理解するためには、彼にとっては、1・内政の絶対的優先が存立していたこと、2・彼が、外交政策を、ほとんどすでに古めかしいやり方で《極秘のこと《アルカヌム》》としたこと、が忘れられてはならない。一九一一年十月七日の彼の既述の演説において、彼はリビア戦争開始数日後に、対外政策の諸問題は、国内的進歩の課題を脇にそらした、と警告したのであった。[89] さらにメモアールのなかで彼は、《内政の紛争に対して対外的にそらそうとする》ことに対し嫌悪の念をずっと抱いていたと断言していた。[90] ジョリッティは、リビア問題を、この理由から厳格に外交政策上の安全保障問題として扱おうと試みた。軍事的介入の可能性を彼が真剣に検討しはじめたのは、まさに第二次モロッコ危機のなかで北アフリカと地中海における外交政策上の勢力状況が、一九一一年七月に、変わりそうになりかけたときであった。[91]

帝国主義的決定過程にとって、しかし特徴的であったのは、政府がリビア問題に関する世論形成において、ジョリッティの考えに反して、内政上の諸影響から免れえなかったことである。すでに一九一一年五月に、ジョリッティは、トリポリを目ざすナショナリスティックなキャムペーンを不愉快ながらよく確かめなければならなかった。[92] 帝国主義的運動の多彩さとボリュームは、しかし夏の間に、さらにまったく異なった強さに高まっていった。ナショナリスティックな《民族理念《イデア・ナチオナーレ》》や、その外交政策に関する編集スタッフにフェデルツォーニが属していたソンニーノ派の《ジォルナーレ・デ・イタリア》が、いまやますます露骨にリビアにおける植民地戦争に圧力をかけただけではなく、他のブルジョア大新聞も、穏健にせよ、いまやこのテーマをとり上げたのであった。[93] 六月はじめに議会で、リビアに関する異例の活発な討論がなされた。この討論では、とりわけ政治的ナショナリズムを支持することを表明したフォスカリ議員が、トルコに対して慎重すぎると熱狂的に政府批判を行なった。彼の演説は《民族主義者協会《アソシアツィオーネ・ナチオナリスタ》》によって印刷され、三万部が配布された。[94]《海外イタリア人《イタリアーニ・アレステローレ》》の第二回会議で、フェデルツォーニは、六月中旬に、かなりあからさまにリビア併合を要求した。[95] 七月一日以降、つまり、ドイツによるアガディルへの豹のジャンプ《パンテルシプルング》の日以降、イタリアにおける帝国主義的運動は、完全に反政府的大衆運動の性格を帯びたのであった。[96]

ジョリッティは、これらすべてのことをまだよく確かめなかったものの、彼は、この運動が自分の陣営に波及してきた時点で、この国の帝国主義的運動の重みを考慮に入れざるをえなかった。これは遅くとも八月末ということであった。ことにジャーナリズムの場と政府部内において、そうであった。八月三〇日に《スタムパ》紙がジョリッティ議員への公開状という形で論説を発表し、そのなかで彼はあらゆるかたちで行動するようにと要求された。ナショナリスティックな運動が議会においてすら言いたいことを聞いてもらえたあとで国内改革者としてのジョリッティの歴史的役割をはっきりと評価しつつ、新聞は《新しい問題と新しい責務》を論じた。ジョリッティは、彼を支持する新聞から、こう聞かされた。《平和と国内改革の人々の任務が、戦争と対外膨張の人々の役割を演じなければならない時点が諸国民の生活にはある》[97]と。すでにそれより数日前に、《トリブーナ》紙もその論説において、《世論の願いを実行に移す》ことを、ジョリッティにあけすけに要求していた。[98] ジョリッティに政治的に近いこの両大新聞は、植民地的膨張の支持を、はっきりとかつ一途に、帝国主義に心を動かされている一般大衆の出した要求によって根拠づけていた。そのために、対外的なことについては政府に絶対的な自由裁量権を留保しておくというジョリッティの原則は、彼の本来の支持者たちによって公然と疑われることになった。類似の論拠が、外交政策について第一に責任のあった政府メンバーの意見表明に干渉するに及んだとき、帝国主義的行動の決定が下された。

鍵となる重要な役割をそのさいに果たしたのが、外相ディ・サン・ジュリアーノであった[99]。一連の文書とメモを使って、彼はごく限られたスタッフと七月、八月に、トルコとの植民地戦争の問題についてあらゆる点を詳細に慎重に検討した[100]。外交官たちの立論は、一方では厳格に外交的な打算の伝統的枠内ですっかり進み、他方では世論が、彼らによって特徴のあるやり方で考慮に入れられたのであった。サン・ジュリアーノは、《ナショナルなエネルギーがなんらかの方法で力強く正しいことと証明される生き生きとした普遍的な必然性》というふうに語った[101]。彼は、自己の都合のよいように政府をゆすろうとする《ローマ銀行《バンコ・ディ・ローマ》》の手口も感づいていた[102]。サン・ジュリアーノと同じ南イタリア出身のピエトロ・ランツァ・ディ・スカーラ次官は、もはやその今までの無為無策を世論の前でどうにも弁護できないと、彼の大臣を非難した[103]。コンスタンティノープルの代理公使のジャコモ・デ・マルティノは、リビアにおける軍事行動の根拠として、八項目の最初に、これが《世論によって表明された傾向に一致する唯一の解決策である》ことをあげた。外務大臣は、さらに彼の側から報道機関に影響力を行使しようとしたのであった[104]。開戦の決定は、九月十四日に内密に行なわれたジョリッティとディ・サン・ジュリアーノとの協議でなされた。九月十七日にジョリッティは、同様に極秘のうちに国王の同意をとりつけた[105]。結局国防相と参謀総長さえも、トルコに対する最後通牒とそれに続く宣戦布告によってほとんど驚かされたということは、外部に対して、あたかもジョリッティがその決定を自ら下したかのごとき外観を与えた。事実は、政治的ナショナリズムが帝国主義への彼の決定にあたって、どのような重みをもっていたかを、彼があまりにも正確に知っていたにすぎない[106]。たぶん彼は、もしかしたら植民地的成功によって彼の政策に反対するナショナリスティックな志向の反対派ブロックをふたたび分裂させるのを期待して、戦争をかなり小さな悪として選択することができたのであった。その場合に、選挙改革に関して彼は誤算することはなかった。

全体としてしかしながら、戦争は、イタリアのリソルジメントを完成させる戦いにおけるジョリッティの敗北を確実なものとしたのである。

一九一三年の選挙に示されたように、まさにジョリッティと対立したブルジョアジーの政治的諸潮流は、リビア戦争をめぐる内政上の戦いから、強力なものとして生じてきた。確かに、ブルジョア的なナショナリスティックな反対派は、議会内で明白な多数を得ることには成功しなかった。しかしはるかに重要なのは、社会主義者とカトリック派がふたたび孤立におちいったことであった。ジョリッティは彼らを孤立化させまいと試みたのではあったが。リビアでの帝国主義戦争は、その場合に触媒として働いた。この戦争は、まず第一に社会党内で、左・右の改革主義者たちを決定的にひき離してしまうこととなった。それから一九一二年には、周知のように党内で革命的な方針が優位を占め、その最尖鋭のスポークスマンが若き日のムッソリーニであった。それによって、ジョリッティのブルジョア的改革政府とイタリア社会主義との条件つきの協力の段階が終了した。対決への意志は、今まで社会主義者の間で支配的であったナショナルな統合を基礎とする協働態勢を押しのけたのであった。

少なくとも同じように深刻なのは、政治的カトリシズムがリビア戦争の結果こうむった反動であった。示されたように、イタリア国民国家へのカトリック側の接近は、自由主義的でラディカルな反教会主義の再活性化を阻止するには十分なものではなかった。結果は、政治的カトリシズムの内部でもふたたび強硬派が、優位を占めたのであった。

イタリアのブルジョア社会における帝国主義諸勢力の大勝利は、社会主義的労働者層との社会的妥協を阻止し、政治的カトリシズムを完全に国民的コンセンサスに含めることなく、そのカトリシズムの評判を落したのであった。その大勝利は、少し後に第一次世界大戦へのイタリアの参加に行き着くこととなった。そのことによって、イタリア・リソルジメントの社会的完成は最終的に疑問視されるにいたったのである。結果はファシズムであった。そのもとで、帝国主義的ナショナリズムは妨害されることなく台頭したのであった。ファシズムは、一九一四年以前にイタリア帝国主義を制約していた国内的紛争状況を一方的に廃棄することによって、古典的帝国主義の型から明らかに区別される帝国主義政策の後期の型を創造したのであった。しかしながら、イタリア国民国家のファシズム化への危険性は、その原因を、一九一四年以前の帝国主義による社会改革の阻止に有していることは疑う余地のないところなのである。

(1) Loria, Achille, Corso completo die economia politica, Torino 1910, S. 671. Zit. bei Michels, Robert, ›Studien zur Entstehungsgeschichte des italienischen Imperialismus‹, in: Ders., Sozialismus und Faschismus in Italien, München 1925, S. 56. ミヒェルスはロリアの弟子であった。

(2) それについては以下を参照のこと。Carocci, Giampiero, La politica estera dell'Italia fascista (1925-1928), Bari 1969.

(3) ここで挙げるものとしては、Friedjung, H., Das Zeitalter des Imperialismus, Bd 1-3, Berlin 1919-1922; Langer, W. L., The Diplomacy of Imperialism, 1890-1902, New York 1960; Fieldhouse, D. K., Die Kolonialreiche seit dem 18. Jahrhundert, Frankfurt 1965.

(4) Hobson, J. A., Imperialism, New York 1902. Dt. Köln 1968 (H. C. Schröder の重要な序論がある); Kautsky, Karl, Sozialismus und Kolonialpolitik, Berlin 1907; Hilferding, Rudolf, Das Finanzkapital, Wien 1910; Luxemburg, Rosa, Die Akkumulation des Kapitals, Berlin-Leipzig 1913; Lenin, W. J., Der Imperialismus, Werke, Bd 22, Berlin 1960.

(5) Hallgarten, W. W. F., Imperialismus vor 1914, Bd 1-2, 2. Aufl., München 1960.

(6) Wehler, Hans-Ulrich, Bismarck und der Imperialismus, Köln-Berlin 1969, 特に序言一三ページ以下。さらに、Imperialismus, hg. von Hans-Ulrich Wehler, Köln-Berlin 1970, S. 11ff.

(7) Wehler, Bismarck, S. 112ff.

(8) Wehler, Bismarck, S. 25; 同じくS. 486.

(9) 以下についてはつねに基本的なものとして、Romeo, Rosario, ›Lo sviluppo del capitalismo in Italia dal 1861 al 1887‹, in: ders., Risorgimento e capitalismo, 3. Aufl. Bari 1970. さらに同著者の die Breve storia della grande industria in Italia, Bologna 1961. ロメオのコンセプトの重要な修正はA・ガーシェンクローンとの討論から生じた。この議論の再現の重要な著作 La formazione dell' Italia industriale. Discussioni e ricerche. A cura di Alberto Caracciolo, Bari 1963, S. 35ff. この著書には八〇ページ以下に同じく、Cafagna, L., ›La formazione di una 》base industriale《 fra il 1896 e il 1914‹ というさらに先に導く論文があらためて印刷されている。かなり大きな全体的叙述としては、Clough, S. B., Storia dell'economia Italiana dal 1861 ad ogi, Bologna 1965; Caizzi, B.,

Storia dell'industria italiana dal XVIII secolo ai giorni nostri, Torino 1965 がある。またかなり大まかな Neufeld, Maurice F., Italy: School for awakening countries, New York 1961 のもの。さまざまな質を含むものとして，有益な論集 L'Economia italiana dal 1861 al 1961, Milano 1961 の諸論稿がある。

(10) Neufeld, School, S. 297ff.; Caizzi, Storia, S. 357ff.; Cafagna, La formazione, S. 147ff.; Romeo, Breve storia, S. 52ff. (Kapitel IV). この本の先行する章では，ロメオは，Risorgimento e capitalismo における彼の叙述（一五五ページ以下）にひき続いて確かに八〇年代の《nascita della grande industria》について述べているが，これはA・ガーシェンクローン（〉Le ricerche di R. Romeo e l'accumulazione primitiva del capitale〈, in: Caracciolo, La formazione, S. 66）とともに私には誤解を招きやすいように思われる。三つの今まで提出されているイタリアにおける工業成長の徴候（Golzio, S., Sulla misura delle variazioni del reddito nazionale italiano, Torino 1951; 〉Indagine Statistica sullo sviluppo del reditto nazionale italiano dal 1861 al 1956〈, in: Annadi di statistica, 86, Roma 1957; Gerschenkron, A., 〉Notes on the rate of industrial growth in Italy, 1883-1913〈, in: The Journal of Economic History, 15 (1955), S. 360ff.）は，イタリア工業化がはじめて世紀の変りめ以来，《大スパート》に入ったことを一致して示している。それについては，Eckhaus, R. S., 〉The North-South Differential in Italian Economic Development〈, in: The Journal of Economic History, 21 (1961), S. 285ff. の啓発的な論文を参照のこと。そのなかでは，三つの上述の徴候がはじめて評価されている。

(11) Romeo, R., Breve storia, 149f., 157. の数字。

(12) Romeo, R., Breve storia, S. 56ff.

(13) Organski, A. F. K., The stages of political development, New York 1967, S. 7; Bendix, Reinhard, Nation-Building and citizenship, New York/London/Sydney 1964, S. 105ff.

(14) Pye, Lucien W., Aspects of political development, Boston 1966, 特に六二ページ以下を見よ。パイは，六つの時間的に連続的な〈展開的危機〉，つまり浸透《ペニトレーション》，統合《インテグレーション》，アイデンティティ，適法性《レジティマシー》，参加《パーティシペーション》，分配《ディストリビューション》の危機に区分している。このような図式的な経過モデルの問題性は，パイがそのモデルに普遍的妥当性を付与するわけだから，明日である。それにもかかわらず，それによってヨーロッパの諸民族史を比較分析して分類するために，この提示された外面的概念を採り上げることは意味があると私は思う。かたくなな経過図式から出発するかわりに，国民形成《ネーション・ビルドゥング》の不均等性のみが顧慮されることである。パイと同じようなものとして，Almond, Gabriel A., 〉Political systems and political change〈, in: The American Behavorial Scientist, 6 (1963), S. 3ff. deutsch in: Theorien des sozialen Wandels, hg. von Wolfgang Zapf, Köln/Berlin, 2. Aufl. 1970, S. 211ff. アルモンド，パイ，その他の人々から，《展開的危機《クライシス・オブ・デヴェロップメント》》に関するいっそう重要な著作――それは，Commitee in Comparative Politics of the Social

Science Research Council 編集の Series in Political Development のなかで現われる——が期待されるところである。同様にさらに，Lipset, S. M. und Rokkan, S., Party system and voter alignments, New York 1967. また Rokkan, Stein, >Die vergleichende Analyse der Staaten-und Nationsbildung. Modelle und Methoden<, in : Theorien des sozialen Wandels, S. 228ff. の研究報告も参照せよ。

(15) すべての数字は，Neufeld, Italy, S. 520.

(16) Manzotti, Fernando, La polemica sull'emigrazione nell'Italia unita, 2. Aufl. Milano/Roma/Napoli/Città di Castello 1969, S. 55, 113.

(17) Maraini, G., Storia del potere in Italia, 1848-1967, Firenze 1967 ; Perticone, Giacomo, Il regime parlamentare nella storia dello Statuto Albertino, Roma 1960 を参照。また最近では，Beyme, Klaus von, Die parlamentarischen Regierungssysteme in Europa, München 1970 の基本的な叙述，特に一七五ページ以下を参照。

(18) Neufeld, Italy, S. 524.

(19) Schumpeter, Joseph, Zur Soziologie der Imperialismen, Tübingen 1919.

(20) イタリア植民地主義の開始については，Mondaini, Genaro, Manuale di storia e legislazione coloniale, Bd 1, Roma 1927, また Zaghi, Carlo, P. S. Mancini, l'Africa e il problema del mediterraneo 1884-1885, Roma 1955. 概観を与えるものとして，Miège, J. L., L'imperialisme colonial italien de 1870 à nos jours, Paris 1968. ヨーロッパの同盟政策との関連については，Fellner, Fritz, Der Dreibund. Europäische Diplomatie vor dem Ersten Weltkrieg, München 1960. を参照。

(21) Mondaini, Manuale, S. 30 ; Fellner, Dreibund, S. 13f.

(22) Mondaini, Manuale, S. 34f. から引用。

(23) Zaghi, P. S. Mancini, S. 25ff.

(24) Inchiesta parlamentare sulla Marina Mercantile (1881-1882), Bd 1-7, Roma 1882. この《アンケート《インヒエスタ》》の基礎は，商工会議所，経済団体，実業家，大学，イタリア各地の各科学者・学部，ジャーナリスト，政治家の答えによる，五三の質問からなるアンケートであった。質問を受けたものの非常に広範な，広がりと区分にもとづいて，この調査報告書は，十分に代表的なものと見なされる。

(25) Inchiesta parlamentare, Bd 7, S. 121.

(26) Brunialti, Attilio, L'Italia e la questione coloniale, Milano 1885. 引用は，Zaghi, P. S. Mancini, S. 20.

(27) La Libia negli atti del Parlamento e nei provvedimenti del Governo, Bd 1, S. 7-25 ; Zaghi, P. S. Mancini, S. 23f. を参照。

(28) Mancini, P. S., Discorsi Parlamentari, Bd 8, S. 445-447.

(29) Mondaini, Manuale, S. 43. を参照。ロビラントについては、Chabod, Federico, Storia della politica estera italiana dal 1870 al 1896, Bari 1951, S. 625ff. における強烈な性格描写を参照せよ。

(30) クリスピの植民地政策は彼の全体的政策との関連では、まだ研究されていない。一般に目立って欠如しているものとして、クリスピ時代の伝記的・構造分析的研究がある。型にはまってはいるが、資料的に豊かなものとして、Battaglia, R., La prima guerra d'Africa, Torino 1958 がある。純粋に外交史的なものとして、また、Serra, E., La questione tunisina da Crispi a Rudinì e il 》colpo di timone《 alla politica estera dell'Italia, Milano 1967. がある。同じくセラの 〉Appunti sulla politica estera di Crispi〈, in : Storia e Politica, 3 (1968), S. 357ff. も参照せよ。——簡潔な梗概を与えているものとして Bourgin, Georges, 〉Francesco Crispi〈, in : Les politiques d'expansion imperialiste, Paris 1949, S. 123ff. クリスピの内政について指針として、Fonzi, Fausto, Crispi e lo 》Stato di Milano《, Milano 1965. フォンツィでは、内政と植民的膨張との関連についての指摘もある。さらに、Jemolo, A. C., Chiesa e Stato in Italia negli ultimi cento anni, 2. Aufl. Torino 1963, S. 294ff.

(31) Crispi, Francesco, La prima guerra d'Africa. Documenti e Memorie dell'Archivio Crispi. Ordinati da T. Palamenghi-Crispi, Milano 1914, S. 3.

(32) イタリア植民地ソマリランドの成立史については、信頼できるモノグラフィ、Heß, Robert L., Italian Colonialism in Somalia, Chicago/London 1966. がある。

(33) Fellner, Dreibund, S. 32f., 38ff. を参照。

(34) それについては、Bourgin, Crispi, S. 131. を参照。

(35) 結局、議会でのアフリカからの部隊撤収の動議は、三〇三対四〇で退けられた。Mondaini, Manuale, S. 50 を見よ。

(36) Franchetti, Leopoldo, Mezzogiorno e colonie. Con saggio storico su Leopoldo Franchetti di U. Zanotti-Bianco, Firenze 1960, S. 291.

(37) 彼の 》Relazione sull'operato dell'Ufficio di Agricoltura e colonizazione della Eritrea《 vom 24. 4. 1894 in : Franchetti, Mezzogiorno, S. 312ff., また、Mondaini, Manuale, S. 96. を参照。類似の影響のあったものとして、Martino, Ferdinando, Nell'Africa Italiana, Milano 1891. さらに、Relazione generale politica ed amministrativa della Commissione Reale di Inchiesta sull'Eritrea, diretta a S. E. il Ministro degli Affari Esteri, Roma 1891.

(38) 《千人の遠征《フェルトツーク・デル・タウゼント》》のクリスピの古い戦友であるオレステ・バラティリに、かなりのところ、植民地戦争の決定はさかのぼるのである。Baratieri, O., Memorie d'Africa (1892-1896), Torino 1898, および Crispi, La prima guerra, S. 267ff. (ここに、バラティリークリスピの往復書簡がある！）を見よ。フランケティから、クリスピは、植民地的膨張が《移民にとり、またこのような仕方でわれわれの貿易にとり適切にして広大な領土》をもちこむことになるという考えを借用した。Crispi, La prima guerra, S. 272. 一般的にはそれについて、Manzotti, La polemica, S. 64ff.

(39) Turiello, Pasquale, Governo e governati, Bd 1-2, Bologna 1882.

(40) Turiello, Pasquale, Il Secolo XIX ed altri scritti di politica internationale e coloniale, Bologna 1947, S. 78, 88 を参照。

(41) Oriani, Alfredo, La lotta politica in Italia, Roma 1892. 彼の著書 Fino a Dogali, Rocca S. Casciano 1943（初版一八八九年）のなかで、彼は植民的膨張をリソルジメントの完成と称することによって、植民的膨張をナショナルな義務と公言した。それについては、Lotti, Luigi, Romagna e Toscana dall'unità ad oggi, Firenze 1969, S. 72ff. を見よ。

(42) それについては、Molinelli, Raffaele, Pasquale Turiello precursore de nazionalismo italiano, Urbino 1968. を参照。

(43) 一八八七年六月三日に、彼は植民地政策相としてのその最初の綱領を示す演説のなかで、《アフリカ地域でイタリアという名前の真価を示し、われわれが強大このうえないことを野蛮人らにも示す》使命を打ち出した。Crispi, Francesco, Discorsi Parlamentari, Bd 2, Roma 1915, S. 840 を見よ。一八八八年五月二日に、彼は植民地獲得を《近代的生活の必然性》と呼んでいた。《われわれは、オボックにおけるフランスのように、アデンとベルベラにおける英国のように、マサウアにいる》と。Bourgin, Crispi, S. 134 の引用である。議会的な統治システムに対するクリスピの考え方については、Chabod, Storia, S. 538f. を参照。

(44) Crispi, Discorsi Parlamentari, Bd 3, S. 688. を見よ。ファシ・シシリアーニの社会史的分類については、Hobsbawm, Eric, J., の興味ある著書 Sozialrebellen, Neuwied 1962, S. 127ff. を参照のこと。

(45) Croce, Benedetto, Geschichte Italiens 1871-1915, Berlin 1928, S. 189.

(46) 一八九五年六月二六日、一一五対二八三（トリギニの動議）。一八九五年十二月三日、一三一対二六七（ムラトリの動議）。Mondaini, Manuale, S. 105, S. 112. を見よ。

(47) Santangelo, P. E., 〉Esiste un Problema Crispi?〈, in: Questioni di storia del Risorgimento e dell'unità d'Italia, Milano 1951, S. 987ff. を見よ。

(48) それについては、とりわけ、Battaglia, R., La prima guerra d'Africa, Torino 1958. の叙述を参照のこと。

(49) ビスマルクの植民地主義のボナパルティズム的特性を、とりわけ、Wehler, Bismarck, S. 455ff. が主張している。彼は、ドイツにおいてもせいぜいのところ初期帝国主義の局面《ファーゼ》だけ《ボナパルティズム的》と特徴づけられるが、本来的な高度帝国主義も《ボナパルティズム的》とは特徴づけられないことを、見すごしている。

(50) 世紀の変わりめの国家危機は、まだその重要さに対応する近代的な全体におよぶ表現を見いだすことはなかった。Valiani, Leo, ›La storia d'Italia dal 1870 al 1915‹, in: Annali della Fondazione Luigi Einaudi, 1 (1967), S. 106. 参照。ジョリッティ時代の諸決定に対する危機の根本的重要性を De Felice, Franco, ›L'Età Giolittiana‹, in: Studi Storici, 10 (1969), S. 119ff. は正しく強調している。ある特別な視点を、Spadolini, Giovanni, L'opposizione cattolica: da Porta Pia al '98, Firenze 1961. はとり扱っている。地域的レヴェルで重要なものとして Pinzani, Carlo, La crisi di fine secolo in Toscana, Firenze 1963, と Castronovo, Valerio, Economia e società in Piemonte dall'Unità al 1914, Milano 1969. さらに Pelloux, L., Quelques souveniers de ma vie, Roma 1967. にある Monacorda の緒論を見よ。

(51) Neufeld, Italy, S. 217.

(52) ルディーニによるクリスピの弾圧《レプレシオン》政策の継続の問題については、たとえ誇張があるにせよ興味をそそる以下のコメントを参照のこと。Villari, Lucio, ›I fatti di Milano del 1898. La testimonianza di Eugenio Torelli Viollier‹, in: Studi Storici, 8 (1967), S. 535ff.

(53) De Felice, L'Età Giolittiana, S. 135.

(54) 一九〇一年には、工業労働者について、一八万九二七一人の参加者をともなう一〇三四のストライキが挙げられている。一九〇二年には、一九万六六九九人スト参加者を数える八〇一のストライキがあった。農業労働者のそれにあたる数は、一九〇一年には、二万二二八三人で、一九〇二年には、一八万九二七一人のスト参加者である。Procacci, Guiliano, Storia degli italiani, 3. Aufl., Bari 1969, S. 451f. 参照。プロカシの叙述は、彼の有益な ›Geografia e struttura del movimento contradino della Valle Padana nel suo periodo formativo (1901 al 1906)‹, in: Studi Storici, 5 (1964), S. 41ff. にもとづいている。一面的なのは、それに対して、Lotte agrarie in Italia. La federazione dei lavoratori della terra 1901-1926, A cura di R. Zangheri, Milano 1960. G・プロカシは、一九〇四年のゼネストも調査した。彼の論文 ›Lo sciopero generale del 1904‹, in: Revista storica del socialismo 17 (1962), S. 401ff. を参照。

(55) イタリアにおける政治的カトリシズムの歴史に関する非常に活発な新しい研究では、一九〇四年の教皇の決定は、主として否定的に評価されている。キリスト民主党の形成がそれによって遅滞させられたと考えるからである。そのようなものとして、De Rosa, Gabriele, Storia del movimento cattolico in Italia, Bd 1, Bari 1966; Spadolini, G., Giolitti e i cattolici, Firenze 1960; Fonzi, Fausto, I cattolici e la società italiana dopo l'unità, 2. Aufl., Roma 1960, さらにマルクス主義的視点から、Candeloro, G., Il movimento cattolico in Italia, Roma 1955. すべてこれらの著者たちは、わたくしの見解では、あまりにもアクチュアルな展開から出発している。異なっているのは、とりわけ、Scoppola, P., Chiesa e stato nella storia d'Italia, Bari 1967, S. 348. 彼は、一九〇四年の決定を妥協と解釈している。また、同じ著者の Coscienza e democrazia nell'Italia contemporanea, Bologna 1966, とりわけ九一ページ以下を見よ。われわれの関連では、なかんずく、一九〇四年以後に自由主義国家《リベラール》へのカトリック派の参加の問題が、同様にひき続いて同じような緊急度で出されたことが重要である。

(56) 近代のジョリッティ研究は、ジョリッティによって実践された統治スタイルの、あらゆる複雑性のなかにある近代的性格を、今日では一致して強調している。左翼からの（サルウェミニ）、また右翼からの（ヴォルペ）、弾劾的評価後、一九四五年に、最初のものとして、Salomone, A. W., Italy in the Giolittian Era, 2. Aufl., Philadelphia 1960, が、肯定的な、多くの点で美化しすぎているジョリッティ時代像の輪廓を描いた。イタリアでは、ジョリッティの新評価は、三人の非常に異なる著者たち（パリミロ・トリアッティ、ルイジ・サルヴァトレリ、ニーノ・ヴァレリ）のエッセーに起因している。Togliatti, P., Discorso su Giolitti, Roma 1950. 現在はトリアッティの Momenti delle storia d'Italia, Roma 1963 のなかにある；Salvatorelli, L.: ›Giolitti‹, in: Rivista Storica Italiana, 62 (1950), S. 497ff. 現在は Miti e storia, Torino 1964；Giolitti, G., Discorsi Extraparlamentari. A cura di N. Valeri, Torino 1952. 参照。さらに、ヴァレリによる Da Giolitti a Mussolini, Firenze 1956, 2. Aufl., Milano 1967. 参照。トリアッティの路線で――しかしアクチュアルな政治にとらわれずに――、ジョリッティ研究の二つの重要な新しい論稿がある。Carocci, Giampiero, Giolitti e l'età Giolittiana, Torino 1961；De Felice, Franco, Giolitti. デ・フェリーツェはジョリッティの政治をトリアッティを援用して《自由主義国家史上もっとも真剣で現代的な革新的企てである》(S. 116) と呼んでいる。さらに Romano, Francesco Salvatore, L'Italia del Novecento, Bd 1: L'età Giolittiana, Roma 1965. 基本的に重要なものとして、ジョリッティの自筆になる遺稿の非常に本質的な部分の刊行がある。Giolitti, Dalle carte di Giovanni Giolitti. A cura d P. D'Angiolini, G. Carocci, C. Pavone, 3 Bde, Milano 1962. これらの課題への有益な入門書として、Rosen, Edgar R., ›Giovanni Giolitti. Der Staatsmann und seine Epoche‹, in: Quellen und Forschungen aus italienischen Archiven und Bibliotheken, 48 (1968), S. 260ff.

(57) それについては以下を参照。Manacorda, G., Il primo ministero Giolitti, in: Studi storici, 2 (1961), S. 54ff. また 3 (1962), S. 77ff.; Salvatorelli, Giolitti; Natale, G., Giolitti, e gli italiani, Milano 1949. 似ているものとしてまた、Carocci, Giolitti, S. 17ff., 彼は、ジョリッティが《帝国主義的政治《ポリティカ・イムペリアーレ》》と対照的に《民主主義的政治《ポリティカ・デモクラティカ》》に賛成の態度を表明した一八八六年十一月七日の選挙演説を中心においている。

(58) Giolitti, Discorsi Extraparlamentari, S. 220.

(59) Giolitti, Giovanni, Discorsi Parlamentari. A cura di Gaetano Natale, Bd 2, Roma 1954, S. 628.

(60) 一九一一年一〇月七日のトゥリンにおけるイタリア統一五〇周年紀念祝典における演説。Giolitti, Discorsi Parlamentari, Bd 3, Roma 1954, S. 1707. 一九一一年三月一八日の議会演説も参照のこと。Giolitti, Discorsi Parlamentari, Bd 3, S. 1364. 彼の回想録のなかで、ジョリッティは、彼の目標は《民衆の党や急進的な党と協力し合い、これらの党を体制のなかに再び入れる》ということであったと補足して述べた。Giolitti, Giovanni, Memorie della mia vita, Bd 2, Milano 1922, S. 293. を見よ。

(61) 一九一一年四月八日の議会演説。Giolitti, Discorsi Parlamentari, Bd 3, S. 1370.

(62) Giolitti, Discorsi Parlamentari, Bd 3, S. 1540f.

(63) Romeo, Breve storia, S. 71ff.: Carocci, Giolitti, S. 37, S. 53f. 参照。

(64) 一九一一年七月八日、議会でサランドラに対して、そうである。Giolitti, Discorsi Parlamentari, Bd 3, S. 1431.

(65) 一九一一年一〇月七日の演説。Giolitti, Discorsi Parlamentari, Bd 3, S. 1708.

(66) それについては、Villari, Rosario, Il Sud nella storia d'Italia, Bari 1961, S. 313ff. を見よ。

(66 a) それについては、Salvatorelli, Giolitti, S. 454, と Romano, L'Italia, S. 230f. の発言を参照のこと。

(67) トゥラティへの申し出については、Giolitti, Discorsi Parlamentari, Bd 2, S. 771f., と Arfê, Gaetano, Storia del socialismo italiano (1892 al 1926), Torino 1965, 特に九八ページ以下。また Valiani, Leo, ›L'azione di Leonida Bissolati e il revisionismo‹, in: Rivista Storica Italiana, 71 (1959), S. 654ff.; Manzotti, S., Il socialismo riformista in Italia, Firenze 1965. 参照。

(68) Spadolini, Giolitti, S. 337ff.; Scoppola, Chiesa, S. 408; De Rosa, Storia, Bd 1, S. 570ff. 参照。

(69) 一九一一年一〇月七日の彼のトゥーリンの演説で、以下のような、非常に特徴的なテキストがある。》L'ascensione del quarto stato è del resto il portato di leggi storiche ed economiche alle quali nessuna forza umana può resistere, come nessuna forza di governi tiranncì potè impedire la elevazione del terzo stato. La storia segna una cotinua serie di lotte vittoriose contro ogni sorta di privilegi, e per conseguenza una continua marcia verso l'uguaglianza degli uomini.《 Giolitti, Discorsi Parlamentari, Bd 3, S. 1708 を参照のこと。

(70) 以下の Carocci, Giolitti, S. 55ff.; Salomone, Italy, S. 25ff.; Romano, L'Italia, S. 270ff. を見よ。さらに、ここでは Rosen, Edgar R., ›Italiens Kriegseintritt im Jahre 1915 als innenpolitisches Problem der Giolitti-Ära‹, in: Historische Zeitschrift, 187 (1959), S. 289ff. の重要な論文が挙げられる。さらに重要なものがある。I problemi della neutralità e della guerra nel carteggio Salandra-Sonnino (1914-1917), Milano 1962. ジョリッティ体制に対する反対の社会史的関連性の問題も論じているソンニーノ像の新しい伝記的研究はない。このテーマについては、新しい成果は、近く刊行されるハルトムート・ウルリヒ (Hartmut Ullrich) の書物が期待されるところである。

(71) この意味で、ソンニーノの著名な論説 ›Quid Agendum?‹ (16. 9. 1900) も解釈することができる。

(72) 一九〇一年六月一九日。Carocci, Giolitti, S. 56 に引用されている。

(73) なかんずく，Bariè, O.: Luigi Albertini, >Il »Corriere della Sera« e l'opposizione a Giolitti<, in : Clio, 1 (1967), S. 66ff. バリエは最近また，非常に重要なアルベルティーニの往復書簡を刊行したが，そのうちここでは，第一巻が考慮の対象になる。Albertini, Luigi, Epistolario 1911-1926. A cura di Ottavio Bariè, Bd 1 : Dalla guerra di Libia alla grande guerra, Milano 1968. さらに Castronovo, Valerio, >Stampa e classe politica nell'età giolittiana (1900〜1914)<, in : Annali della Fondazione Luigi Einaudi III (1969), S. 126ff.

(74) イタリア国民主義者協会《アソシアチオーネ・ナチオナリスタ・イタリアーナ》の歴史とその全史は，今まで不十分にしか研究されていない。最初の攻め手はドイツ側からであるが，しかし成果として間違いのある Alff, Wilhelm, >Die Associazione Nazionalista Italiana von 1910<, in : Vierteljahrhefte für Zeitgeschichte, 13 (1965), S. 32ff. という論文として現われた。精神史的諸関連を今まででは，Thayer, J. A., Italy and the great war. Politics and culture 1870-1915, Madison 1964 がいちばんよく解説している。文集 La cultra italiana del '900 attraverso le riviste, Bd. 1 : Leonardo, Hermes, Regno. A cura di D. Frigessi, Torino 1960. は，歓迎すべきである。イタリア政治におけるこのＡＮＩの役割については，Gaeta, Franco, Nazionalismo italiano, Napoli 1965 が非常によい手引きである。また同じ著者の La stampa nazionalista. Antologia a cura di F. Gaeta, Bologna 1965. さらに Molinelli, Raffaele, Per una storia del nazionalismo italiano, Urbino 1966. を参照のこと。いまだにどうしても必要なものとしてファシズム時代の著書 Arcari, P. M., Le elaborazioni della dottrina politica nazionale fra l'unita e l'intervento (1870-1914), Bd 1-3, Firenze 1934-1939. がある。さらに，Salmone, Italy, S. 86ff., と Carocci, Giolitti, S. 152ff. を見よ。

(75) この協会が最初にかかわることとなった一九一三年の選挙で，協会は全五人の議員を得た。

(76) この新思考の特に目立つ例示を，Corradini, Enrico, La guerre lontana, Milano 1911 が示している。

(77) ナショナリスティックな形成過程に対するダヌンツィオの意義については，Salomone, Italy, S. 88f.; Thayer, Italy, S. 193 f.; Valeri, Da Giolitti a Musolini, S. 34ff. 参照。

(78) Thayer, Italy, S. 218 ; Alff, Associazione, S. 41, S. 43. を参照せよ。

(79) Il Regno, 27. 3. 1903. Manzotti, La polemica, S. 163 から引用。

(80) Morasso, Mario, L'imperialismo nel secolo XX, la conquista nel mondo, Milano 1905, S. 32, S. 241ff.

(81) Corradini, Enrico, Il volere d'italia, Napoli 1911, S. 206.

(82) Michels, Entstehungsgeschichte, S. 135.

(83) 誘発的な契機——原因ではなく——は、そのさいには、一九〇七年の景気後退であったと言ってよいであろう。その結果、特にリグリアの重工業（アンサルドAnsaldo）が苦しまなければならなかったが、この重工業がANIと親密な間柄であったし、《民族理念《リデア・ナツィオナーレ》》に資金を出していたのであった。Gaeta, Nazionalismo, S. 195 を参照せよ。

(84) アルベルティーニと《コリーレ・デラ・セラ》は、もちろん一九一一年八月にはじめてトリポリの軍事行動に同調した。それについては、一九一一年八月二四日のトッレ（Torre）のアルベルティーニ宛書簡を参照。Albertini, Epistolario, Bd 1, S. 7f.

(85) 政治的カトリシズムについてはすでに挙げられた文献と並んで、Ganapini, Luigi, Il nazionalismo cattolico. I cattolici e la politica estera in Italia dal 1871 al 1914, Bari 1970, S. 171ff.

(86) イタリアにおいては、まさにカトリック資本が、非常に信頼のおけぬ、また赤字の植民地投資に巻きこまれた点が特徴的である。ローマ銀行《バンコ・ディ・ローマ》は、出資者の異議については、その場合主として経済的経験のない少額預金者たちにかかわる問題であったので、心配することはなかった。全体については、Mori, Renato, ›La penetrazione pacifica italiana in Libia dal 1907 al 1911 e il Banco di Roma‹, in: Rivista di Studi Internazionali, 24 (1957), S. 102ff., とD'Alessandro, Alessandro, ›Il Banco di Roma e la guerra in Libia‹, in: Storia e Politica, 7 (1968), S. 491ff. を見よ。

(87) Giolitti, Memorie, Bd 2, S. 287.

(88) 以下のように、ジョリッティ時代について挙げた文献のほかに、Cunsolo, Ronald S., ›Libya. Italian Nationalism and the revolt against Giolitti‹, in: The Journal of Modern History, 37 (1965), S. 186ff.: Pincherle, Marcella, ›La preparazione dell'opinione pubblica all'impresa di Libia‹, in: Rassegna Storica del Risorgimento, 56 (1969), S. 450ff. およびMalgeri, Francesco, ›Aspetti politici, diplomatici e militari nella preparazione della guerra libica‹, in: Rivista di Studi Salernitani, 1969, S. 337ff. 参照。外交的諸関連をAskew, William C., Europe and Italys Acquisition of Libia 1911-1912, Durham 1942が叙述している。有益な史料集が、La Libia negli atti del Parlamento e nei provvedimentî del governo, Bd 1-3, Milano 1912 al 1913である。

(89) 《対外政策は直接にせよ間接にせよ、けっして内政に影響を与えてはならない。かなり早くなる進歩のためにはずみをつけるのであれば別ではあるが》。Giolitti, Discorsi Parlamentari, Bd 3, S. 1707. 参照。

(90) Giolitti, Memorie, S. 328.

(91) それでAlberti, Luigi, Vent'anni di vita politica, Bd 1, 2, Bologna 1951, S. 118. 同様にAskew, Europe, S. 45, Molinelli, Storia, S. 79f., またMalgeri, Aspetti, S. 344. マルセラ・ピンヒェルレ（Marcella Pincherle）はそれに対して、ジョリッティに近い新聞である〈トリブナ〉と〈スタムパ〉から、リビア戦争がジョリッティによって長い間に準備されたことを証明しようとしている。両紙はしかしそう簡単にジョリッティのメガホンではなかった。とりわけフラサッティ（Frassati）は〈スタンパ〉紙では徹頭徹尾、自主的な政治路線を追求していた。さらにピンヒェルレは、一九一一年の前半には、私的な点からリビアの経済的浸透が問題になったことの証拠を示しうるにすぎない。Pincherle, Preparazione, S. 458ff. を見よ。

(92) この点を証言するものとして、Ferrero, Guglielmo, Potere. A cura di Gina Ferrero Lombroso, Milano 1947, S. 325f. また Malgeri, Aspetti, S. 345.

(93) 特徴的なのは、そのさい、これらは、アフリカから特派員たちによって報道されたが、彼らは例外なしに、組織化されたナショナリズムに所属していた。《民族理念《リデア・ナツィオナーレ》》とフローレンスの《マルツォコー》に執筆していたコラディーニと並んでカステリーニは《マーレ・ノストルム》誌に、ベヴィオーネは《スタムパ》とナポリの《マッティー》に、ジュゼッペ・ピアッツァは《トリブーナ》に、記事を送っていた。以下を参照。Corradini, Enrico, L'ora di Tripoli, Milano 1911; Castellini, Gualterio, Tunisi e Tripoli, Milano 1911; Bevione, Giuseppe, Come siamo andati a Tripoli, Torino 1912, Piazza Giuseppe, Come conquistiammo Tripoli, Roma 1912.

(94) La Libia negli atti, Bd 1, S. 334ff.; Foscari, Piero, L'Italia nel Mediterraneo e la questione tripolina, Roma 1911.

(95) Cunsolo, Libya, S. 190; Pincherle, Preparazione, S. 464.

(96) 《ジョルナーレ・ディタリア》は、《外交政策を語ることを好まぬ独裁者により、また気力も意志力もない外相により統治されているということだけで》、他の諸国民がその《植民地的願望》を満たしたのに対して、イタリアはさらに《手ぶらでつっ立っている》べきなのかと問題を立てることによって、反対派としての批判を概念化した。Giornale d'Italia, 5. 7. 1911 を参照。

(97) La Stampa, 30. 9. 1911. この論説は、ベヴィオーネの手になるが、編集責任者でありジョリッティのアドヴァイサーであるフラサッティの委任を受けて、書かれた。Pincherle, Preparazione, S. 469. を見よ。

(98) La Tribuna, 27. 8. 1911. この論説は、G・フェレロによって書かれた。Pincherle, Preparazione, S. 471.

(99) Giolitti, Memorie, S. 217. さらに、Malgeri, Aspetti, S. 346ff. 全般にわたっては、満足のいくものではないとしても、Longhitano, Rino, Antonio Di San Giuliano, Roma/Milano 1954, S. 137ff.

(100) すべてジョリッティに宛てられた七月一日の彼の手紙、七月二八日の彼のメモ、八月九日の彼の手紙を見よ。Dalle Carte di Giolitti, Bd 3, S. 52ff., 57f. それには、Malgeri, Aspetti, S. 346. さらに、ランツァ・ディ・スカレア（Lanza di Scalea）のディ・サン・ジュリアーノ宛ての連絡（八月一三日）は、Malgeri, Aspetti, S. 348; デ・マリノのサン・ジュリアーノ宛て八月二一日書簡は、Malgeri, Aspetti, S. 349.

(101) Dalle Carte di Giolitti, Bd 3, S. 56.

(102) Dalle Carte di Giolitti, Bd 3, S. 50, 56, 88.

(103) Malgeri, Aspetti, S. 349.

(104) Malgeri, Aspetti, S. 349, S. 355f.

(105) Dalle Carte di Giolitti, Bd 3, S. 60 ; Giolitti, Memorie, S. 234.

(106) それについては，一九一三年十二月の国王の議会開会式辞への返礼における彼の見解を参照のこと。Giolitti, Discorsi Parlamentari, Bd 3, S. 1668.

# 一九一四年以前のアメリカ帝国主義

ハンス－ウルリヒ・ヴェーラー

## I

アメリカ帝国主義――したがって、発展途上諸地域に対する社会経済的・技術的・軍事的優位にもとづく、発展した国により行使される直接的・公式的《フォルメル》な支配、または間接的・非公式的《インフォルメル》な支配――[1]も三つの複合体《コンプレックス》を包含する理論的座標系の内部で、もっとも生産的に論ぜられるものである。

(1)・工業－農業経済的成長。この成長は、その歴史的性格からして、きわめて不均等的に経過しているので、成長の中断が長期間《ゼクラール》の上昇的発展傾向を一時的に隠すことができる。

(2)・社会的変動。その変動は、経済諸過程の、ある前提条件や随伴現象も、また帰結も表現するものである。特に、権力チャンスの獲得と維持と拡大をめぐる闘争の基礎をなす社会的諸勢力の配置の交代は、ここでは、分析を必要と

している。すなわち、

(3)・政治的支配システム。システム保持ないしシステム変革を中心に闘いぬかれる対決は、とりわけ支配安定化のための戦略と手段に関して、研究されなければならない。

帝国主義を、このような視点にたって論ずるならば、帝国主義は、経済成長問題(1)については、しばしばプラグマティックな膨張主義として理解される。システムに内在的な諸強制と感じられうる、ダイナミックな推進力への適応は、非公式的《インフォーマル》にか、ないしは直接的領土支配によってかして確保される、市場の拡張に結果する。しかし社会的・政治的諸紛争については(2)と(3)、帝国主義は、同様にしばしば、支配正統化の道具かつイデオロギーとして、すなわち、社会帝国主義として、把握されるのである。この三つの要因を連結させるならば、大・小グループの行動規定的イデオロギー——社会ダーウィニズムであるとか、イギリス嫌いであるとかいった——の成立と有効性を納得的に表現させてくれる説明《エルクレールング》モデルが、そのつど得られることになるのである。ここで特に留意すべきは、つぎの一点である。すなわち帝国主義とは、単一的な理論的把握によるのでは——その場合、経済的手がかりあるいは権力政治的手がかりから出発するとを問わず——最初から満足の行くようには研究されることのありえない、ある複合的現象であるということである。いわば多元的理論の枠組のなかではじめて、経験的分析は、そのもっとも重要な原動諸力と諸影響を明らかにすることができるのである。帝国主義政策の多義性と多様な意味あいを、たとえば上述したように、諸理論の結合のみが、正しく判断できる。他方、これらの諸理論は、経済的、社会的、政治的諸問題もたがいにかみ合っているように、まったく緊密に関連させられるのである。任意性とか教条的組合せとかいう非難は、私見によれば、ここではあてはまらないのである。帝国主義を述べんとするものは、なおさらのこと、見込みある理論的手がかりを展開させ、経験的にその説明力を証明しなければならない。この場合優先された諸理論の結合が、どのような欠陥を含んでいようと、その諸理論の結合は、とにもかくにもそれが明示的に述べられるとき、それらの効用の

再考と議論を容易にするはずである。(2)

## II

アメリカの《帝国建設《エムパイアー・ビルディング》》の歴史的連続性は、魅力的である。まさに、十八世紀以降の合衆国の経済的、軍事的、政治的膨張のうちに、アメリカ史の赤い糸が認められる。それは、言葉の真の意味において《膨張する社会《エクスパンディング・ソサイアティ》》である。その場合、四段階に区分されるのであるが、そのうちここでは、最後の二段階のみが、かなり綿密に論じられるであろう。アメリカの膨張の当初から、この国の経済的、社会的、政治的繁栄《ウォールファアールト》——《共和国の繁栄《ザ・ウエルフエア・オブ・ザ・コモンウエルス》》——は、そのさまざまな形態での拡張に依存すると思われたし依存したのである。ジェファーソンとマジソンは、たとえばこのことを早くから、非常に印象的に表現したのである。私の知ることのできる限り、そのときどきの権力エリートは、南部諸州のプランテーション農園貴族、北部諸州の産業都市貴族、また回転する《相互交代的《インターチエインジアブル》》テクノクラート・エリートであろうとも、膨張主義的政策の利点を論じた場合、彼らには、例外なく全社会的システムが眼前にあったのである。もちろん、露骨な利潤追求の動機や過度のグループ・エゴイズムも存在するが、一つのまったく狭義の経済的ないし戦略的利益擁護政策について語ることはほとんどできない。まさに、アメリカの膨張の推定される必然性なるものについての指導諸グループ内部のこのコンセンサスこそ、重大な連続性問題を提出しており、それゆえ幾度か論じられたが、この拡大の手段と方法については、これまで一度も論じられたことはなかったのである。(3)

## III

南北戦争までは、最初は重商主義による植民地帝国的政策が、つぎには大陸的《隣接地的《コンティギュアス》》膨張が、前景に出ていた。その場合に早くから、アメリカの拡張の、三つの古典的な進出方向ないし膨張地域が明らかとなった。すなわち、北部の大陸で、数十年間にもわたるものであって、カナダとメキシコを包含するものである。つぎに、カリブ海と南方への、つまりラテンアメリカへの伸長、それに太平洋と東アジアである。諸条約、植民者、諸戦争による大陸における膨張は、しかしメキシコ分割後、十九世紀末になって、やっとカナダ独立の尊重への同意が不承不承与えられるなかで、巨大な平原国家の建設となった。この国家は、一七八七年の《北西条令》《ノースウエスト・オーディアンス》以降、元来、沿岸諸共和国の下属的《領土》《インフェリオーレ・ドメーネン》であった内陸諸地域の、公式的な植民地的従属が放棄されて、同権的同盟諸国《ブンデスシタート》家の連邦として組織されたものなのである。移住《諸領域》の合衆国《ユニオン》へのきわめて図式的《シエマーティッシュ》承認の結果であったこの解決は、おそらく、建国者世代のもっとも重要な国家政策的業績であったが、ブラジルやロシアとの比較では――また、一八七一年～一九一八年のエルザス・ロートリンゲン州の憲法的地位との比較では！――あまり高く評価されない。アラスカとハワイの《非隣接的獲得》《ノン・コンティギュアス・アクウィジション》の承認が問題となったとき、注目すべきは、領土編入《アウフナーメ》メカニズムが（その メカニズムが一〇〇年以上にわたって、ほぼ自動的に、国家形成を規制してきた後で）、ながらく機能しなくなったことである。

一八六一年までのアメリカの膨脹は、最初、あらゆる点でイギリス重商主義的伝統と一致していた。《上昇するアメリカ帝国》《ライジング・アメリカン・エムパイア》――十八世紀中葉以降、ずっとそう呼ばれている――は、そのコースに乗っていたのであった。[4] それはイデオロギー的には、まさしく自然法的に理解された観念によって、つまり新世界は――新世界だけとは限らないが――アングロサクソンに属するという観念によって、包まれていた。とりわけ昔から、経済的繁栄と社会的安寧は、したがって共和党政策の摩擦のあまりない機能も、持続的な大陸における商業上の拡張によるものと思われた。《わが体制の原則は膨張である》《ザ・プリンシプル・オヴ・アウア・インスティテューションズ・イズ・エクスパンション》と、国務長官エヴァレットは、十九世紀半ばに印象的な表現をしている。[5] アメリカの膨張の不断に前進する境界たる、またアメリカ民主主義の培養基たる《フロンティア》のモチーフは、すなわち、歴史家F・J・ターナーが一八九〇年代以降普及させたモチーフは、早くから出現したばかりでなく、合衆国の歴史的経験にも深く根ざしている。

商業資本主義と初期産業資本主義の時代にアメリカは、そのアメリカの大陸における拡張が最高頂をきわめた間、若き世界市場における農業生産者、原料輸出者として現われたが、じつに一八四〇―一八六一年にわたるアメリカ産業革命の勃発は、農産物輸出による利益によって財政的にはじめて、可能となったのである。北部が奴隷制諸州の反乱を血なまぐさく鎮圧したとき、アメリカは一つの大陸にわたる共和国として樹立され、すぐあとで商業的権力として、ふたたびヨーロッパ、アジア、ラテンアメリカへ進出していったのである。国内にあっては、ひき続き、アメリカの拡張をますます左右し、ついには支配する高度工業化の諸問題に直面することになった。だが、ここでも問題となるのであるが、一八六五年以前にも効果的な膨張の長年にわたる伝統があった。それまでの、もっとも重要な経済部門である農業経済は、すでに非常に輸出志向的であったし、対外通商政策全体に影響をおよぼしており、弁護的イデオロギーには、なんら事欠かなかったのである。《大陸主義《コンティネンタリズム》》と対外経済拡張という膨張政策のこの歴史的遺産とともに、合衆国は帝国主義時代に入ったのである。

## Ⅳ

一八六一年までのアメリカの膨張は、《帝国主義》とも呼ばれていいのかもしれない。大陸をおおう帝国は、膨張から生じたからであり、また、ブルックス・アダムス、すなわちヘンリー・アダムスの天才的な弟が、一八九八年に、アメリカ帝国《ダス・イムペリウム・アメリカン》を《新帝国《ザ・ニュー・エムパイア》》と呼んだからである。(6) しかし共和制の諸州は、公式には同権的に連邦政治に参加していたが、諸領土には同列化が与えられていた。海外での拡張には、これに対して、自由貿易帝国主義の概念があてはまろう。ある種の定義上の恣意は、それゆえここで使用されている帝国主義概念の範囲設定にもつきまとうであろう。しかし、史的概念成立と作業上の厳密さからして、ここでも帝国主義は、工業諸国家の、地球上の低開発地域への、社会経済的・政治的動機にもとづく拡張と理解される。したがって、旧来の諸膨張運動に対して際立っている。(7) つまり、帝国主義は、工業化の世界史的エポックと結びつけられるのである。アメリカ産業革命の歴史的新種、すなわち前例なき累積的持続運動の原動力としての永続的に膨張する経済が、束縛から解き放たれた経済的ダイナミックスにより、不断の社会的変動をともなう国の社会的・政治的諸問題により、膨張に対しても、新式の条件を創出したのである。もちろん、合衆国も、国内の類似の、ないしまったく同一の原動諸力にもとづいて世界市場に進出したか、またはイギリスのように世界市場を支配していたような——最初、わずかな——工業諸国家の競争戦にまき込まれたのであった。この近代帝国主義は、そのアメリカ的変種にあっても、相異なる支配形態を、つまり、そのつど、間接支配か直接支配の両理念型に分類されうる、相異なる支配形態を形成することになったのである。連邦への同権的加盟は、十九世紀末のアメリカ植民地にあっては、もはや問題とはならなかった。

できる限り長期間にわたりただ通商条約・領事・砲艦を手段として、その市場・根拠地・勢力圏を確保したが、従属地域においては重要なる諸決定の法令を通じて徹底的に支配した初期・中期ヴィクトリア的なイギリス自由貿易帝国主義の巨大な成果に魅せられて、アメリカの商業的膨張も、《非公式な帝国》《インフォーマル・エムパイア》を理想状態と見なした。それは、高価な軍事的・財政的・政治的責任が引き受けられなければならないということなしに、最適な経済的チャンスを保証した。投資と収益との関係に眼を向けるなら、それはおそらく実際に、帝国主義的拡張のいちばん利益ある形態であった。アメリカの政策は、一八四〇年以降の議論の余地なき経済的成果をともなって、なかんずく東アジアで、後には西半球の南側でも、非公式な帝国を実践した。国務長官スウォードは、この展開を、すでに一八五〇年代に、一種のアメリカ貿易帝国主義理論にしあげた。スウォードは、アメリカ産業革命期に、急速に成長する生産機構《プロドウクチオンス・アパラート》の販路需要から出発したのであるが、その機構のために、国内市場がもはや十分でなくなったので海外市場が保障されなければならないというのである。イギリスを範として、スウォードには、その主要航路は、時代の科学技術的発展状態に対応して、商船隊と艦隊のための根拠地によって確保されよう、という自由貿易帝国が念頭に浮んでいたのである。公式的《フォルメル》な植民地領有は、彼にとっては、プラグマチックな理由からして、ヴィクトリア期の《非公式な帝国》《インフォーマル・エムパイア》の創案者にとってと同様に、厳禁されていた。アメリカ的ホンコンのみが、彼には必要なものと思われていた。全世界の諸根拠地に支えられた貿易至上権を、スウォードは、アメリカが地球的規模で獲得するように定められた《真の帝国《イムペリウム》》と見なしたのである。数億の未来の顧客が、評価できないほどの販売と利得のチャンスを提供しようというアジアとの貿易の意義が大きくなるにつれて、太平洋は、《世界的大事件の中心舞台》として登場するだろうという。太平洋とともにアジア市場を制するものに、未来の経済的世界支配は帰するであろうと。まさにこの点にこそ、スウォードは、連邦の《明白なる天命《マニフェスト・デスティニー》》を見たのである。それは、個性的な方法で、彼により、すでにその大陸での膨張主義的連関からとり出されて、海外拡張に転用された概念なのである。アメリカの潜在力を信頼して、スウォードは、太平洋がアメリカの海洋《マーレ・アメリカヌム》となり、イギリスがその経済的優位を合衆国に譲り渡さざるをえないことに、なんら疑いをはさまなかったのである。また歴史的展望《パースペクチーフ》においても、その後ブルックス・アダムスが一九〇〇年頃にもう一度アクチュアルなものとしたスウォード理論は、魅力的な力をもっていた。それは、つぎの世紀のアメリカ貿易帝国主義の構想を先取りしていた。[8] 全体から見れば、非公式な帝国《インフォーマル・エムパイア》は、一〇〇年以上も前から、アメリカ帝国主義の固有の特徴となっていたのである。植民地的、公式な領土支配は、これに対し一般に植民地主義というものが――W・L・ランガーには失礼だが！――帝国主義的膨張の一部分を表現するにすぎないように、一定の局面に限定されていたのである。

一つのモデルであるかのように、南北戦争後植民地的拡張が不可避であるのかどうかという問いが、ドミニカ問題で論じられた。[9] グラント政権の併合計画に対して、指導的諸グループと世論の大半は、《非公式な帝国《インフォーマル・エムパイア》》の長所を主張した。アメリカの目標は依然として経済的優位なのであって、国土領有――それを情勢はなんら強制しているわけではない――ではないと。合衆国は、最初の発展途上国として、革命的解放闘争により中心部《メトロポーレ》から自己を解放したので、その国家イデオロギーには確かに、その成立期の、強力な反植民地主義的構成要素と同権的理想が含まれていた。[10] この二つの要素《エレメント》が、建国後一〇〇年の間に、多くの場合すでにイデオロギー上の定式に硬直化してしまったとしても、これらの要素は、ドミニカの実例に関する討論が示したように、納得のいかぬ植民地政策に反対する抵抗の契機として、依然として生きていたのである。同じ程度に、カリブ海島嶼の人種問題への懸念が、〔訳者―その植民地的拡張を〕ひるませた。このとき、以後でも同様であるが、人種差別主義《ラシスムス》がけっしてアメリカ帝国主義の原動力ではなかった――政治的決定過程では、人種問題は、明白にもっぱら阻止的作用をおよぼしたのである――、むしろせいぜいのところ事後に正当づけるために用いられたのである。[11] しかし決定的であったのは、非公式な貿易膨張の代表者たちの分別のある利害計算であって、彼らが多数派であった。人口稀薄なロシア領アラスカの購入は、これに対して、ほとんど論争されることはなかった。なぜなら、英領カナダに対する挟撃の一環として、だがとりわけ、向う側にアジア大市場が魅力をはなっている太平洋に面したスプリング・ボードとして、アラスカは、価格相応な取得を言う反対論者にすら理解されたからである。

その後、国内発展の諸問題が、国の注目を長年にわたって捉えるところとなった。いまや工業的北部の農業的南部に対する関係のうちに形成され、かつ第二次世界大戦にいたるまで続いた《国際的植民地主義《インターナショナル・コロニアリズム》》は、この場合討議されることはない。ヨーロッパにおけるように、アメリカにおいてもまず、一八八〇年代と一八九〇年代の成長攪乱は、近代的帝国主義が自己主張するのにあずかって力あったのである。一八六一年以前の《テイク・オフ》のブームと戦後景気の後に、大不況《シウエーレ・デプレシオン》によって特徴づけられた一八九六年までの工業経済的発展のトレンドの時期が続いた。六年間の好況に対して、一八年にわたる多かれ少なかれはっきりした不況が相対したのである。同時代人たちは、一八七三年の第二世界経済恐慌に端を発して、短期間のうちに当時の工業諸国を捉えた《大不況《グローセ・デプレシオン》》について語っていた。経済全体の成長は、なるほどけっして中断しはしなかったが、しかしいまやためらいがちに前進するばかりでしばしば停滞し、それどころか数年間にわたって多くの国においては、重要生産諸部門ではデフレ問題《シュルンプフングス・プロブレーメ》が発生し、その結果全体的に言うと平均年成長率は、産業革命の、ないしは一八九六年から一九一三年までの好況と比較すると、下落したのである。したがって、経済統計指数の客観的な調査結果も、とりわけ同時代人たちの主観的な印象もともに、このトレンドの時期の特徴を、明白な恐慌期として立証している。一八七三年から一八七九年までの第一不況局面の間は、アメリカにおいても、新たな国内諸問題が、まだ前面に出ていた。さしあたり、成長の収縮に対しては、強制的で国家的保護下にある対外貿易の利点に関する暗中模索の議論がふさわしいものであった。この声は、漸次大きくなっていった。一八八二年までの短期的高揚の後に、新たに四年にわたる不況が発生したとき、同時期のヨーロッパでのように、合衆国において、経済の激烈な拡張がひきおこした過剰生産能力が輸出攻勢を必要としている、という見解が主張されはじめたのである。恐慌期における外国貿易の意義増大という法則が、完全に効果を現した。それによって、またも、アメリカの膨張政策は活発となった。確実な対外市場のうちに、経済繁栄と、さらに社会構造維持との保障があると思われたからである。ワシントンが新しい汎アメリカ主義というカムフラージュのもとでアメリカの経済帝国主義に対し南への道を拓いたラテンアメリカ、門戸開放政策《オープン・ドア・ポリシー》が継続されて朝鮮が一八八二年に西側の貿易の侵入にとって開国された東アジア、国務長官ブレインがハワイをすでに《アメリカ体制の一部分》であると宣言した太平洋、伝統的なヘゲモニー請求権が強められたカリブ海、さらにコンゴ、東南アジアにおける群島——といったいたるところで、アメリカの進出が感知されえたのである。(12) その後さらに、新たな推進力のように、一八九三年から一八九六年にいたる第三回目の産業不況が、多くの問題をともなう《九〇年代恐慌》として発現すると、あらゆる膨張的傾向は、いまや一つの強力な促進力となっていった。過剰生産能力の問題——つまり、自由資本主義的発展が、そのときどきの経済主導部門の急進により、つねにもっている傾向であるが——、いまや他を圧するほどに、激烈な議論の中心点となった。それで、外国市場征服はさらにいっそう緊急のものとなり、この外国市場によって、アメリカ経済の回復が、まさしく自動的に期待された。そのうえ政府の反循環的景気浮揚計画《コンユンクトウール・プログラム》と国内市場を活気づけるダイナミックな賃金政策は、まだなかった。無数の意見の、また大統領府の政府高官たちの意見の主旨《テノール》と言えば、いまやはっきりと、生産力はアメリカ国内市場需要をはるかに上まわっているということであった。確実な対外市場が、成功を約束する唯一の脱出口を提供しているというのである。これなくして、経済の立ち直り、および多くの批評家たちにとりすでに社会革命を告げているように見えた一般の不満増大の解消は、ありえないというのである。広汎にわたる実りあるイデオロギー的コンセンサスが、この診断と治療に関してつくり出されたのである。

あちこちで、社会構造と伝統的政治秩序の維持についての懸念が、狭義の経済問題よりもはるかに緊急なものとして感じられた。社会的安定は経済的繁栄に依存するということは、古いきまり文句であったが、一〇年前のドイツ帝国におけると同様、いまや責任ある政治家や指導的工業家の信条となった。このような判断は、なるほど、アメリカ的歴史像であるイデオロギー的な社会的楽観主義および合衆国の、流動的な、いわば上昇できる社会についての伝説的な観念と矛盾するかもしれないが、経験的検証は非常に早くから、十九世紀末アメリカ社会の、途方もない緊張・社会諸構造の固定化・社会的変動性問題《モビリテーツ・プロブレーメ》を示している。(13) ヨーロッパの労働闘争には類を見ない異常なほど血なまぐさいストライキが長期間にわたって続いたし、農業改革的人民党《ポピユリズム》の抗議運動は広まっていったし、失業者軍は、《神の御国《ゴッズ・オウン・カントリー》》を行進したし、社会主義思想は、突如として、労働組合運動に浸透していったし、内部アメリカにおける《フロンティア》の統計上での終了は、世間を不安におとしいれた、要するに、危機の最低点なるものは、まったく見きわめがつかなかったのである。社会組織の多くの結節点を引きちぎるほどの脅威を与えていたこれら諸問題の爆破力は、対外膨張によって弱められるはずであった。すなわち、九〇年代の《権力《パワー》エリート》が、《実業界《ビジネス・コミユニテイ》》の幹部たちとともに信じていたように、期待された経済上の高揚は致命的な力試しを避けることを助けて、過剰生産の輸出は、社会革命を不可能にするはずであった。またアメリカでは、社会帝国主義は――この社会帝国主義にとっては、繁栄する対外貿易は、社会的現状と政治的権力構造の擁護のための前提条件と見なされており、その結果、あらゆる侵略性にもかかわらず既述の社会防衛的性格は固有のものであったが――、ワシントン中枢部の政治的決断行為における決定的な一要因となったのである。

一八七七年の尖鋭化したストライキのなかに、鉄道王ゴウルドは、《一大社会革命》の開始を見た。ウィスコンシン州知事ラスクは、一八八六年、新たな労働闘争の彼方にある《無政府の真紅の旗》に恐怖感をいだいた。《われわれは、わが国境を越えて膨張していかなければならない》と、ジョン・A・カッソンは、功績ある経済外交官としての長いキャリアの最初の頃に意見を述べている。さもないと、《われわれは、まもなく国内で、とだえることのない不満に見舞われるだろう》、と。《消費の可能性をこえる生産》の増大は、アメリカの《本来最もそなわっていた安寧》を危険にさらすと、ある外国貿易専門家は一八八五年、上院で明言している。《わが国の歴史においていまだかつてなかったほどに、将来の成長と内部の平和と安息が、以下のことに、すなわち、われわれが外でわれわれの供給にとってますます多くの消費者を見つけだすことに、依存しているのである》と。その後、比較しがたいほどの切迫感をもって、不吉な予言《カサンドラルーフェ》が、一八九三年以降の容易ならぬ不況を通じてひびきわたった。南部諸州の人民党《ポピユリズム》の指導者の一人である上院議員ベン・ティルマンは、さらに一八九四年に予言した。《何かラディカルな変化》が起こらぬ限りは、《わが国は、血まみれの革命を経験することになろう。失業者がその革命をやりはじめるだろう》、そして、

《すべてを圧倒しつくすような大潮が、数千人の死者をのりこえて、その道を切り拓くであろう》と。少なからず疑念をいだいて、鉄道財閥のジェームズ・ヒルは、不穏な大都市にすでに《テロの支配》が荒れ狂うのを見た。この二人および同様の意見をもつ友人たちは、貿易帝国主義の好戦的政策を支持した。かかる帝国主義を、国務長官は、アメリカ成長問題の結果に対する同様なる洞察から、推しすすめていったのである。アメリカ工業は、《国内市場に対し、向こう六、七ヶ月の間供給できよう》と、グレシャムも信じていた。販路が外に向かって急速に拡張されないなら、アメリカに《ヨーロッパと同様な危険》が、すなわち《革命》——その《兆し》がストライキのなかにすでにはっきりと認められるのだが——が迫っているというのである。この排除が長く遅滞するようなことがあれば、《破局はまぬかれないものとなろう》。《かなりの陰鬱な兆候》がこの《革命》を示唆していたと、彼は、国務長官ムーアに打ち明けて、国内に安定がもどってこなければ、革命の後に、合衆国においても、ボナパルティズム的シーザー主義が続くことになるであろうというのである。

一八九六年の新大統領選挙まで、《権力《パワー》エリート》の、この広汎に流布された恐怖感はつのる一方であったので、共和党保守派は、民主党候補ウィリアム・J・ブライアンの穏健な改革的自由主義のなかに、《特権層に対する非特権層の反乱》を、すなわち《カリブ人の蜂起》を、まさに上院議員ロッジが賛意を表したように、《革命と名づけてもいいほどのもの》を、見てとったほどなのである。ロッジは、おおむねこれらの年を、《根本的な社会変革の時代》と考えた。ここに、《われわれが解決せねばならぬ将来の大問題が存する》。いかに緊迫感をもって彼が情勢を感じていたかは、彼が、アメリカ帝国主義を一八九八年の米西戦争のさなかに根拠づけたときに、明らかになった。《われわれが、わが商品の販路と拡張の可能性を、アジアとカリブ海で保持できなければ》と、彼はつねにくり返して公言していた、《われわれは、巨大な社会革命に対抗する防御をほどこすことは、まずできないであろう》と。《われわれは、中国市場を獲得しなければならない》と彼の同僚のメイン州出身上院議員フライは宣言した。《さもなければ、われわれは革命を経験することになるだろう》と言う[14]。

この恐怖症候群は、世紀の変わりめの当時の数少ない保守的な帝国主義理論家の一人である、アメリカのジャーナリストで経済顧問、チャールズ・A・コナンにも見られるところである。彼も、《大工業諸国の過剰生産能力》が、悩ましい成長攪乱の《真の原因》と考えていたのである。この恒常的な《自国の過剰生産》によって、《現在の社会構造》は、《死活》問題が、つまり、《外国の販路を見つけること》が解決された場合にだけ、保持されうるのであると言う。《目下の経済組織の全秩序が、社会革命によって動揺させられるべきでないとすれば》、アメリカ《救済の排水溝が、いかに必要であることか》と。きわめて明確に、コナンも自己の戦略について考えられうる選択肢を論じたのである。《社会主義》を、彼はまったく退けたのであるが、だからといって《現存社会秩序の支柱が破損されることなく》、《適度の国家社会主義《マースフォラー・シュス・シュターツ・ゾチアリスムス》》が、ある一定の時期には、打開策たりうることを、他の箇所で考えなかったわけではなかった。大衆購買力と社会投資の上昇により国内市場を拡張することを、彼は、そもそもホブソンよりも数年ほど前に、ホブソンと反対の立場をとっていたのと同様に拒否した。コナンは、問題の恒久的《解決》を、すなわち、彼の時代の《剰余《サープラス》》の恒久的な《解決》を、《帝国主義》――それを国家権力庇護の下に推進される海外膨張と彼は理解していた――のみが行なう、と論じた。海外膨張のみが、工業に対し持続的繁栄を、また、社会に対しその現状《シタトウス・ウウオ》を、保障しうるというのである。多くの点で彼も、社会革命か帝国主義かという大きな二者択一を、明確に言い現わしたのである。(15)

合衆国のこの国内情勢――それを優先に、ワシントンの政治家たちは行動したのであるが――を思い浮かべれば、彼らに感得された諸決定の緊急性がいっそう良く理解される。《必要性《ネセシティ》》と《緊急性《アージャンシー》》の概念は、一般に一八八〇年代以降の政治的諸決定の表現にさいして、看過できない役割を果たした。猶予できぬ諸問題というこの印象の下に、諸政府――それが、民主党または共和党により、構成されていようと――は、南太平洋、ハワイ、中国、日本、朝鮮、カリブ海、全ラテンアメリカにおけるアメリカの権益をひき受けたのである。国内情勢の緊迫化の結果、これらの政府は、チリ、ブラジル、ニカラグアとの関係で、ついには第一次ベネズエラ紛争で、イギリスと危機的状況に逢着した。(16)なんらか可能な限りは、ワシントンは、非公式な帝国《インフォーマル・エムパイア》を防衛し拡張しようと試みたが、第一次クリーヴランド政権下にあっては、アメリカの介入《アンガージュマン》は、植民地取得にいたるかもしれないほどに明白なものとなった。この可能性が、九〇年代にいよいよ起りそうになったときも、熱狂的な植民地政策への転換は、なんらなかった。目的のイメージにおける変更について語るということは、まったく誤まっているのかもしれない。まだ一八九八年に主要なことは植民地帝国ではなくて、むしろ長期や短期に有効な権益の擁護であり、その防御のために、いくつかの地域では植民地支配が不可避的であるかに思われたが、それにもかかわらず、つねにこの権益の重みの慎重な計算後に躊躇しながら行なわれたのである。一八九八年、ワシントンの政策から生じた、したがって太平洋・カリブ帝国《インペリウム》は、《軽い放心状態》で獲得せられたどころでなく――シーリーの有名な言いまわしは、もしかしたら、第二回目のイギリス世界帝国の建設にあてはまるが合衆国帝国主義にはあてはまらないかもしれないが――、むしろそれは、責任ある行動人の経験範囲内で、徹底的に合理的に調査されたと見なされうる政治的諸決定の結果である。

ここでは、三段階がたどられることになるであろう。

1．カリブ海では、軍事干渉を通じて、スペインの植民地支配に敵対するキューバの蜂起に革命に有利になるように賛成することを決めたことによって、ワシントンは、フリー・ハンドを手に入れたのである。この騒乱の発生により、一八九五年以降、アメリカの政策は手いっぱいとなり、またアメリカ権益はますますそこなわれてから、とりわけ漸次回復しつつあった景気も危くなるように思われてから、マッキンレー大統領は、一八九七年七月にはすでにつぎのようなことを断固決意するにいたった。つまり、マドリッドとの新たな交渉が、アメリカの要求に対するスペインの降服という期待された成果をもたらさない場合、遅くとも一八九八年四月末には武力に訴えることを、断固決意するにいたったのである。

それに賛成できるような有力な動機がさらに強まった。つまり、キューバに対するヨーロッパ列強の干渉の危険が表面化し、かつそれにより神聖不可侵のモンロー主義が侵犯の危機に見舞われたとき、一八九七年十一月以降、膠州へのドイツの進出が中国内での根拠地・租界・勢力範囲をめぐる競争を加速させたとき、キューバ問題が、アメリカの政策の――この政策は、東アジアでは、広範におよぶ意義をもつ固有な諸決定の差し迫ってきていることを知っていたが――歯止めとしていっそうますますその役割を果していたとき、それに賛成できるような有力な動機がさらに強まったのである。計画どおりに、一八九八年四月にはじまった干渉は、くすぶり続ける危機を仮借なく除去するはずであった。キューバは、反植民地主義と人種上の心配が公式の領有を妨げたので、とりわけカリブ海におけるアメリカのヘゲモニーが、いまやいずれにせよ危険をともなわずに行使されるようになったので、カストロによる解放成就にいたるまで、合衆国の間接支配の手に陥ったのである。プエルト・リコはそれに反し、まずは論議されることなく保有されたのである。[17]

2. 一八九六年以降は計画どおり、キューバをめぐる対スペイン戦争の機会は、太平洋におけるアメリカの地位を強化するためにさっそく利用された。そのさい、T・ルーズヴェルト、ヘンリー・C・ロッジ、A・T・マハン等のような少数の一見影響力のありそうな帝国主義者たち――彼らがそこで奇襲作戦を成功させたのだが――の陰謀が問題であるのではなく、政治上層部の同意による用意周到な行動が問題なのである。ドゥェイ提督の太平洋艦隊は、命令どおり腐朽したスペインの艦船をマニラ沖で撃滅したが、まだこの知らせがワシントンに着かないうちに、フィリピンで――ここでは、二年来、マニラは、アメリカのホンコンというようなものとして考えられていたが――ある根拠地を占領すべき派遣軍がすでに編成されていた。東アジアまでの太平洋の遠距離を横断する一連の根拠地を獲得するために、一八九八年七月、ハワイ共和国は公式に併合された。このまったく有力な通商戦略上の諸動機――これらは、一八七〇年以後前面に現われて、《中国争奪戦《スクランブル・フォー・チャイナ》》以降、強まった切迫感をもったのであるが――に対して、政府・上下両院はなんら疑いをさしはさむところはなかったのである。アジアとの危険なき連絡路にとり不可欠とみられたさらなる兵站基地としてのウェーク島とグァム島の占領は、首尾一貫、この戦略を続行したのである。

3. 予測のつかない可能性を秘めたアジア大市場への、確固たるアメリカの管理下にある連絡路を手に入れるということから、ワシントンは、全フィリピン群島を手に入れることも、最終的には決定した。植民地所有そのものは、責任ある政治家たちにとっては、いまでもまったく重要ではなかったし、植民地熱について、彼らには知覚することはなんらなかったのである。マニラの誰もが認める所有で、彼らには十分に足りたかもしれない。しかし、以下三点の考慮から、彼らはマニラに限らなくてもよい、そして《非公式な帝国《インフォーマル・エムパイア》》の伝統を一時放棄しなければならぬ、と思ったのである。

(a)マニラのみが占領されていたならば、完全なスペインの権力崩壊は、日独英の間で、群島占拠をめぐる闘争をひき起したかもしれない。この危険きわまりない戦争の兆候はすでに存在していた。しかし、それは、東アジアにおける難しい諸関係をなおのこと複雑なものにし、アメリカのマニラを、その後背地から切断し、ありうる敵対者たちの不断の圧力にさらさせることになったであろう。

(b)このほか、ワシントンはすぐに、長年来スペインの植民地支配者と闘争してきたアギナルド指導のフィリピン蜂起運動の独立要求に、直面した。蜂起運動との妥協などは一度たりとて、真剣に考慮されたことはなかったので、不穏な群島全体の支配は、ますます必要であるかに思われた。というのも、さもなければ、キューバと類似した状況が生じたかもしれないからである。したがって、推測されたように、フィリピンの独立も尊重しないにちがいない外国諸列強に対する干渉のチャンスがあらわれてくることになるであろう。アメリカの支配に対して火ぶたを切り、また占領軍の軍事行動にも挑発された絶望的アギナルド運動の蜂起は、アメリカを植民地戦争にまき込んだのであるが、その少し前には、まだアメリカは、この植民地戦争に反対してキューバに干渉し、その世論を動員したのである。数年にわたる戦争後、それはただ容赦のなさを加えただけで終わらすことができたのであった。「白人の荷物《ホワイト・マンズ・バードン》」というキプリングの美化に対して、戯れ歌が、フィリピンのジャングルで戦う幻滅した兵士たちによって、歌われた。
「おれたちは、黒と褐色の白人の荷物をもってしまった。今になると、ラディーヤード・キップリング《ラディー・ヤード》、教えてくれよ。こいつを、どうやって下ろしたらいい?」

(c)一八九八年春以降、中国をめぐる競争戦は、最終的分割が目前に迫っているかのようなあわただしさを呈していた。中国での排外的暴動に対して、ワシントンは、すでに海兵隊をマニラから投入することができたが、このマニラの意義はこうして強調されたのである。フィリピン併合により、スペイン植民地の残余をめぐる列強間の緊迫した対抗、ならびにアギナルドの反乱者たちによってこみ入ってしまった難局は、すばやくきり抜けられるように見えた。スペインは、パリ講和条約で、これらの島嶼を割譲しなければならなかった。このアメリカの決定をもたらした権益の重要性は、反植民地主義的伝統によってつちかわれた抵抗を押しつぶした。アメリカ工業国民の経済的・社会的発展のいやおうなしとも言える必然性が、指導諸グループの了解を得て、この決定の基礎になったのである。それゆえにもしも彼らに中国での権益《プレゼンス》が認められなかったら、彼らは、《非公式な帝国《インフォーマル・エムパイア》》の方法を、断念することはまずなかったであろう。使命感ないし社会ダーウィニズムも、人種的ないし西洋的な優越感も、植民地的領域支配へのこの一歩を決定することはなかった。一八九〇年代もアメリカの《権力エリート》の帝国主義は、国の《安寧》を――マッキンレーが一八九八年に再度強調したように――世界市場における保証された立場に連携させる経済的・社会的利害に合わせて自分の方向を確かめた。このような計算によって、懸念された競争戦、局地的難局が、非常に危険きわまりないものと思われて、その結果、併合の決定がなされたのである。(18)

マッキンレーの東アジア政策の《遠大な計画《グランド・デザイン》》では、フィリピンは、中国へのスプリング・ボードとしての機能上の価値しかもっていなかったのである。国務省のある部長は、戦後、この見解をつぎのように説明している。《われわれの領土の拡大は、実際、経済的拡張の一つの付随的帰結にすぎない。……われわれが新たに得たものは、将来の通商への前哨にすぎず、その本来的意義は、その潜勢力にあるのではない。そうではなくて、増大する対極東貿易の根拠地たる、その論議の余地なき価値にあるのである》と。また、北京駐在アメリカ大使は、マニラを、《アメリカが中国で行なう商業的征服》が開始されうるための《必要な根拠地》とみなした。ワシントンは、本来的な植民地政策を行なったのではなくて、その海外的経済膨張を確保しようとして、それゆえにのみ、植民地支配もためらわなかった、という理解が、合衆国において、さらに急速に普及したのである。とりわけこれにより、長続きしない反帝国主義的抗議から依りどころが奪われることになった。すでに一九〇〇年に当時の国務長官ジョーン・F・フォスターはつぎのように記すことができた。《たとえ、どのような意見の相違が、領土拡張政策に関してアメリカ人を分断しようとも、誰も、経済的膨張はただたんに望ましいというだけではないという点で、新たな、かなり大きな市場を見つけ出す必要性は承認されなければならないという点でもやはり明らかに一致していた[19]》と。

## V

《非公式な帝国《インフォーマル・エムパイア》》に行きつくことになるかもしれなかった合衆国によって六〇年来このかたアジアにおいて推進された《門戸開放》というグローバルな政策は、海外におけるアメリカ帝国主義の一般的指導理念となったが、しかし大いなる公式な植民地帝国の形成とはならなかった。一八九八年の挿話的な植民地帝国主義的な事件——それは、一八九九年にもう一度だけサモア諸島の一部併合で継続されたが——が、S・F・ベミスの有名な表現の意味で、《大逸脱》(great aberration)、すなわち道学者ぶった非膨張主義的伝統の振舞いからの逸脱と特徴づけられるなら、それは、道徳的な過信ばかりでなく、アメリカの拡張を一見しただけでもわかるように、経験的にも誤まっているのである[20]。正しくは、稀な場合にだけ、まさに一八九八年のように、《非公式な帝国《インフォーマル・エムパイア》》の方法が放棄された、ということである。国務長官ヘイ(一八九九年—一九〇〇年)の《門戸開放《オープン・ドア》》通牒は、基本的には、アメリカ帝国主義戦略を定式化しているにすぎない。その戦略が、中国や、ラテンアメリカや、モロッコにおいて、実行されたとはいえ、それは、つねに二、三の同じままの考えによって決定された[21]。一見合法的-道徳的政策たるケナン的範疇は考慮に入れえないが。

ワシントンは理想主義から《門戸開放》を擁護したのでもなく、従来、一つの伝説を認めようとするように、中国やヴェネズエラに対する無私の人道的好意から、他の諸列強の分割意図や権益と対立したのでもないのであって、時代の条件の下においてアメリカの目標設定の枠内で探りだされたその自己利益にしたがったのである。

《非公式な帝国《インフォーマル・エムパイア》》の伝統から、一般的に植民地領有による負荷に、相変らず嫌悪を示して対立しながら、ワシントンは——時をかせぐために、アジア・ラテンアメリカ市場に対する《門戸開放政策》を、できるだけ多くの場所で留保し最終的に行なわせるために——太平洋およびカリブ海におけるアメリカの新たなる重みと改善された戦略的地位を、ヨーロッパ列強間の不安定な均衡を、その大戦争への懸念を利用しつくしたのである。相当に強力であった多くの従属国を保持し、干渉に対してそれらの公式の独立を守り徐々にそのインフラストラクチャーを整備拡大するという、ワシントンの目的は変化しなかったが、同時に、外国勢力を駆逐するか、あるいはその影響力を打破するためには、自主的に——日本の例のように——自己を近代化するためには、あまりにも弱体のままであった。その目的を用心深く表現すると、このアンビヴァレンツを、たとえば一九一一年以降の中国のナショナリズムやラテンアメリカのヤンキー嫌いのナショナリズムは、非常によく見ぬいていたのである。ワシントンが、中国の植民地的分割化とラテンアメリカにおけるヨーロッパの強烈な影響を阻止しようとしたことは、競争相手《ライバル》の独占請求権によって分割されずその請求権がなくて保持されるべき大市場の利点に対する信頼に起因するものであった。経済的な期待は、一八九八年以後本来考えられたようには満たされなかったので、批判を加えることは容易である。だが、アメリカの政治家たちは、他の経験的地平で行動した。一八七三年以降の、特に一八九三年以降の成長攪乱とその社会的影響は、彼らに鋭く意識されていたし、広汎なイデオロギー的コンセンサスは経済的膨張政策をになったし、海外市場の潜在的チャンスは、信頼すべき情報の欠除のため、魅力的に思われたのであった。それでも一八九九年には、アメリカの中国向輸出の九〇パーセントは、ヨーロッパ向輸出の二七パーセントしか占めていない工業商品からなっていた。一〇年後には、綿製品のアメリカの全輸出の五六パーセントは、中国向であった。とりわけ、製鉄業・製鋼業・繊維業という当時なおいちじるしい過剰生産能力を有するアメリカ経済の戦略的キー産業は、アジアとラテンアメリカでの販売を、前途有望なものと見なしていた。資本輸出が一九一三年まで、ずっとわずかな役割しか果たさなかったあいだ、一般に《門戸開放》政策は、さしあたりとりわけ商品輸出に対して門戸を開いておくはずであった。

多くの点で、この政策は、ヤヌスの双面をもっていた。つまり、それは強弱を同時に現わしており、一つの伝統に従いかつ期待に満ちて未来を見つめてもいた。それは、一方では《門戸開放》を、競争に対して無制限には貫徹できずかつ守りぬけない、合衆国の政治的軍事的弱さを暴露する臨時手段を表していた。他方では、そのなかに、かなりの長期の間には、優勢なアメリカの潜在力が、経済的な優位を保障することになろうという、自負心もじつは示されていたのである。

達成不可能とは思えない目標は、依然として世界市場における巨大なる前進をなしとげたヴィクトリア期のイギリスであった。アメリカの政策が、一八九〇年代に、海外への持続的な経済的膨張の誤って考えられた必然性を最終的に承認したとき、そしてアメリカ帝国主義が、いわば自らの意識に到達したとき、アメリカ帝国主義は、つぎのような綱領に、つまり――その前例のない潜在力を信頼して――イギリスがその自由貿易帝国のクライマックスのときに有していたのと同じ方法と同じ地位を模範とする綱領に、専心した。すなわちスウォードは、この点で、非常に早く先頭に立っていた。少なくとも、未来の主権の意識から、たとえば全中国市場保持への要求が主張されたし、したがって、それが他の列強の限定された権益の範囲で現われたよりも、いっそう広汎な要求がかかげられたのである。またこの点に関して、《門戸開放》の政策、《非公式な帝国《インフォーマル・エムパイア》》政策は、アメリカ帝国主義のモデルであった。すなわち、閉鎖的な、他の独占化された市場にかわる開かれた市場、植民地にかわる経済的ヘゲモニー、《他の主権国家内部におけるアメリカ帝国《エムパイアー・ウイズイン・アナザー・ソヴリン・ステイト》》、これである。国務長官ウェルズがこの戦略の成果をなおも一九四一年に率直に言ったように[22]、このような反植民地主義と経済帝国主義の雑種的結合が、数十年にわたってアメリカの膨張を特徴づけたのである。もちろん、それによって《門戸開放》が擁護されるか、行なわれるというこれらの手段は、あるディレンマを表明したのであった。この政策は、まさしく直接的な政治的・軍事的対決を避けようとしたのではあるが、国家的権力装置の投入によってのみ門戸は開放されているということが、まもなく再三にわたって生じたのである。平和と経済的優越性とは、けっしてつねに調和するものとは限らなかった。一九〇〇年一一月のヘイの第二通牒直後、中国の福建省における彼の租界案は、日本人の猛烈な抵抗にあって水泡に帰した。後になって、アメリカの政策は、これに対して日本人が自ら、門戸を閉鎖すると脅やかして直接の敵対者になる時点まで、日本人を利用した。

ラテンアメリカにおいて、この《門戸開放》政策は、ワシントンがそれを定義づけたように、一八九二年以降しきりに恒常的に干渉を行なった。それ以来反革命的干渉の伝統が形成されたのであって、その伝統は、カストロのキューバへの宿命とも言える反応とか、ドミニカ共和国における軍事力投入の場合に、依然として生きつづけているものなのである。

歴史家にとっての批判的課題は、この種の間接的帝国主義の、《非公式な帝国《インフォーマル・エムパイア》》の、具体的分析が乗りこえなくてはならない困難さにある。その困難さは、疑いもなく、直接的な植民地支配の研究の場合よりもはるかに大きいものであって、しばしばもっぱら、領土的拡張という捕捉可能な現象に集中してしまうことになる。しかし歴史的展望においては、間接的支配は、直接的支配より少なからず重要であり、同じように徹底した分析を必要とするものである。

## VI

総括すると、さらに三つの複合体《コムプレックス》が指摘される。

1. ドイツ、フランスまたはイギリスと異なって、合衆国においては、早期に工業化された輸出志向的農業が、攻撃的な貿易政策の必然性についての一般的に受容された中心観念を鍛えあげたし、とりわけ、それに見あった実践を要求するか支持するかした。これによってのみ、人民党《ポピュリスト》政治家にいたる農民の代表者たちによるアメリカ戦闘艦隊建設の首尾一貫した支持が理解されるところである。そこで工業経済は、この路線にかなり大きな推進力をともなって一九世紀の最後の三分の一世紀に、乗ったのであった。たとえばドイツでは、大農は、主として工業ブルジョアジーの帝国主義に直接的に組したのではなく、間接的に以下の諸利益によって、つまり、前工業的指導エリート層の経済的・政治的地位の防衛のための社会帝国主義的結集政策が約束した諸利益によって味方にされたのに対し、アメリカ農業の経済帝国主義への直接的な影響は、いわばより直線的に求めることができる。しかし、ここでもまず農業の工業化、工業国の近代的交通制度・通信制度が、農産物の輸出問題を、非常に緊急なものとしたということが肝要なの

である。(23)

2. また合衆国においても、帝国主義は、成人に近づきつつある介入国家の道具であったが、この国家は、システムの危機となる緊張を、その帝国主義の助けをかりてきり抜けようと期待したのであった。社会国家や福祉経済で指向される諸介入は、ずっと後になってやっと実施されたが、他方、アメリカ《租税国家》(シュムペーター)は、国民所得の一部を集め、国内経済への安定的反作用が期待された対外投資の道に誘導したことは、早くから明らかなところである。個人投資家たちの資本不足、または、一九一八年以前におけるアメリカの対中国政策や対ラテンアメリカ政策に多くの面倒をかけた彼らの投資忌避は、かかる国家的措置によって克服されたのであった。(24)

3. 合衆国においても、不均等な成長は帝国主義を法外に促進した。一八九六年までの恐慌帝国主義《クリーゼン・イムペリアリスムス》や、その後の好況帝国主義《コンユンクトウーハ・イムペリアリスムス》について語ることは、まったく誤まっているであろう。もちろん近代帝国主義の創生記は、アメリカにおいても、工業化のさまざまな成長問題と緊密に関連しているところである。その点を、現実的な分析は看過してはならない。他方、一八九六―一九一三年の好況期も、けっして均等的な高揚局面であったわけではなかったどころか、一九〇〇―一九〇一年、一九〇七―一九〇八年、一九一三年の三回にわたって、苦痛に満ちた、短期間ではあるにせよ工業における景気後退、それどころか不況によって、少数の部門では中断された。したがって、決定的なことは不均等発展である。この不均等発展が、経済的チャンスの合理的な予測可能性を非常に困難にしたし、またくり返し対外市場を安定化の要因として示したのであった。これにつぎのことが加わる。私の知る限り、アメリカに関して、経済的、社会的利害の結合は、たいていは、具体的になされるのではあるけれども、帝国主義政策も――その政策が誤って考えられた必然性という圧力の下で、行動の模範として研磨された後になっても――自立しうるということである。

階級的軋轢を否定するアメリカの社会イデオロギーにもかかわらず、一時、社会帝国主義も重要な役割を果たした。

このことは、とりわけ九〇年代に顕著な植民地帝国主義にあてはまる。しかし、後にも先にも、くり返しくり返し、つぎのような欲求が、すなわち富裕と権力の配分をともなう全社会的システムを、できる限り持続的な経済成長によって正当化する、または、とにかくも一八九三―一八九六年（または一九二九年以降）のような新たに峻厳なる正当性危機《レギティイミテーツ・クリーゼ》にさらさせないという欲求が、国境を越える経済的膨張に根本的意義を与えたのである。まさしく一つの経済社会としてのアメリカにおいて、経済的・社会的制度への信頼は、とくにその経済的繁栄にもとづいていた（その一九二九年以降の内的な震撼がもっとも明白に示しているように）。この経済的繁栄は、世界市場と不可分に結合しており、経済的繁栄のヴァイタルな重要性のゆえに諸紛争にさいしては国家権力装置の干渉を十分にしばしば要求するかに思われたのであった。選択肢は、累積的歴史的経験、一般に自然発生的成長、対外貿易のイデオロギー化に照らして考えて、指導グループにとっては、ほとんど想像もできなかったし実現することもかなわなかったのである。

## Ⅶ

以上のことから、帝国主義時代の完了を確定することができるかどうか、それはどのようにしてか、という問題が論じられることになる。たとえば、帝国主義は一九一四―一八年に終了したという、または今なお継続しているという両見解は、今日まで厳しく対立している。私には、一九四五年以降、看過できぬ変貌が考察できるように思われるのである。そこまで、この時代は確かに延長されなければならない(25)。このことを、植民地支配と委任統治政策が要求するばかりではなく、とりわけ、やっとのことで打ち砕かれることになったドイツと日本の極端な急進帝国主義も要求するのである。経済政策の新しい種類の制御方法は、それ以後、理論的にも、ときには実践的にも、工業経済の活力とその不均等発展をかなりうまく意のままにする可能性を創出したのであった。社会的平等思想のために有利な生産諸力の合理的支配とその利用については、まだ語ることはできないが、しかし宇宙研究、軍備制度、租税政策、そして――たいてい最後に――社会投資は、近代的介入国家の規制《レグリールング》を可能にしている。この規制は一般的にこれらの国家に対する発展途上国の機能を変化させたが、特定諸産業分野の対外市場依存、だがたいていは先進諸国市場依存は、今後とも明白である。とはいえ未発展諸地域市場の工業諸国民への依存については——十九世紀や二十世紀初期の多くの同時代人の見解によれば、まさしく産業資本主義の必然的帰結である——商品輸出・資本輸出の場合（さらに若干の原料の場合）には、もはや語ることはできない。発展途上諸国は、全体として見るならば工業諸国に、前者に対する後者よりも、はるかに依存するところが多い。工業化された諸国の国内市場は、一九一四年以降、徐々に国外市場を、経済統計の第二位に押しやったのである。しかしながら、疑いもなく帝国主義の中心時代からの残余は今なお存続している——、刃物のように鋭く区切りをめったにつけられるわけではない。その場合、ラテンアメリカあるいはサハラ以南のアフリカを考えるだけでよい。植民地支配は、一般に信用を失墜させたものと見なされ、帝国主義なるものは汚名を着せられていてほとんど賞めそやされることはないが、他方、非公式な従属は、なお存続している。帝国主義は、本来はつぎのような諸条件を、つまり今日まで工業諸国民と発展途上諸国が、世界市場でたがいに出会うことになる諸条件を、設定したのであった。この不均衡《ディスパリテート》の永続は、したがって、確かに帝国主義の帰結であり、この不均衡は、工業諸国のグローバルな社会政策によってのみ、緩和されかつたぶん漸次に除去せしめられるであろう。だが、一八八〇—一九四五年までの古典的な経済・社会帝国主義の諸理論は、いわば、十分な説明力によって、当時の従属諸関係をもはや覆いきれないのである。帝国主義の遺産は見過ごすことができないほど大きく、複雑で掘りくずすにはあまりに重い。諸国家間における現代の不平等とか、それに関して支配に対してどういうことが可能なのかとか、どのような衝突を諸国家は解決するのかとか、——これらすべては、なるほど帝国主義に立ち戻ることなくしては歴史的には説明できないが、しかしやはり私には、時代を画する特徴を目標とするなら、新しい概念を有する新しい理論を必要とするように思われる。もはや現実上の変化を差異化して把握することのできない社会科学的分析は、政治的行動への指針としてもあまり役に立たないのである。

(1) 私はここでできるだけ，私がケルンの歴史家会議《ヒストリカー・ターク》の講演で覚え書きふうに述べた七つのテーゼの視点に沿うようにする。
(2) このために以下の諸考察を参照。H. -U. Wehler, Bismarck und der Imperialismus, Köln 1970²；同じく（編集）Imperialismus, Köln 1970（NWB 37), S. 11-36, 259-88；同じく Krisenherde des Kaiserreichs 1871-1918, Göttingen 1970, S. 135-61；同じく，›Bismarck's Imperialism‹, Past & Present, 48, 1970；ders., ›Theories of Imperialism and the Case of Germany‹, in : R. Owen und B. Sutcliff, Hg., The Anatomy of Imperialism, London 1971；ders., Das Deutsche Kaiserreich 1871-1918, Göttingen 1971, Kap. V.
(3) W. A. Williams, The Contours of American History, Chicago 1966²；ders., The Tragedy of American Diplomacy, N. Y. 1962² (dt. Frankfurt 1971)；ders., The Roots of the Modern American Empire, N. Y. 1969 を参照。
(4) ここでは，R. van Alstyne, The Rising American Empire, Chicago 1965²――批判的継続論の典型。
(5) Williams, Contours, S. 257.
(6) B. Adams, The New Empire, N. Y. 1902, dt. Das Herz der Welt, Wien 1908.
(7) ここではくり返し述べることはできない注（2）の諸研究における詳細な議論と根拠づけを参照のこと。
(8) H. -U. Wehler, ›Der amerikanische Handelsimperialismus in China 1844-1900‹, Jahrbuch für Amerikastudien（=JbA), 14, 1969, S. 60 (mit der Seward-Literatur). を見よ。B. Adams については，die Lit. in : ders., ›Sendungsbewußtsein und Krise. Studien zur Ideologie des amerikanischen Imperialismus‹, 同上書の 13, 1968, 10.
(9) ders., ›Stützpunkte in der Karibischen See. Die Anfänge des amerikanischen Imperialismus auf Hispaniola‹, Jahrbuch für Geschichte Latenamerikas（=JbLA), 2, 1965, S. 399-428.
(10) S. M. Lipset, The First New Nation, N. Y. 1963. を参照。
(11) これは，E. Angermann (›Der Imperialismus als Formwandel der amerikanischen Expansion‹, JbLA, 4, 1967, S. 694-725) に対するもので，彼はとりわけ J. P. Shenton (›Imperialism and Racism‹, Festschrift A. Nevins, N. Y. 1960, 231 bs 50) のように人種差別主義を《形態転化《フォルム・ワンデル》》に対する原動力《アントリーブス・エレメント》として因果関係的に把握している。
(12) ここと以下では事件史と解釈については，Williams；van Alstyne；W. LaFeber, The New Empire, Ithaca 1963；T. McCormick, China Market, Chicago 1967. 経済的資料は Historical Statics of the US, Washington 1961². D. C. North, Growth and Welfare in the American Past, Englewood Chiffs 1966；L. M. Hacker, The Course of American Economic Growth and Development, N. Y. 1970. を見よ。
(13) そのために S. M. Lipset/R. Bendix, Social Mobility in Industrial Society, Berkeley 1962². を参照。

(14) 典拠としてつぎのもの。Wehler, Bismarck und der Imperialismus, 117 bis 19 ; ders., JbA, 14, 55-76 ; ders., 〉1889 : Wendepunkt der amerikanischen Außenpolitik〈, Historische Zeitschrift, 201, 1965, 57-109. die Diskussion bei H. Stretton, The Political Sciences, London 1969, S. 77-88, 90-95. を参照。

(15) C. A. Conant, The United States in the Orient, N. Y. 1901, III, VII, S. 3, 25, 63, 79f., 94, 116.

(16) H. -U. Wehler, 〉Handelsimperium statt Kolonialherrschaft. Die Lateinamerikapolitik der Vereinigten Staaten vor 1898〈, JbLA, 3, 1966, 183-317. を参照。

(17) ders., 〉Cuba Libre u. amerikanische Intervention〈, ebd., 5, 1968, 308-45. を参照。

(18) ここでは特に、McCormick, China Market ; ders., 〉Inselimperialismus und 》Offene Tür《 : Der Chinesische Markt und der Spanisch-Amerikanische Krieg〈, in : Wehler, Hg., Imperialismus, S. 400-14 ; LaFeber ; Williams, Tragedy ; M. B. Young, The Rhetoric of Empire. American China Policy 1895-1901, Cambridge/Mass. 1968 ; J. A. S. Grenville und G. B. Young, Politics, Strategy, and American Diplomacy, 1873-1917, New Haven 1966, S. 239-96, sowie H. -U. Wehler, 〉Sprungbrett nach Ostasien. Die amerikanische Hawaiipolitik bis zur Annexion von 1898〈, JbA, 10, 1965, 153-81 ; ders., JbA, 14, 55-76.

(19) McCormick, China Market, S. 105 ; Wehler, JbA, 14, 72 : Williams, Tragedy, 44.

(20) S. F. Bemis, A Diplomatic History of the United States (1936), N. Y. 1955$^{4}$, S. 463-75.

(21) G. F. Kennan, American Diplomacy 1906-1950, Chicago 1951 ; dt. Amerikas Außenpolitik, Stuttgart 1952.

(22) J. Schröder, Das nationalsozalistische Deutschland und die Vereinigten Staaten, 1933-41, Wiesbaden 1970, S. 211.

(23) それについては一般に Williams, Roots, また zur Flottenfrage. も参照。

(24) Vgl. Williams, 〉Amerikas idealistischer Imperialismus 1900-17〈, in : Wehler, Hg., Imperialismus, S. 415-42, 441, Anm. 8.

(25) H. Holborn (A History of Modern Germany, 1840-1945, N. Y. 1969) は帝国主義の時代を一九四五年までとしている。その年代推定の問題については、Wehler, Imperialismus, S. 28f., 36, 文献を含む。

# 訳者あとがき

ヴォルフガング・J・モムゼン教授の編集した本書（原名「近代帝国主義」Der moderne Imperialismus 1971）は、独英仏伊米の各国帝国主義を分析している各モノグラフィーを基礎としているものであるが、冒頭の序文に、これら諸論稿は、一九七〇年のドイツ歴史家第二八回大会での報告がもとになっていると記されている。この時期にこのような諸研究や諸報告が行なわれた時代的背景や一般的意義、論者たちに共通する問題意識・基本的視座ないし方法——大胆かつ大握みにいえば、レーニン流の「経済帝国主義論」的分析を根底では意識しつつ、「公式的帝国主義」と「非公式的帝国主義」という概念にのっとった「社会帝国主義論」的アプローチを強く前面に押し出す形で補正・補強・拡充し、多面的かつ比較史的に各国帝国主義に共通な性格と各国間の偏差を解明する——、また各論者の分析の個別的な特徴などについては、モムゼンの序文と第一論文に総括的に簡潔に述べられている。

モムゼンの比較史的要約によればアメリカを担当するハンス–ウルリヒ・ヴェーラーは、「帝国主義の経済面をもっとも強く強調している」が、それに対しフランスを論じる「ツイーブラは、帝国主義を一義的に経済的に説明できることに対して控え目な態度をとっている」とモムゼンは要約している。「ベーメ、ローエ、シーダーの諸論稿は、いっそう強く、政治と社会の体制の相互依存の問題について調べており、社会的緊張領域における帝国主義的政策の動因を探求している」が、ベーメは、ハンス–ウルリヒ・ヴェーラーのいう社会帝国主義としての近代帝国主義という解釈にかなり近い、と言う。ローエにあっては、「社会帝国主義の範疇は、イギリスのケースには結局適用できないように考えられている」。シーダーのイタリア帝国主義論から、「近代帝国主義は、一九一四年以前にはヨーロッパのいたるところで……生じたような段階的民主化の過程と密接に関連させて考察されなければならない、また、この発展に抵抗する諸勢力は同時に帝国主義的政策のもっとも重要な支持者であった」というテーゼをとり上げている。最後に「われわれは、個々の帝国主義には打ち勝ちうるかもしれないが、やはりこの世界にそもそも支配が存在する限り、権力行使の帝国主義的諸形態もまた存在するであろう」としめくくっている。

これら独英仏伊米の帝国主義を分析した諸論稿は、すべてわが国の当該研究のなかなか及びえないような多くの諸文献、諸史料の利用と検討にもとづいて、しかも従来の論争点を自明の前提として、それぞれに各国帝国主義の特徴的様相を浮彫りにしようとしたもので、当該分野の専門的研究者にとってはもとより、一般に当該期の資本主義発展に興味をもつ者にとっても、きわめて示唆に富む有益な内容と追究さるべき重要な問題点を提示したものといえるであろう。

多様で複雑な史実の解読と欧米における研究史の豊かな到達点とを踏まえ、それらを前提としてさらに独自に前進しようとする意欲的な諸論文から本書は成っているので、訳者にとって難解な叙述も多く、思わぬ誤読・誤訳があるのではないかとおそれている。忌憚なきご指摘をお願いしたい。

「冷戦」終結後一〇年、新世紀に入って、「アメリカの一極支配」・「グローバル」な「市場原理」の浸透・それに対抗する、特にヨーロッパを中心とする反グローバリゼーション運動の展開が進み、「南北問題」も新しい様相を呈し、一変した国際的状況が進みつつあるかに見える一方、わが国をはじめいくつかの国あるいは地域で古くて新しい「ナショナリズム」の抬頭が確認されうるいま、国内諸階級・諸階層間の利害の相克や妥協の動きに便乗・適合しつつ、国民統合の実現を計ってその帝国主義的政策のあり方を変化・発展させた各国家権力の構図の解明に資している本書の分析は、現代帝国主義研究にとっても生かさるべき示唆的な内容を含み、改めて新しい意義をもつにいたったのではなかろうか。

なお、この論文集の執筆者たちについて、若干、触れることにしよう。

モムゼン教授は、一九三〇年生。イギリスのイースト・アングリア大学名誉博士、デュッセルドルフ大学名誉教授、ロンドン・ドイツ歴史研究所長（一九七七―一九八五）、ドイツ歴史家協会《フェルバント》会長（一九八八―一九九二）、現在Robert von Mohl Professor am Europäischen Zentrum für Staatswissenschaften und Staatspraxis Berlin、《マックス・ヴェーバー全集》共同編集者。未來社から『マックス・ヴェーバーとドイツ政治（I、II）』、『マックス・ヴェーバー』がすでに刊行されている。

ヘルムート・ベーメは、近代史専攻の教授で、一九三〇年生。ダルムシタット工科大学の学長。未來社から『現代ドイツ社会経済史序説』が出ている。

カール・ローエは一九三四年生。エッセン大学政治学教授。オックスフォード大学客員教授もつとめたことがある。一九五―九七年にはドイツ政治学会会長。

ジルベール・ツィーブラは、ソルボンヌ出身で、一九二四年生。ベルリン自由大学政治学教授であった。とりわけ外交政策。みすず書房から『世界政治と世界経済』が刊行されている。

ヴォルフガンク・シーダーは、一九三五年生まれ。ケルン大学近・現代史担当教授。

ハンス-ウルリヒ・ヴェーラーは、一九三一年生。ビーレフェルト大学名誉教授。特に一九・二〇世紀史を専門としている。最近は文化史にも進出している。未來社から『ドイツの歴史家（全五巻）』、『ドイツ帝国 1871–1918年』が出ている。

終りに、訳書出版にあたっては、校正はもとより、貴重なご助言を編集部浜田優氏から頂戴した。深く感謝申し上げたい。

二〇〇一年十二月二〇日

訳者

**川鍋正敏**（かわなべ・ただとし）

1929年生まれ。立教大学大学院経済学研究科博士課程単位取得退学。立教大学名誉教授。

著訳書：『資本論講座・第3分冊，資本の流通・再生産』（共著，青木書店），『近代日本経済思想史 II』（共著，有斐閣），『経済分析入門』（共著，有斐閣），H. シャハト『イギリス重商主義理論小史』（未來社），K. マルクス『資本論・5』（新日本出版社），K. マルクス『資本論草稿集（1861-1863年草稿集）I』（共訳，大月書店），久留間鮫造編『原典対訳　マルクス経済学レキシコン』全15巻（共訳，大月書店），F. エンゲルス『「資本論」綱要／「資本論」書評』（新日本出版社），M. ミュラー『「資本論」への道』（監訳，大月書店）など。

**酒井昌美**（さかい・あつみ）

1929年生まれ。東京大学経済学部卒。法政大学経済学部助教授，後経営学部に移籍。ベルリン・フンボルト大学客員教授，ベルリン経済大学経済史研究所特別研究員，帝京大学経済学部教授。

著訳書：『日本資本主義―展開と論理』（共著，東京大学出版会），『ドイツ中世後期経済史研究序論』（学文社），『現代ドイツ政治経済論』（税務経理協会），『マルクス・エンゲルス全集』1，6巻（共訳，大月書店），W. アーベルスハウザー『現代ドイツ経済論』（朝日出版社），J. ル・ゴフ『ヨーロッパと中世・近代世界の歴史』（多賀出版），コスタス・アクセロス『マルクスとハイデッガー』（学文社），H. ベッカー編『フーリエとブルトン』（啓文社），K. ボルヒャルト『ドイツ経済史入門』（中央大学出版部）など。

帝国主義と国民統合

発行――二〇〇二年六月二〇日　第一刷発行

定価――（本体二八〇〇円＋税）

著　者――ヴォルフガング・J・モムゼン

訳　者――川鍋正敏・酒井昌美

発行者――西谷能英

発行所――株式会社　未來社

東京都文京区小石川三―七―二

振替〇〇一七〇―三―八七三八五

電話・(03) 3814-5521～4

(営業部) 048-450-0681～2

http://www.miraisha.co.jp/

Email:info@miraisha.co.jp

印　刷――精興社

製　本――富士製本

ISBN4-624-30098-X　C0031

（消費税別）

モムゼン著／中村貞二・米沢和彦・嘉目克彦訳

## 〔新装版〕マックス・ヴェーバー

〔社会・政治・歴史〕現代ドイツの代表的歴史家が、時代に囚われながらも時代を超えているヴェーバーの思索と行動の軌跡をしめし、彼の思想と科学を一つの全体として把握する。三二〇〇円

モムゼン著／安世舟・五十嵐一郎・田中浩訳

## マックス・ヴェーバーとドイツ政治 一八九〇—一九二〇 I

豊富な資料を駆使して叙述したヴェーバーの政治思想研究の基礎文献。その政治思想におけるニーチェからの影響、権力政治的要素の指摘などにより物議をかもした問題の書の翻訳。五八〇〇円

モムゼン著／安世舟・五十嵐一郎・小林純・牧野雅彦訳

## マックス・ヴェーバーとドイツ政治 一八九〇—一九二〇 II

第一次世界大戦までの時期を扱った第I巻に続き第一次大戦〜ワイマール期のヴェーバーの政治思想。ナチズム前史との関連で彼の政治思想を叙述し論争の火種となった問題の書。六八〇〇円

ギデンズ著／岩野弘一・岩野春一訳

## ウェーバーの思想における政治と社会学

ウェーバーの思想の本質的統一性を理解する源泉として政治的著作を重視しつつ、彼の思想における政治と社会学の関連を解明する。イギリスの代表的社会学者による好箇の入門書。一五〇〇円

ベーメ著／大野英二・藤本建夫訳

## 現代ドイツ社会経済史序説

一九〜二〇世紀のドイツ社会経済史を政治史との関連のなかで、統合的な歴史叙述を志向しつつ簡潔に概観。西ドイツ社会科学の最新の潮流を代表する若い研究者の意欲的論文である。一五〇〇円

ヴェーラー著／大野英二・肥前栄一訳

## ドイツ帝国 一八七一—一九一八年

「社会史」というドイツ史学の一大潮流を代表するヴェーラーの主著。一八七一年以来のドイツ帝国の歴史と、悲劇的な結末をもたらしたナチズムとの連続性を克明な分析によって解明。五八〇〇円